启微
QIWEI

"俾斯麦的使团"
德国军事教官在中国（1884~1890）

Bismarcks Missionäre
Deutsche Militärinstrukteure in China 1884-1890

[德] 白莎（Elisabeth Kaske）著
孙立新 顾年茂 译

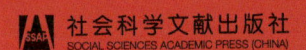

社会科学文献出版社
SOCIAL SCIENCES ACADEMIC PRESS (CHINA)

版权声明

Originally published as: "Bismarcks Missionäre:
Deutsche Militärinstrukteure in China 1884-1890"
© Harrassowitz Verlag, Wiesbaden, 2002
arranged through jiaxibooks co. ltd.

中文版自序

我于2017年来到莱比锡大学任教。这个大学在19世纪末经历过史学方法的一场大论战。当时争论的，是人物和政治驱动历史，还是社会文化规律驱动历史的问题。结果，主张文化史和比较史的史学家卡尔·兰普雷希特（Karl Lamprecht）尽管成功地建立起文化史及普遍史研究所，但是总的来说他并没有能够说服大多数德国史学家。只是在二战后法国年鉴学派的影响下，所谓的"伟人史观"才慢慢退出史学主流。后来又有了"文化转向"、"语言转向"、批评东方主义、后殖民主义理论等史学潮流，对史学的范围、内容和宗旨带来了很多改进。

我的这本书是20年前写的，也是我出版的第一本书，对那些史学理论课题都没有进行彻底的讨论。20年后回顾，可以说这本书属于微观历史，史多论少，又不是伟人史（研究对象是小人物①），又不是社会文化史（研究的对象并不是民众），甚至显得有一点不伦不类（有人这样批评过）。

---

① 名气比较大的德国人应该算德璀琳和汉纳根，他们的传记已经不少。张畅、刘悦：《李鸿章的洋顾问：德璀琳与汉纳根》，传记文学出版社，2012；刘晋秋、刘悦：《李鸿章的军事顾问汉纳根传》，文汇出版社，2011；Yi Wang, *Constantin von Hanneken in China, 1879–1925*. St. Ingbert: Röhrig Universitätsverlag, 2015.

但史料考证工作还是做得比较踏实，德文、中文档案资料搜罗得比较广泛（当时也还没有今天那么多数字化史料），还称得上是还原历史案例比较成功的一本书吧。不过，一本书也脱离不开它的学术环境，所以在这里恐怕要补充几句。

现在大多数史学家把历史从其后果写起。德意志帝国从19世纪末到20世纪中叶所扮演的历史作用确实不能让后人自豪，其劣迹现在一一被国内外学者揭发出来。[①]但是1870年以后的德国是一个新兴国家，从工业革命到殖民地扩展，德国都是后起者。那么，一个新兴国家发展成帝国主义列强之一，再当殖民者，非法抢占殖民地，这是不是必然的趋势？而个人，尤其是小人物在这个趋势里扮演着什么样的角色，后来被殖民的社会有没有能力抵抗外国的侵略？

我的书里头对这些问题恐怕都没有很完整的答案。后来比较德国在世界各地的殖民主义活动的乔治·施泰因梅茨（George Steinmetz）就充分说明，德意志帝国对不同地区的不同对待，与其对该地区的前殖民认识（precoloniality）有关，而中国在19世纪一直被看作"文明国家"，所受的对待和非

---

① 光看对殖民主义的批评，以下几本书讨论得很充分：Klaus Mühlhahn, *Herrschaft und Widerstand in der „Musterkolonie" Kiautschou: Interaktionen zwischen China und Deutschland, 1897–1914*. Walter de Gruyter GmbH & Co KG, 2000; Isabel V. Hull, *Absolute Destruction: Military Culture and the Practices of War in Imperial Germany*. Ithaca: Cornell University Press, 2006; George Steinmetz, *The Devil's Handwriting: Precoloniality and the German Colonial State in Qingdao, Samoa, and Southwest Africa*. Chicago: University of Chicago Press, 2008; Götz Aly, *Das Prachtboot: Wie Deutsche die Kunstschätze der Südsee raubten*. S. Fischer Verlag, 2021.

洲或萨摩亚截然不同。①这个结论和我原来的解释比较吻合。对长期做驻清公使的巴兰德（Max August Scipin von Brandt）来说，最要紧的任务是为德国做好形象工程并推销德国产品，尤其是军火。在我阐述的30来个德国军官的历史中，中国人扮演着重要的角色。不但清朝驻德公使主动在德国首都柏林招募这批人，到了中国以后，尽管德国人享受不平等条约下的一些特权，但并不是后殖民主义学派所强调的帝国与殖民臣属的关系。反过来，清朝官员是那些军官的上司，而巴兰德虽然经常干涉，但多数情况下还是希望他们服从上司的命令，不给德国丢面子。尤其在天津错综复杂的地方政坛上，冲突矛盾经常发生，但是冲突方往往分不清中外。其实，当德国政策转向侵占胶州湾以后，教官的派遣和军火贸易都受到了无法挽回的打击。②

本书的着重点基本上还是在所谓的"西学东渐"，这里不多说了。最后只讲一下我个人的心得。我在写这本书的时候，觉得最意外的两件事情，乃是现代和传统的概念发生了变化。简单地说，中国社会并不那么传统，德国社会并不那么现代。第一，太平天国运动对中国社会和国家机制造成的影响不可忽略。作为德国教官授教对象的淮军头领是一股强大的势力，从他们的角度来讲，不愿吸收教官的教训也是可以理解的，毕竟他们是打过胜仗的。反过来，天津武备学堂

---

① Steinmetz, *The Devil's Handwriting*.
② 可参看拙文《晚清在华的德国军事教官概况》，《北大史学》2008年第13期。

作为一个半制度化的"局"①（各省新兴的省级政府机构），实力比较弱，这恐怕也是洋务运动作为一场不彻底的改革的不良后果。第二，经过研究那些德国小人物，我会发现19世纪德国社会的封建价值观仍然很兴盛，贵族的特权仍然明显，军官与普通军士之间有了天壤之别。中国上司对这些外国人的身份、情怀毫无知晓，往往把军士和军官平等对待（在这一点上，清朝似乎比德国更先进一些）。档案显示巴兰德一半的精力花费在为军官们争面子的努力上。这些本国史的知识，我以前都没有意识到，真可以说是"往昔乃是异乡"（The past is a foreign country）。

想到"往昔乃是异乡"，这不但是一句名言，也是一本名著的书名。② 这本书的内容与书名相反，阐述现代人、社会与国家如何把历史当作一种遗产，从中获取意义和认同。那么，我20年前叙述的30来个德国人的故事，今天对我们还会有什么样的意义呢？这倒比较难说了。说那些教官是文化传输的步卒也好，帝国主义的步卒也好，毕竟他们的作用不太突出，又不能成为德国的自豪，更没有成为中国的什么救世主，但也不能简单地把他们说成是帝国主义的工具。作为微观历史，与其说这本书是中德两国交流的历史，不如说它是人的历史，希望读者把那些教官作为个人看待，而不当作某一个国家的代表（其中绝大部分人来华的目标是为了成全自己，而不是为德国做贡献），斟酌一下小人物在全球化历史潮流中的角色。我非

---

① 有关局，参见关晓红《晚清局所与清末政体变革》，《近代史研究》2011年第5期。
② David Lowenthal, *The Past is a Foreign Country*. Cambridge: Cambridge University Press, 1985.

常感谢孙立新教授和顾年茂博士不遗余力翻译这本书，感谢社会科学文献出版社李期耀博士细心编辑。经过他们的帮助能把这本微观历史提供给中国读者参考，也是我的福分。其不足之处，谅我水平有限，敬请读者批评指正。

白莎（Elisabeth Kaske）
2021年5月10日于莱比锡寓所

目　　录

致谢辞 / 1

引言：文化传输的步卒 / 3

第一章　"军事顾问团"的成型 / 14
　　一　李鸿章与1884年以前的德国军事教官 / 14
　　二　李凤苞及其"使团" / 30

第二章　19世纪的幸运骑士 / 48
　　一　闯入中国 / 49
　　二　天津的幻灭 / 62

第三章　昂贵的训练师：德国教官与中国军队 / 79
　　一　雇佣军与教官：中国北方的军队状况 / 79
　　二　充满自信的指挥官——周盛传 / 87
　　三　蒙古马与效仿西方模式的困难 / 98

第四章　"海军将军"式百龄与中国舰队 / 110
　　一　从海军少校到总兵：式百龄在中国的职业生涯 / 111
　　二　式百龄和远征台湾的失败 / 114

三　从总兵到平民：解雇式百龄 / 125

第五章　"面包师将军"：李宝少校与天津武备学堂 / 137
　　一　李宝少校与天津武备学堂的创办 / 138
　　二　外交攻势：巴兰德反对李宝和穆麟德 / 156
　　三　艰难的重新开始：1887~1889年的天津武备学堂 / 172
　　四　余波：李宝与1889年的"武备学堂危机" / 184

第六章　快乐的鱼雷：马驷其人其事 / 199
　　一　马驷与中国南方使团 / 199
　　二　黄埔水鱼雷局 / 209
　　三　妥协的艺术 / 214

第七章　"客籍劳工"：外国人在中国的从业活动 / 227
　　一　一个中国人的批评意见和"军事使团"的问题 / 228
　　二　合同和勋章：为外国人设置的聘用机制 / 252

第八章　远离中国：30位原教官的宿命 / 272
　　一　归家者 / 273
　　二　从在华德国专家到德国的"中国通" / 277
　　三　德国教官的中国观 / 292

结论：永久的痕迹 / 304

征引文献 / 310

致谢辞

在这里,我想向所有对我写作本书提供过帮助和支持的人表示感谢。首先要感谢的是大众汽车基金会(Volkswa-genstiftung),该基金会在"在中国的德国顾问"(Deutsche Berater in China)项目框架内对此项研究工作提供了经费资助。

其次,感谢在资料方面给予我帮助的档案馆工作人员,特别是克虏伯历史档案馆(Historischen Archiv Krupp)的负责人雷纳特·科恩-林登劳布(Renate Köhne-Lindenlaub)博士、档案员海因弗里德·沃斯(Heinfried Voss)博士和米特(Müther)先生。他们非常耐心、友好地回答了我所有与克虏伯公司和武器技术相关的问题。雷纳特·科恩-林登劳布博士还复读了与克虏伯相关部分的文字。米夏埃尔·鲍尔(Michael Baur)博士将他祖父包尔(Georg Baur)的日记提供给我使用,墨柯(Peter Merker)博士则借助阿尔弗里德·克虏伯·冯·波伦和哈尔巴赫基金会(Alfried Krupp von Bohlen und Halbach-Stiftung)的大力支持,将这些日记转写成更易读的文本。德意志历史博物馆(Deutschens Historischens Museum)的克劳斯-彼得·梅尔塔(Klaus-Peter Merta)先生向我讲解了一些重要的勋章学知识,帮助我查找老照片,并介绍我与伊迪莎·亨门(Editha Hemmen)女士建立了联系。伊迪莎·亨门女士作为美克(Karl Emil Maukisch)的外孙女提示我注意到了与其外祖父相关的重要情况。天津南开大学的张国刚教授和王文兵先生也把他们的研究成果提供给我使用。我还向培高德（Cord Eberspächer）先生咨询所有与19世纪德国海军东亚舰队（das Ostasiatische Geschwader），或者更确切地说是与德国军舰的装备或名称相关的问题。伊芙琳·洪德（Evelin Hund）女士不惜花费大量精力对全书进行了彻底校阅。她分解了所有过长的句子，使前后不一致的名称得到了统一。安德里亚·扬库（Andrea Janku）博士同样审阅了书稿，并提供了一些重要建议使之有所提升。多琳·肖尔兹（Doreen Scholz）女士也校阅了书稿，并帮助我编制索引和排版。弗兰克·巴宾（Frank Babing）博士则在文本技术问题的处理和文本打印方面提供了帮助。我们共同努力，为成功抵制陈旧的正字法习惯而奋斗。对于所有依然存在的缺点错误，我自当负完全责任。

最后，我要向主持"在中国的德国顾问"项目的费路（Roland Felber）教授致以特别真挚的感谢和殊深轸念。他因长时间身患恶疾于2001年5月5日在柏林去世。

引言：文化传输的步卒

自 1870 年代起，德国军事教官和顾问供职于清政府，并且大多数是在 1884～1890 年，也就是说在 1884～1885 年中法战争与 1894～1895 年甲午战争之间的洋务运动时期。他们取代了自 1860 年代起就开始训练部分中国军队的英国教官和法国教官，而他们自己后来又被日本教官所接替，但是唯有日本教官才真正将中国军队改造成了一支现代军队。在德国军事教官出场时，德国人成了供职于中国的外国军事教官的最大多数。

本书是在由大众汽车基金会资助的名为"在中国的德国顾问"项目的框架内形成的，对 30 位在中法战争时期从德国经热那亚或的里雅斯特走上前往中国工作旅途的德国军官和军士的历史进行了全面而系统的考察。它涉及的是一个实际上子虚乌有的德意志"军事使团"（Militärmission）。普鲁士自 1830 年代起就派遣军官到土耳其，是为其提供军事援助的前兆，就像 20 世纪模仿者的情形那样。这里描写的军事使团却不是由德国派出的。与之相反，中国驻德国公使李凤苞不顾德国政府公开表明的态度和在据说已经宣布中立的德国政府毫无所知的情况下，在柏林并且完全从普鲁士招聘了 30 位军官和军士。招募这个使团最主要的目的是警告法国人，在围绕被中国视为受其保护的东京（Tongking，北越南）而爆发的战争冲突中，俾斯麦是站在中国方面的。德国政府自然心知肚明，它也采取了必要的外交措施，尽力避免在欧洲内部产生误解。然而，普鲁士军人深受高额薪金、报销旅费和慷慨许诺的诱惑，坚持要到中国工作，充当军事教官，只是有些人仅仅干了一年，另一些人则干了许多年，最长的甚至达16年之久。口尖舌利的天津媒体嘲讽他们是"俾斯麦的使团"（Bismarcks Missionäre）①。

本书拟依据德文和中文档案资料（后者大都已经公开出版）、同时代人甚或本书所论述之人本人的回忆和描写，以及极其有限的报纸报道，以历史学微观研究形式，同时并行地追求两大目标：一是运用团体社会学研究方法，② 再现30位军官和军士的身世、离开军队的原因、适应中国生活的策略、结束在中国的工作之后的生活轨迹，以及他们本人对自己与中国遭遇的看法（特别是本书第二章和第八章）；二是运用可从中文史料当中获得丰富知识的跨文化研究方法，着力探讨德国教官在中国的工作条件（第七章及其他各处）、中国雇主对其职员的要求，以及后者在满足前者要求方面的成功与失败（特别是第四章至第六章）。另外，还包括分析当地德国外交官发挥的作用（特别是第五章）以及知识和技术传输的条件（特别是第四章）。

---

① *The Chinese Times*, Sept. 17, 1887, zit. in: „Die Deutschen Offiziere in China", *Berliner Tageblatt* 3.11.1987.
② 迄今为止，在探讨外国专家的作用方面，研究一直是欠缺的。这一点也为理查德·史密斯（Richard Smith）和史博德（Fred Schrader）所强调。参见 Richard J. Smith, „Ausländische Spezialisten in Asien 1860 – 1920: einige methologische Überlegungen", *Comparativ* 9. Jg., Heft 4, 1999, S. 10 – 15; Fred E. Schrader, „Kulturtransfer zwischen sich überschneidenden Zivilisationen: Europa und Ostasien", *Comparativ* 9. Jg., Heft 4, 1999, S. 101 – 106.

本书涉及的 1880 年代这一历史时段在欧洲和美国正是工业革命时代，是蒸汽船和电报的时代。在那个时代，已经工业化了的国家挟其文化适应进程（Akkulturationsprozess）和自我维护（Selbstbehauptungsversuch）试图深入世界其他地区。我在引言的标题上使用了"文化传输"（Kulturtransfer）概念，我是在彼得·胡吉尔（Peter Hugill）所讲的"思想与物质文化的传输与转型"① 意义上用的。这种处理方法是建立在一个系统的文化概念基础之上的。这个文化概念为考察某一处于自身正在发生变化的环境压力下的文化体系的适应现象提供了一个有用的工具。② 它也容许与"传统的中国"概念保持距离，反而将中国视为一个综合文化系统，其适应策略是与保障自身安全的需要相对应的。③ 对于中国来说，现代的挑战首先体现在一种以优越的武器形态宣示的实实在在的军事和政治安全威胁。因此，对于帝国主义现象的多重性来说，具有典型意义的是，西方积极主动的帝国主义扩张及其对经济和政治影响

---

① "Introduction," Peter Hugill, D. Bruce Dickson, *The Transfer and Transformation of Ideas and Material Culture*. College Station: Texas ATM Universty, 1988, pp. ix – xxii.
② William Hardy McNeill, "Diffusion in History," in Peter Hugill, D. Bruce Dickson, eds., *The Transfer and Transformation of Ideas and Material Culture*.
③ 尤其是在本书第三章中将要展示，在德国人开始其活动之际，中国军队已经不再是"传统的"了。参见 James L. Hevia, *Cherishing Men from Afar: Qing Guest Ritual and the Macartney Embassy of 1793*. Durham: Duke University Press, 1995, p. 223. 对于这个概念的其他使用情况，参见 Marc Schalenberg, „Einleitung: Historische Fluchtlinien von Kultur ", in: Marc Schalenberg (Hrsg.). Kulturtransfer im 19. Jahrhundert. Berlin: Centre Marc Block, 1998; Michael Werner, „ Nachwort ", in: Marc Schalenberg (Hrsg.). Kulturtransfer im 19. Jahrhundert. Berlin: Centre Marc Block, 1998; Fred E. Schrader, „ Kulturtransfer zwischen sich überschneidenden Zivilisationen: Europa und Ostasien ", *Comparativ* 9. Jg., Heft 4, 1999, S. 103.

的追求，经常与有意或无意的扩散和适应进程（Diffusions- und Anpassungsprozessen）混在一起。在文化交流的相互作用方面实际存在的不平等，并不是恣意形成的，而是西方工业进步的必然结果。在克服其文化生存问题时，西方最终赢得了显著优势。① 中国的适应或保护策略导致中国官僚集团的决定，不可避免的是以抵抗一种被真切感受到的外在的和内在的威胁，确保自身包括经济、社会等系统在内的文化系统的安全为导向的。

1840~1842年的第一次鸦片战争作为一个震撼还不够强大，不足以成为启动广泛改革的引子。魏源和林则徐在1840年代提出的生产武器、建造船舰倡议并没有产生显著影响。② 然而随着工业革命的进步，中国技术落后的状况愈益突出。③ 欧美工业的发展彻底革新了武器制造技术，射程远、命中率高的后膛火枪和火炮向世界各地大规模传播的趋势已经无法阻挡了。与此同时，作战方法也发生了根本变化。直至19世纪初都习以为常的排成整齐方阵列队前进的军事行动，此时已经毫无意义了。军队还未到达战场，敌人的子弹和榴霰弹就会从一两千米远的地方扫射过来。鉴于威力越来越强大的围攻火炮和

---

① 社会达尔文主义恰恰在这个时代形成，这绝不是偶然现象。
② Knight Biggerstaff, *The Earliest Modern Government Schools in China*. Ithaca, NY: Cornell University Press, 1961, p. 5; Lee Kuo-chi, Die chinesische Politik zum Einspruch von Shimonoseki und gegen die Erwerbung der Kiautschou-Bucht: Studien zu den chinesisch-deutschen Beziehungen von 1895 bis 1898. Münster: Univ. Diss., 1966, S. 2; John Rawlinson, *China's Struggle for Naval Development, 1839 – 1895*. Cambridge, MA: Harvard University Press, 1967, pp. 19 – 21, 26 – 27.
③ Kenneth Pomeranz, *The Great Divergence: China, Europe and the Making of the Modern World Economy*. Princeton: Princeton University Press, 2000.

爆破弹，旧式防御工事逐渐丧失了意义。在战术方面，这一点使得炮兵、野战工事和战壕，以及其他战术编队和新的后勤供应越来越重要了。①

直至太平天国运动及1858～1860年第二次鸦片战争和英法联军占领北京，激发广泛改革的真正危机意识才萌生。首先是较大规模地进口西式武器，招募诸如华尔（Frederick Townsend Ward）、白齐文（Henry Burgevine）等外国雇佣军，以便与国内的敌人作战；而借助武器走私，太平军同样开始拥有现代武器装备了。1861年由外国人管理的海关的建立为清政府带来了新的收入。这些收入也构成了此后35年实施的"洋务运动"或"自强运动"的财政基础。② 但是，以自强为目标的改革原本仅限于军事方面，主要是装备军队，以抵御西方不断增加的海上威胁。现代兵工厂自1861年起开始建立，最重要的有附设翻译馆的江南制造总局（1865，上海）、设在福建的福州船政局（马尾造船厂，1866）和天津机器局（东局子，1866）。逐渐地，一场不断扩展的工业化运动开始了。尽管如此，武器进口还是这个阶段最突出的标志之一。

中法战争并不意味着这一发展进程出现了一个根本性转折。在这场战争中，清政府对外部世界的感知发挥了决定性作用。在外国人看来，中国在这场战争中被打败了，在中国官员的头脑里却形成了一种中国部分胜利的印象。

---

① Ernst von Reichmann, Die wachsende Feuerkraft und ihr Einfluss auf Taktik, Heerwesen und nationale Erziehung. Berlin, 1904.
② 包遵彭等编纂《自强运动》，正中书局，1959；牟安世：《洋务运动》，上海人民出版社，1956。

法国军队在酷热难耐的越南面临的后勤供应困难使得中国人得出了这样的结论,即西方的陆军部队并不比中国的雇佣军更优越。结果是,此后 10 年的现代化追求越来越明显地倾斜于海军建设。① 中国这一阶段的现代化先是因为在甲午战争中中国军队在陆地和海上都遭到了毁灭性打击,最终由于列强在 1900 年义和团运动期间再次占领北京而突然中断。②

如同世界上许多其他地方一样,中国也聘用了一些来自技术先进国家的军事教官,目的是让他们传授新的技术和知识。在中国,传教士和其他西方思想传播者只被非常勉强地接受,军事教官却很受欢迎。这与在其他地方的情形一样。为了让他们更好地传授技能,清政府不惜花费大量钱财进行招募。19 世纪时,普鲁士及之后的德国的一些教官在土耳其、日本和南美洲工作。关于他们的活动,已经有大量研究

---

① 《教练广胜军专习洋战片》(光绪十一年五月二十五日),苑书义等主编《张之洞全集》第 1 册,河北人民出版社,1998,第 313 页。关于中法战争,可参见 Lloyd E. Eastman, *Throne and Mandarins: China's Search for a Policy during the Sino-French Controversy, 1880 – 1885*. Cambridge, MA: Harvard Universty Press, 1967.

② 失败的原因大体有缺乏民众支持、中央和各省官员不感兴趣、没有很好地吸收先进技术、政治制度和儒家意识形态的惰性等。参见 Steven Leibo, *Transferring Technology to China: Prosper Giquel and the Self-strengthening Movement*. Berkeley: University of California Press, 1985, p. 158; Albert Feuerwerker, *China's Early Industrialization: Sheng Hsuan-huai, 1884 – 1916 and Mandarin Enterprise*. Cambridge, MA: Harvard University Press, 1958, pp. 242 – 251. 关于兵工厂,参见王尔敏《清季兵工业的兴起》,中研院近代史研究所,1963。

成果问世。① 关于德国军事教官在中国的活动,迄今仍缺乏类似专门的研究成果。

然而,聘请外国军事教官只是传输军事知识的途径之一。其他途径还有简捷的武器进口和试验、图书翻译、研究已发生的与外国军队的交战情况、派遣军官到外国学习,或者是公使和游客对于外国军事情况的报告,等等。在19世纪的中国,所有这些获取知识的方法都被使用过。本书不以面面俱到地描写向中国传输军事知识的整个进程或其结果为主旨,尽管有一些与传播西式作战方法相关联的问题将通过对骑兵的个案研究(本书第四章)予以间接阐述。与之相反,位于本书核心地位的是这样一个问题,即德国军事教官究竟发挥了哪些作用。

长期以来,诸如戈登(Charles Gordon)、日意格(Prosper Giquel)、赫德(Robert Hart)、马士(Hosea Ballou Morse)、马格里(Halliday Macartney)、德璀琳(Gustav Detring)等19世纪在中国工作的外国顾问一直是专攻中外关系史的研究者关注的重点。② 在这里,特别是在英文文献中,经常制造有关西方顾

---

① Jehuda Wallach, Anatomie einer Militärhilfe: die preussisch-deutschen Militärmissionen in der Türkei 1835 – 1919. Düsseldorf: Droste, 1976; Frederick M. Nunn, *Yesterday's Soldiers*: *European Military Professionalism in South America, 1890 – 1940*. Lincoln: University of Nebraska Press, 1983; Ernst L. Presseisen, *Before Aggression*: *Europeans Prepare the Japanese Army*. Tuscon: Universiy of Arizona Press, 1965.

② Demetrius Boulger, *The Life of Sir Halliday Macarthey*. London: Lane, 1908; Stanley Wright, *Hart and the Chinese Customs*. Belfast: Mullan, 1950; Adrian Arthur Bennett, *John Fryer*: *The Introduction of Western Science and Technology into Nineteenth-Century China*. Cambridge, MA: Harvard University Press, 1967; Leibo, *Transferring Technology to China*; Vera Schmidt, Aufgabe und Einfluss der europäischen Berater in China: Gustav Detring(1842 – 1913)im Dienste Li Hung-changs. Wiesbaden: Harrassowitz, 1984.

问的神话，比如说"他们致力于使中国西方化"，"坚持不懈地为了中国人的进步而奋斗"。① 史景迁（Jonathan Spence）有选择地将其论述在中国的数代西方顾问的活动一书命名为《中国帮助者》，在另一个版本中则称《改变中国》。② 对于欧洲人和美国人的自我理解来说，这些著作是非常重要的，因为他们在过去几十年间不断受到来自中国方面的激烈的帝国主义谴责。③ 有位韩国作者甚至以穆麟德（也写作穆琳德，Paul Georg von Möllendorff）的活动为由头，用迂回的方式指责中国在朝鲜推行帝国主义政策，完全与德国人穆麟德为朝鲜人谋福利的初衷背道而驰。④ 近些年，在中国史学界，关注的重点从批判西方帝国主义转移到强调现代化的好处，研究者更多地谈论"近代化"而不是"西方化"了。施丢克尔（Helmuth Stoecker）1958 年在民主德国出版的关于德国资本主义侵略的著作，1963 年就被翻译成中文了。在该书中，德国顾问和教官被评价为德国军火工业的代理人。史景迁的《改变中国》

---

① Leibo, *Transferring Technology to China*, pp. 1–2.
② Jonathan Spence, *The China Helpers: Western Advisers in China, 1620–1960*. London: Bodley, 1969; Jonathan D. Spence, *To Change China: Western Advisers in China, 1620–1960*. Boston: Little, Brown and Company, 1969.
③ 例如丁名楠《帝国主义侵华史》，人民出版社，1958。与其对应的德文著作则有 Helmuth Stoecker, Deutshland und China im 19. Jh.: Das Eindringen des deutschen Kapiyalismus. Berlin: Rütten & Loening, 1958.
④ Lee Yur-bok, *West Goes East: Paul Georg von Möllendorff and Great Power Imperialism in Late Yi Korea*. Honolulu: University of Hawaii Press, 1988. 正面论述穆麟德的著作则有 Walter Leifer, Paul Georg von Möllendorff: ein deutscher Staatsmann in Korea. Saarbrücken: Homo et Religio, 1988. 关于穆麟德其人其事也可参见本书第五章。

在中国也翻译出版了。① 熊月之所著、富有影响的《西学东渐与晚清社会》（英文并行标题为 The Dissemination of Western Learning and the Late Qing Society）着力突出了传教士在中国传播现代科学的意义。② 由马昌华主编的李鸿章幕友、同僚传记手册自然也涉及为李鸿章效力的外国人，尽管因为缺乏史料，传记的精确性和完整性大打折扣。③ 在考察供职于中国的外国人方面已经出现变化的社会气氛也显现在王文兵的硕士学位论文中。该论文以《西方顾问与晚清中国的近代化》为标题，得出的结论是："作为来自先进资本主义国家的一个特殊外国人团体，西方顾问在晚清王朝的社会进化中发挥了极其重要的作用。"④

在关于来华西方专家的讨论中，有一个事实迄今仍未受到应有的重视，这就是大多数在中国工作的外国顾问是任职于中国的薪金领取者，没有一人是被明确当作"顾问"（Berater）聘用的，尤其是在1880年代这个相对较早的阶段。他们大都以中国早期现代学校的教师、兵工厂的技师、军队的教官、中国海关职员身份，或者作为较高级中国官员的随员享有报酬。随员最接近于顾问地位，但也不是必然会对其主人产生实际影响。⑤ 理查德·史密斯作为最早认识到此种情况者之一，指出那些外国顾问的同时代中国人经常遵循中国优越性的自我意

---

① 施丢克尔：《十九世纪的德国与中国》，乔松译，三联书店，1963；乔纳森·斯潘塞：《改变中国》，曹德骏、周定国等译，三联书店，1990。
② 熊月之：《西学东渐与晚清社会》，上海人民出版社，1994。
③ 马昌华主编《淮系人物列传：文职·北洋海军·洋员》，黄山书社，1995，第390~432页。
④ 王文兵：《西方顾问与晚清中国的近代化》，硕士学位论文，南开大学，1999。在我逗留天津期间，王文兵友好地赠送该论文供我利用。
⑤ 关于学校，参见 Biggerstaff, *The Earliest Modern Government Schools in China*.

识,将"借才"一事合理化。与此同时他也提醒人们注意,许多外国人是基于物质诱惑和在本国职业前景无望这一实际情况做出到中国工作的决定的,并且这份差事多有聘期限制。①

参加1884年"使团"的那些人无疑是属于这一范畴的。与戈登、赫德或者德璀琳相比,他们显然不太重要。在迄今为止的历史书写中,他们大都虽被提及但不具姓名。② 其实,本书描写的这些军事教官却构成了参与中国现代化进程的外国专业人员的大部分。③ 我不想驳斥下列观点,即他们作为跨文化

---

① Richard J. Smith,„ Die Karriere eines Aussenseiters: H. B. Morse in China, 1874 – 1900 ", *Comparativ* 9. Jg. , Heft 4, 1999, S. 46 – 64; Richard J. Smith, "Li Hung-chang's Use of Foreign Military Talent: The Formative Period, 1862 – 1878," in Samuel Chu & Kwang-Ching Liu, eds., *Li Hung-chang and China's Early Modernization*. New York: Sharpe, 1994; Richard J. Smith, *Mercenaries and Mandarins: The Ever-Victotious Army in Nineteenth Century China*. Millwood, NY: KTO Press, 1978.

② 提及李凤苞招聘活动的著作有:Eva Hausotter, Li Fengbao, der zweite chinesische Gesandte in Berlin (1878 – 1884): Eine Darstellung seiner Karriere und eine kommentierte Übersetzung seines Tagebuches. Berlin: Univ. Diss. , 1968, S. 74 – 75; Lee Kuo – chi, Die chinesische Politik zum Einspruch von Shimonoseki und gegen die Erwerbung der Kiautschou-Bucht: Studien zu den chinesisch – deutschen Beziehungen von 1895 bis 1898. Münster: Univ. Diss. , 1966, S. 12 – 13; Stoecker, Deutschland und China im 19. Jh. , S. 164; Udo Ratenhof, Die Chinapolitik des Deutschen Reiches 1871 bis 1945: Wirtschaft – Rüstung – Militär. Boppard am Rhein: Hrald Bodt Verlag, 1987, S. 114.

③ 林庆元对1860~1895年在中国工作的外国职员进行了统计,认为总共有909人,其中有一大部分是在采矿业工作的普通工人和轮船招商局的低级水手。林庆元:《洋务派聘用的洋员及其分布》,《海交史研究》1995年第2期。由他列举的德国军事教官是不完备的,我已在一篇文章中指出,1870~1914年在中国工作的德国陆海军教官多达100余人,其中只有一小部分是由德国政府官方派遣到中国的。Elisabeth Kaske,"Teachers, drillmasters or arms dealers? German military instructors in 19th century China,"(Vortrag gehalten auf der 2nd International Convention of Asia Scholars, 9. – 12. August Berlin), *Berliner China – Hefte* Nr. 23 (Oktober, 2002), im Druck.

中介"在输入和创造性地接受新知识和新技术方面发挥了完全自主的作用",① 但是这种作用究竟有多么重要？西方作者经常很轻易地认为，这些顾问和专家大概会是中国变革进程中的重要行动者，现在无论是把他们看作文化带来者，还是依然视为帝国主义代理人。我在从事这项研究期间，越来越清楚地意识到，所有成功的改革和现代化的行动者自始至终都是中国人自己。也就是说，文化传输的成功完全取决于接受者方面努力的程度。过于积极的教官所做的任何超出这个尺度的输入技术、知识或方法的尝试，即使充满善意，也会不可避免地遭到接受者的拒绝。

将每位教官本人当作个体来观察，就会发现他们大都是自身已经全球化了的劳动力市场上的奔波人员。他们不是欧洲扩张的积极代理人，却是其无意识的组成部分。然而，这些人又是中国从文化上接近工业时代西方这一非常广泛进程的参与者。他们发挥了文化传输媒体的作用，只是其作用的大小完全取决于接受者的意愿和行为。因此，来到中国的德国军事教官可谓文化传输的"步卒"。"步卒"一词取自这个词的本义，因为这些教官大多数来自步兵。

---

① Mechthild Leutner, Klaus Mühlhahn, „Interlulturelle Handlungsmuster: Deutsche Wirtschaft und Mission in China in der Spätphase des Imperialismus", in: Dies. (Hrsg.). Deutsch-chinesische Beziehungen im 19. Jahrhundert: Mission und Wirtschaft in interkultureller Perspektive. Münster: Lit, 2001, S. 35.

第一章 "军事顾问团"的成型

为了威慑法国人,使其在争夺越南东京的战斗中不敢采取进一步的军事行动,李凤苞在1884年夏末秋初至1885年早春这段时间里,瞒着德国政府私下招聘了30名德国军官和军士,并且他们全部来自普鲁士。招聘"军事顾问团"活动虽然没有实现其预定目标,却也意味着对德中关系的一个巨大推动。先前只有个别德国军事教官到中国工作,此时却产生了一个到当时为止在中国最大规模的德国职员群体。这些人堪称德国军事教官大批量到中国工作时代的开创者,而这个时代一直持续到1898年才告终。

一 李鸿章与1884年以前的德国军事教官

1870年代有两个历史事件发生,它们使得德中两国彼此更加接近了。这两个历史事件就是普法战争的爆发和原江苏巡抚、淮军统帅李鸿章被任命为直隶总督和北洋通商大臣。这两个事件共同构成了德国军事教官供职于清政府的背景。

第一章 "军事顾问团"的成型 / 15

直到1884年,来华德国军事教官仍然是十分稀少的。在1871年德意志帝国建立之前,中国与普鲁士和德意志土地上的其他邦国虽然已有接触,但数量较少、程度较低。来自德意志各邦的人主要在中国沿海城市从事贸易和船运。① 在太平天国和捻军起义期间,他们既向清政府出售武器,也走私军火给起义者。② 来自普鲁士、汉堡及德意志其他邦国的个别人还以雇佣兵的身份,参加了帮助清政府镇压起义者的外国雇佣军队伍。另有一些人则站在起义者那边。但所有这一切都纯属个人行为,与普鲁士驻华领事官毫无关系。1866年,一位名叫博朗(也写作薄郎,H. O. von Braun 或 Brown)的原普鲁士军官组建了一个由满洲八旗骑兵组成的"神机营"。对于这支军队,我们在下面讨论天津训练项目时还会详加论述。为此,博朗在1867年荣升为副将(相当于德国的陆军上校)。训练项目用英语进行,博朗先前效力于戈登的常胜军,一直被当作英国人看待,他所用的名字也是英文名字 Brown。③ 1867年,一位名叫格拉德(Gerard)的德意志人在厦门被打死了,此人

---

① 关于德中早期商贸关系的详细论述,参见 Stoecker, Deutshland und China im 19. Jh., S. 37 – 65; Adalbert Korff, Der direkte deutsch-chinesische Schifffahrtsverkehr von seiner Entstehung bis zum Ausbruch des Weltkrieges. Kiel: Univ. Diss., 1923; Heinz Beutler, Hundert Jahre Carlowitz & Co.: Hamburg und China. Hamburg, Univ. Diss., 1948.

② 首任普鲁士驻华公使李福斯(Guido von Rehfues)就曾在报告中提到1860年代初发生在上海的一起军火走私案件。因为上海道台与此案件有涉,对普鲁士人的指控也就不了了之。BArch Berlin R 9208/357 Rehfues an Prinz Gong, Zongli Yamen, 20.5.1867. 施丢克尔在其书中也提及此事,见 Stoecker, Deutshland und China im 19. Jh., S. 90.

③ 《同治四年十一月初八日通商大臣崇厚折》《同治六年二月二十四日崇厚片》,中国史学会主编《洋务运动》(3),上海人民出版社,1961,第478~479、491页。

先是效力于起义者，后来加入了清军。他曾游历过中国许多地方，随身携带数本由中国各省政府而不是普鲁士领事签发的护照；普鲁士领事也只是在格拉德死后才获悉相关情况的。① 另有部分德意志同盟属员供职于中国海关，受海关总税务司赫德领导，其中最早的一位是 1865 年来中国的德璀琳。②

在李鸿章名下，总督实现了一种非同寻常的权力集中。李鸿章不仅是控制着直达首都通道的中国最重要的直隶的总督，并且自 1763 年起在该省不再设巡抚。而通过将通商大臣一职（这一职位原先由崇厚担任，1861～1870 年也被称作"北洋三口通商大臣"）与总督职责合并在一起，李鸿章还掌管了都城的外交事务、中国北方的海关收入及先前由崇厚组建的"练军"（参见本书第三章）。除此之外，作为总督，李鸿章也成为直隶常规部队的最高首领；作为淮军统帅，他还拥有自己带来的私家兵团。③ 到 1875 年，李鸿章又掌握了另一方职权。鉴于日本海军对台湾的威胁，中国高层官员就重新规划国防战略问题进行了长时间辩论。之后，在国防政策方面，与陆疆相对的海疆被赋予了远超先前的优先地位。1875 年 5 月 30 日，总理各国事务衙门（简称总理衙门）建议，海防事务也由北洋通商大臣和南洋通商大臣管辖。光绪帝发布谕令批准了这一

---

① BArch Berlin R 9208/357, 38 – 39 Rehfues an Prinz Gong, Zongli Yamen, 20. 3. 1867.
② Stoecker, Deutschland und China im 19. Jh., S. 64; Schmidt, Aufgabe und Einfluss der europäischen Berater in China, S. 6.
③ 光绪《重修天津府志》卷 3，台湾学生书局 1968 年影印，第 936～954 页；V. V. Hagelstrom, H. S. Brunnert, *Present Day Political Organization of China*. Taibei: Chengwen, 1971, pp. 398 – 399.

建议。① 这样一来，李鸿章又成为中国北方海防首领了。更为重要的是，按照预算，该官署每年可获得 400 万两白银的海防经费（虽然在实际上这笔经费经常不能全额发放）。② 有了这笔预算，李鸿章便可以考虑实施与以前相比规模更大的军事建设计划了，其中包括订购现代的铁甲或钢甲战舰、修筑海岸炮台、用现代的枪械装备沿海部队、置办野战炮和重型海防火炮等。同样，这笔预算也足够招聘大批外国军事教官和顾问前来中国为李鸿章效力了。

正当中国开始推行新的、有经费支持的国防战略之际，统一的德国也以国际政治中的行为人和全球重工业产品市场上的竞争者身份出现了。在 1871 年取得了对法国战争的胜利和创建了德意志帝国之后，这个新的西欧国家受到了整个世界的密切关注。普鲁士的军队此时被认为是世界上最好的军队。特别是在现代作战技术领域，普鲁士铸钢制成后膛火炮连同其炮兵大规模密集轰击的进攻战术，在 1870~1871 年的普法战争中取得了巨大的、令人惊奇的成功。新的、根据其发射炮弹重量命名的 4 磅野战火炮给创办于埃森（Essen）的铸钢厂弗里德里希·克虏伯（也写作克鹿卜）股份公司（Fried. Krupp Aktiengesellschaft）带来了世界声誉，尽

---

① Immanuel Hsu, "The great policy debate in China 1874: maritime defense vs frontier defense," *Harvard Journal of Asiatic Studies*, vol. XXV (1964 - 65), pp. 212 - 228; Thomas Larew Kennedy, The Establishment and Development of the Kiangnan Arsenal 1860 to 1895. Ann Arbor: UMI, 1968, pp. 123 - 131; 施渡桥：《中国近代军事思想史》，国防大学出版社，2000，第 272~278 页。李国祁称谕令发布的时间为 1874 年 12 月 6 日。Lee, Die chinesische Politik zum Einspruch von Shimonoseki und gegen die Erwerbung der Kiautschou-Bucht, S. 22.

② Rawlinson, *China's Struggle for Naval Development*, pp. 64, 70.

管在战争中投入使用的 4 磅野战火炮中有不少并非由克虏伯制造的。① 在诸如中国这样一个文化之邦,用书籍来传播有关德国这一欧洲新兴强权及其技术进步的知识是不足为奇的。特别著名的有王韬根据翻译成中文的报纸报道编辑而成的《普法战纪》和德裔美国人金楷理(Karl Traugott Kreyer)翻译的布国斯拉弗司著《临阵管见》,两者均出版于 1873 年。② 与此同时,江南制造局翻译馆的两位译员李凤苞和金楷理,也开始从事一项较大规模的翻译介绍克虏伯火炮操作手册的工程。他们

---

① 4 磅野战火炮这一术语源自德制直径 3 寸(7.85 厘米)圆弹头的重量,实际应用的长弹头(榴弹、榴霰弹或霰弹)更为沉重。牵拉的 4 磅野战火炮在 1860 年代中期被引入普鲁士,以满足下列需求:将在野战炮兵中使用的野战火炮的口径缩小,以便使之在阵地上能够实现移动更快速和操作更轻便。普鲁士虽然采取了由克虏伯代表的后膛原则,比炮膛更宽一点的直径较大并带有软外壳(原为铅制,后为青铜制)的弹头通过挤压而向前运动,以便形成一种旋转,但最终做出取代青铜用克虏伯生产、更加昂贵的铸钢来制作炮筒这一决定是在 1870 年代。参见 Edgar Graf von Matuschka, Wolfgang Petter, „Organisationsgeschichte der Streitkräfte", in: Gerhard Papke und Wolfgang Petter (Hrsg.). Handbuch zur deutschen Militärgeschichte 1648 – 1939. München: Bernard & Gräfe, Bd. 2, 1979, S. 353; William Manchester, Krupp: Chronik einer Familie. München: Heyne, 1978, S. 122 – 124; Bernhard Menne, Krupp: Deutschlands Kanonenkönige. Zürich: Europa Verlag, 1937, S. 114 – 115, 123; R. Roerdansz, Das gezogene vierpfuendige Feldgeschütz. Berlin: Mittler, 1862; Richard von Wille, Über das Einheitsgeschütz der Feldartillerie. Berlin: Mittler, 1870, S. 65 – 66.

② 张宗良口译、王韬辑撰《普法战纪》,中华印务总局,1873;Albert von Boguslawski, Taktische Folgerugen aus dem Kriege von 1870 – 1871. Berlin: Mittler, 1872; 斯拉弗司撰、金楷理口译、赵元益笔述《临阵管见》,江南制造局,1873。也见王尔敏《清季兵工业的兴起》,第 205 ~ 222 页;刘申宁《中国兵书总目》,国防大学出版社,1990;Lee, Die chinesische Politik zum Einspruch von Shimonoseki und gegen die Erwerbung der Kiautschou-Bucht, S. 35. 安德里亚·扬库博士告诉我,王韬的《普法战纪》早在 1872 年就以连载的形式刊登于上海的《申报》了。

第一章 "军事顾问团"的成型 / 19

至少翻译了8种介绍各种类型火炮、火药制造工艺以及克虏伯加农炮的弹药和操作方法的书籍。①

另有一位名叫希里哈（Victor von Scheliha）的普鲁士人为李鸿章的整个海防计划提供了理论基础，正如后者在1874年大辩论中所表述的那样。希里哈的著作《论海岸防御》(*A Treatise on Coast-defence*) 出版于1873年，中译者为傅兰雅（John Freyer），中译本冠名《防海新论》。作者本人曾作为普鲁士士兵参加过美国内战，他在书中对自己在美国沿海参加海战的经历进行了总结。该书直到1880年代都是中国现代海防的标准著作，以该书所表达的基本观念为战略指导，致力于将由购买于德国和英国的军舰构成的强大远洋舰队与装备有重型克虏伯火炮和阿姆斯特朗（Armstrong，也译作阿摩士庄、阿模士庄或阿墨斯得郎）火炮和通过水雷、鱼雷、拦截网及其他设施布置起来的海岸屏障结合起来。②

最初的德意志军事教官是通过完全不同的途径来到中国的。第一批炮兵教官随着克虏伯公司后膛钢炮出口到中国而

---

① 具体书名清单见王尔敏《清季兵工业的兴起》，第205~222页；Eva Hausotter, Li Fengbao, der zweite chinesische Gesandte in Berlin (1878 – 1884): Eine Darstellung seiner Karriere und eine kommentierte Übersetzung seines Tagebuches. Berlin: Univ. Diss., 1968, S. 21 – 23.

② Viktor von Scheliha, *A Treatise on Coast-defence*: *based on the experience gained by officers of the Corps of Engineers of the Army of the Confederate States*. London: E. & F. N. Spon, 1868；《筹议海防折》（同治十三年十一月初二日），吴汝纶编《李文忠公（鸿章）全集》（2），文海出版社，1967，第91~99页；Kennedy, The Establishment and Development of the Kiangnan Arsenal 1860 to 1895, pp. 125 – 126；William Ayers, *Chang Chih-tung and Educational Reform in China*. Cambridge, MA: Harvard University Press, 1971, pp. 101 – 102.

来。他们都是炮兵军士,主要讲解克虏伯火炮操作原理。有一位名叫路德维希·布雷特施奈德(Ludwig Brettschneider)的教官自1872年起就在设于上海的江南制造局炮兵学校工作,直至1879年或1880年。那里的人曾试图根据李凤苞和金楷理翻译的作品仿造克虏伯火炮,但徒劳无果。最终在1874年建成了一所炮兵学校,并且聘请布雷特施奈德到该校授课。这所学校存在到1881年,此后被改为兵工厂炮兵营的附属机构。① 另外两名炮兵教官到中国任教则要归功于商人派利(Friedrich Peil)的活动。此人通过1870年5月30日的代理合同获得了为期10年的克虏伯产品中国唯一代理人资格,并且在1870年底来到中国。② 弹药技师(克虏伯制造厂代雇教官)李劢协(C. Lehmeyer)在1872年成为公司的第二位火炮试射员,但他未过多久便与派利闹翻了。自1873年起,他供职于李鸿章处,在天津和大沽为李鸿章训练野战炮兵和海岸炮兵。③ 当李劢协的合同1876年到期时,李鸿章又委托他陪同淮军的七位青年军官到德国普鲁士军队中接受培训。这七位青年军官是卞长胜、查连标、王得胜、朱耀彩、刘芳圃、袁雨春和杨德明。但在到达德国后,李劢协与其被

---

① HA Krupp FAH 2 B 363d, 292 – 298 L. B. (Brettschneider) an Peil[未标日期的抄件,1878年6月的附函];Biggerstaff, The Earliest Modern Government Schools in China, pp. 176 – 178;Kennedy, The Establishment and Development of the Kiangnan Arsenal 1860 to 1895, pp. 79, 148.

② HA Krupp FAH 2 B 363 a-b, 162 – 168 Nusser: Ausarbeitung über das Geschäftsverhältnis Fried. Krupp zu Peil 16. 9. 76;ebd., 188 – 189 Nusser über Peils interne Geschäftsverhältnisse v. 20. 9. 1876.

③ HA Krupp FAH 2 B 363 a – b, 6 – 9 Peil an Fried. Krupp 14. Mai 1872;HA Krupp FAH 2 B 364, 41 – 44 E. Neu an Fried. Krupp 11. 7. 1876.

保护人发生了冲突并被解职。①

炮兵中士瑞乃尔(Theodor Schnell)曾在1870年底陪同派利来中国。1875年,他供职于巡抚丁宝桢所辖的山东水师(也称"登荣水师")。这支在福建组建的帆船舰队装备有32门克虏伯火炮。② 瑞乃尔指导水兵学习火炮射击和步兵操练。1877年,他在回德国休假时认识了他的未来妻子伊莎贝尔·施内尔(Isabel Schnell),后者跟随他来中国,并在中国生育了两个孩子。③ 1880年,山东水师被李鸿章解散,一部分炮艇被调到天津当作礼宾船使用。而其受过西式军事培训的水兵则构成了新的英国造超勇号和扬威号巡洋舰船员的主干。④ 瑞乃尔作为李劢协和汉纳根(Constantin von Hanneken)的继任者,在天津参与了培训李鸿章亲兵营的活动。1883年,汉纳根把他接到旅顺口,以便为他和他的家庭提供一些帮助,

---

① 张德彝:《稿本航海述奇汇编》,北京图书馆出版社,1997,第85页。对于这些留学生在德国的情况,伊娃·豪索特(Eva Hausotter)和岳文堂(Yue Wen-tang,音译)都有详细描写,见 Hausotter, Li Fengbao, der zweite chinesische Gesandte in Berlin (1878 – 1884), S. 25 – 41; Yue Wen-tang, Die deutsch-chinesischen Beziehungen von 1860 – 1880. Bochum: Brockmeyer, 1981, S. 136 – 151.

② Ratenhof, Die Chinapolitik des Deutschen Reiches 1871 bis 1945, S. 81.

③ HA Krupp WA 3/37, 113 Brief von Friedr. Krupp, Essen an H. Haahs, Paris vom 30.5.1877; HA Krupp WA 9a 159: 182 – 185 Theodor Schnell an Fried. Krupp 15.2.1889.

④ 丁宝桢:《校阅水师折》(光绪二年五月初七日),中国史学会主编《洋务运动》(2),第343页;《直隶总督李鸿章奏》(光绪六年八月初四日),中国史学会主编《洋务运动》(2),第462~463页。这些炮艇直到1891年仍在天津用于礼宾活动,参见 Tagebuch Georg Baur, Bd. 2, Eintrag vom 11. März 1891.

也为了使自己有个伙伴。① 瑞乃尔的出身十分寒微,其父亲是科伦火车站的一名货物包装工,只是因为天资聪颖并且争胜好强,他自己接受了良好的基础教育。他能讲一口流利的英语,也会讲中国话,长期在中国工作,直到1897年去世。②

与这两位炮兵教官不同,前面已经提到的汉纳根是通过另一条途径来到中国的。他是经由他人推荐而来的,推荐人便是德璀琳。德璀琳自1877年起成为天津海关官员,也是李鸿章十分信任的一位非正式顾问。当李鸿章需要为其亲兵营招聘新的教官接替李劢协的工作时,德璀琳便推荐了他一位朋友的儿子。汉纳根的父亲伯恩哈德·冯·汉内肯(Bernhard von Hanneken)中将曾经在普法战争中担任美因茨军队的指挥官。除此之外,他还是一位著名的军事作家。对于年轻的汉纳根来说,凡此种种都是最好的推荐。③ 这位25岁的拿骚野战炮兵

---

① Constantin von Hanneken an seinen Schwestern, 18.12.1883, in: Rainer Falkenberg (Hg.), Briefe aus China 1879 – 1886: als deutscher Offizier im Reich der Mitte. Köln: Böhlau, 1998, S. 232 – 233.

② HA Krupp WA 9 a 159, 67 Mutter Schnell an Alfred Krupp 7.1.1880; Constantin von Hanneken an seine Schwestern, 18.12.1881, in: Falkenberg, Briefe aus China 1879 – 1886, S. 232 – 233.

③ 伯恩哈德·冯·汉内肯也称赫尔曼·冯·汉内肯(Hermann von Hanneken),1860年至1864年1月担任驻韦塞尔(Wesel)费迪南德·冯·不伦瑞克公爵(威斯特伐伦第八)步兵军团第57部指挥官,1864年1月末至1866年10月担任驻布洛姆贝格[Bromberg,今比德戈什茨(Bydgoszcz)]步兵旅指挥官(Kommandeur des Infanterie Brigade in Bromberg),此后便成为驻美因茨军队军事指挥官。Günter Wegmann, Formationsgeschichte und Stellenbesetzung der deutschen Streitkräfte 1815 – 1990. Teil 1: Stellenbesetzung der deutschen Heere 1815 – 1939. Osnabrück: Biblio-Verlag, 1992, Bd. 2, S. 167; Bd. 1, S. 223. 他写过多篇关于普法战争的文章及一些讨论一般军事问题的作品。参见Hermann von Hanneken, Der Krieg um Metz. Berlin, 1871; Hermann von Hanneken, Militaerische Gedanken über den deutsch-französischen Krieg. Mainz, 1871; Hermann von

军团第 27 部少尉（Sekonde-Leutnant im Nassauischen Feld-Artillerie-Regiment Nr. 27）亟须重新选择职业。因为与平民争斗，他受到荣誉法庭的传讯和责罚，并在 1877 年接到了退伍通知，这意味着他被十分狼狈地赶出了军队。① 在荣誉法庭判决之后，汉纳根回到家乡威斯巴登（Wiesbaden）学习工程学，但对这位出身于军官家庭的年轻人来说，在德国一时还没有合乎其身份的就业机会，其父母又没有多少财产供其挥霍。

李鸿章计划借助汉纳根和三位已经在 1879 年从德国返回的中国学生，即查连标、袁雨春和刘芳圃，在其亲兵营中按照德国模式建立数个教导连（Lehrkompanien，时称"哨队"），为其他军队培训教习。② 汉纳根签署的合同是完全不同寻常的，因为汉纳根不像其他教官那样只有三年聘期，而是作为"督署随员"签了一份为期七年的合同（从 1879 年底到 1886 年底）。薪酬逐年递增，前提条件是汉纳根要学习中文。显然，德璀琳在拟定该合同方面发挥了关键作用，因为这样的规定只能是从中国海关系统那里借用来的。就连起薪为 150 两白

Hanneken, Marschall Bazaine und die Kapitulation von Metz. Darmstadt, 1872; Hermann von Hanneken, Zum inneren Frieden im Reiche. Mainz, 1872; Hermann von Hanneken, Die allgemeine Wehrpflicht. Gotha, 1873; Hermann von Hanneken, Vorstudien für einen englisch-russischen Krieg. Berlin, 1878; Constantin von Hanneken an seine Eltern, 3. 11. 1879, in: Falkenberg, Briefe aus China 1879 – 1886, S. 28. 亦见 Schmidt, Aufgabe und Einfluss der europäischen Berater in China, S. 36 – 38.

① Falkenberg, Briefe aus China 1879 – 1886, S. 1.
② 《武弁回华教练折》（光绪五年十月二十八日），吴汝纶编《李文忠公（鸿章）全集》（2），第 390~391 页；Hausotter, Li Fengbao, der zweite chinesische Gesandte in Berlin（1878 – 1884），S. 42 – 44；Yue, Die deutsch-chinesischen Beziehungen von 1860 – 1880, S. 136 – 138.

银这条也是依据海关的薪酬标准确定的。① 自1880年12月起，汉纳根为辽东半岛的旅顺口海湾建造一座军港而从事构筑防御工事工作。②

第一批由德国政府正式派遣的教官1883年来到中国。但是这一派遣使团举措并没有完全实现德国公使巴兰德（Max von Brandt）的要求。1880年代，德国在中国主要追求经济目标，其最大兴趣是通过军事教官和顾问推动德国产品的销售。而在巴兰德看来，这样做还可以在国家间交往中维护德国政府的尊严。对于巴兰德来说，把这两个目标结合在一起的做法可以下列方式进行：来华的德国高级军官团形式上要有清廷的邀请，具体操作则由代表清廷的总理衙门通过驻北京德国公使馆与德意志帝国外交部进行协商。中国方面还应当在指令范围内，明确授予这个由普鲁士陆军部，更确切地说由帝国海军部派出的军事使团完全的指挥权和惩戒权，以便让它拥有可成功履行职责的必要工具。据此，该军事使团就能够在相当落后的中国建立一种符合普鲁士标准的机制，而这一机制又会被当作令人钦佩的德国完美性的典范深深刻在中国人的记忆中，一劳永逸地将与德国工业产品竞争的英国产品排挤出局。③

---

① Karl Schuemacher, Europäische Seezollbeamte in China und ihr Einfluss auf die Förderung unseres Aussenhandels. Karlsruhe: J. J. Reiff, 1901, S. 52 – 61.
② Falkenberg, Briefe aus China 1879 – 1886.
③ 这些观点充分体现在下列文献中：BArch Berlin R 9208/503, 67 – 68 von Brandt (aus Berlin) an Bojanowski (Direktor im Auswärtigen Amt) 16. 6. 1884; BArch Berlin R. 9208/493, 14 – 18 von Brandt an Reichskanzler, A. 137, 18. 8. 1884; ebd., 72 – 74 Von Brandt an Reichskanzler, A. 124, 6. 6. 1886; ebd., 107 Von Brandt an Reichskanzler, A. 236, 24. 8. 1887.

然而，实际情况却是别样的。巴兰德关于国家行为的设想与清政府的理念大相径庭。首先，在军事事务方面，李鸿章大权独揽，根本无须凡事都通告总理衙门，他完全可以通过驻外使臣直接对外联系。其次，正如下文还要展示的那样，要求清政府授予外国人如此大的指挥权根本行不通。最后，李鸿章很乐意接受他认为有用的外国外交官的建议，但也严禁任何过分干预其行为的举措。

巴兰德自1875年起就在北京担任德国公使了，并且从一开始就极力要在李鸿章那里为德国政府树立一个比较重要的形象。在他的议事日程上，让德国来指导中国的军事改革位居首位。早在1875年6月，巴兰德就曾邀请李鸿章参观德国的阿里阿德涅号（Ariadne，时称雅里阿特号）轻型巡洋舰。他向李鸿章解释说，德国在近年来已迅速发展成为一个拥有卓越军事体制、先进战船和武器的强大国家，实际上已与英国和俄国处于同等水平。他还建议中国派遣几位军官到德国学习。① 巴兰德的确促成了前面已经讲到的派遣七位军官到德国学习之事，他也非常关心这些学生的生活和学习，动用各方面关系对他们予以照顾。巴兰德的兄长冯·勃兰特上校（Oberst von Brandt）关照这些军官的生活起居，他的侄子冯·勃兰特上尉（Hauptmann von Brandt）则负责他们的花销和培训。在这些军官培训临近结束之际，巴兰德的兄长和侄子又敦促驻柏林的中国公使李凤苞招聘一位德国军官，以便在受训者回国后能够得

---

① 《德国兵官请给宝星片》（光绪元年六月初六日）、《卞长胜等赴德国学习片》（光绪二年三月二十六日），吴汝纶编《李文忠公（鸿章）全集》（2），第121、164~165页。而在其中一份奏折中被引用的巴兰德的话在后来的奏折中就被当作派遣中国学生的论据了。

到进一步的培训。① 这一愿望肯定被转告到李鸿章那里了,他也接受了这个建议,任用了德璀琳的朋友汉纳根。至于接纳一个正式的军事使团,李鸿章暂时没有考虑。

直到三年后,也就是1882年秋,驻柏林的中国公使才向德国外交部提出招聘一位鱼雷专家的请求。与此同时,他还在斯德丁(Stettin,一战后属波兰,更名什切青)的伏尔铿造船厂(Vulcan Maschinenbau Aktiengesellschaft)订购了两艘鱼雷艇。② 鱼雷,特别是可由炮艇发射的鱼雷是现代武器,自1870年代后期1880年代初起,才在西方的海战中得到广泛运用。因此之故,无论在中国北方还是在中国南方,许多军队开始筹集资金,准备大批量购买鱼雷材料和鱼雷艇。李鸿章在1878年订购了英国的怀特海德鱼雷(Whitehead Torpedos,当时译作怀台脱鱼雷),在1879年又订购了第一艘鱼雷艇。③ 在英国购买、1881年抵达中国的巡洋舰(Rammkreuzer,时称"快船")超勇号和扬威号,也都各自装备有一艘小型鱼雷艇。④ 正像在德国装甲舰方面发生的情形那样,驻德国的中国公使兼李鸿章的采购代理李凤苞在鱼雷技术方面也使李鸿章的关注点从英国公司转移到了德国公司。1880年7月,驻柏林中国公

---

① Hausotter, Li Fengbao, der zweite chinesische Gesandte in Berlin (1878 – 1884),S. 40 – 42,199 – 200.
② BArch Berlin R 9208/503,1 – 2 Hatzfeldt, Auswärtiges Amt, an von Brandt 11. 12. 1882;Paul Koch, Albrecht von Stosch als Chef der Admiralität, Berlin, 1903, p. 41ff.;Stoecker, Deutschland und China im 19. Jh.,S. 127.
③ 姜鸣编著《中国近代海军史事日志(1860—1911)》,三联书店,1994,第62页;《海防经费报销折》(光绪九年十二月十九日),吴汝纶编《李文忠公(鸿章)全集》(2),第738~744页。
④ 《论各口购船》(光绪五年十一月二十六日),吴汝纶编《李文忠公(鸿章)全集》(5),第247页。

使馆随员徐建寅与秘书金楷理一起参观了位于柏林施瓦茨科普夫（Schwartzkopff）的鱼雷工厂。不久，李鸿章就放弃英国的怀特海德鱼雷，批准了购买施瓦茨科普夫鱼雷的方案。① 同年又开始了大批量订购鱼雷材料行动。第一艘在伏尔铿造船厂订购的装甲舰已安装有两艘鱼雷艇，另一艘鱼雷艇亦已订购。此外，李鸿章还下令购买一座供在港口停泊使用的鱼雷桥和供建造工厂用的材料。② 德国的鱼雷教官紧随已经产生的对于鱼雷材料的需求而来。第一位德国鱼雷工程师区世泰（Küster）原为伏尔铿造船厂的职员，随着第一艘鱼雷艇于1881年底抵达华北。③

在德国外交部和海军部讨论李凤苞的询问期间，巴兰德和李鸿章均不在岗位上，他们都度假去了。而在发电报将其愿望告诉李凤苞之前，李鸿章已经与其代理张树声说定了招聘之事。在电报中，李鸿章没有说要让公使与德国政府商谈。李凤苞这样做大概完全是自作主张，因为在"自由市场"上找不到合适的人选。④ 海军部1883年派遣海军上尉哈孙克来伐（Felix Hasenclever）作为助理跟随高级机械师福来舍（Hermann Fleischer）来到中国，两人分别享有每年6000两和3000两白银（分别相当于德国30000马克和15000马克）的

---

① 姜鸣编著《中国近代海军史事日志（1860—1911）》，第74页；《复李丹崖星使》（光绪六年八月十七日夜），吴汝纶编《李文忠公（鸿章）全集》（4），第425~426页。

② 《复黎召民廉访》（光绪六年十一月初二日）、《复李丹崖星使》（光绪八年九月初九日），吴汝纶编《李文忠公（鸿章）全集》（4），第429~430、450~451页。

③ 姜鸣编著《中国近代海军史事日志（1860—1911）》，第74页。

④ 《寄李使》（光绪八年六月初一日），顾廷龙、叶亚廉主编《李鸿章全集》（1），电稿一，上海人民出版社，1985，第10页。

高额薪金。① 身在德国的巴兰德密切关注此事,并且提出了抗议,因为他感到把总理衙门排除在外的做法是"对普遍承认的形式和规则的损害"。更为严重的是,李凤苞公使还以清政府的名义提出要求。对于巴兰德来说,"把总理衙门这个唯一有权处理外交事务的清政府机构排除在交往之外,而德国外交部通过中国公使居间联络直接与中国地方当局接洽,这样的外交方式势必会对帝国的尊严和利益产生持久的损害"。②

驻北京的德国公使代办谭敦邦(Graf Christian von Tattenbach)是从德国外交部指示他前往总理衙门提交照会的指令中获悉招聘活动的。③ 而总理衙门的回答颇具启示性,展现了中德双方对于国家行为的不同理解:"关于此事,我们注意到李凤苞是从北洋通商大臣那里获得招聘鱼雷专家的委托的,这与他从总理衙门获得委托一样好……如果说李凤苞[招聘哈孙克来伐]不是受中国政府委托的,那么请您考虑,中国海防经费管理部门怎么会为教官和机械师先生承担如此高昂的旅行费用,支付同样高昂的薪金?这一招聘行为是有政府支持的,因为政府提供了必要的经费,只是此举无论在外国还是在中国都无先例而已。"④

---

① BArch Berlin R 9208/503 Abkommandierung des Capitain-Lieutenants Hasenclever als Instrukyeur für das Fischtorpedowesen in China Feb. 1883-Sept. 1887, passim; ebd., 1 – 2 Hatzfeld, Auswärtiges Amt, an von Brandt 11.12.1882.
② BArch Berlin R 9208/503, 67 – 68 Von Brandt (aus Berlin) an Bojanowski (Direktor im Auswärtigen Amt) 16.6.1883.
③ BArch Berlin R 9208/503, 52 – 53 Hatzfeld, Auswärtiges Amt, an Tattenbach, Erlass Nr. 40. 21.7.1883; ebd., 60 – 61 Tattenbach an Auswärtiges Amt, B. 120, 12.10.1883.
④ BArch Berlin R 9208/503, 62 – 64 Zongli Yamen an Tattenbach 28.10.1883. 原件为德文。

想要阻止招聘已经不可能了。虽然在 1884 年 8 月中国与法国公开交战之际，两位受聘者都被德国召回了，因为他们是德意志帝国海军的现役军人，① 但在建造山东省威海卫鱼雷站（后来被迁移到在此期间已经设防的旅顺口海港）方面，他们的确发挥了积极作用。战争结束后，李鸿章一直试图再次招聘哈孙克来伐为他服务，但被德国海军方面坚决拒绝了。哈孙克来伐后来成为驻伦敦的德国大使馆武官。② 巴兰德还在其回忆录中就哈孙克来伐一事写道：

> 在众多德国、法国和英国教官当中，只有一件事我比较了解，这就是与之相关的德国海军上尉哈孙克来伐的确发挥了一些重要作用，他也成功地化解了中国政府最初的不信任，并且如果不是中国与法国之间发生的敌对行为迫使他放弃在中国的工作的话，他还能取得更大的成就。③

巴兰德的这个评判并不全面周详。总的来看，正如下文还要以马驷为例讨论的那样，鱼雷教官可谓来华德国教官的

---

① BArch Berlin R 901/29061, 154 Pelldram an Reichskanzler, Nr. 58, 29. 8. 1884.
② BArch Berlin R 9208/503, 9 Hatzfeld, Auswärtiges Amt, an von Brandt, Erlass Nr. 6, 19. 1. 1883; ebd., 15 Auswärtiges Amt an von Brandt, Erlass Nr. 14, 7. 2. 1883; BArch Berlin R 901/29061, 154 Pelldram an Reichskanzler, Nr. 58, 29. 8. 1884; BArch Berlin R 9208/503, Abkommandierung des Capitain-Lieutenants Hasenclever als Instrukteur für das Fischtorpedowesen in China Feb. 1883 – Sept. 1887, passim; BArch MA RM 1/2 183, 163 Kapitänlt. Hasneclever, Militärattaché London, an Reichsmarineamt 16. 7. 1891.
③ Max von Brandt, Dreunddreissig Jahre in Ost-Asien: Erinnerungen eines Diplomaten, Bd. III. Leipzig: Wiegand, 1901, S. 13.

成功范例。无论就他们帮助中国建设鱼雷设施的工作来说，还是从德国工业界希望借助教官销售其产品的想法来看都是如此。福来舍1885年再次供职于中国，并且工作长达10年之久直至1895年，为德国公司争取到了大量购买鱼雷材料的订单。为此，他被授予三等宝星，回到德国后又被伏尔铿造船厂聘用。[1]

二 李凤苞及其"使团"

到1884年，李鸿章从那些为他服务的德国教官（李劢协、瑞乃尔、汉纳根、哈孙克来伐等）那里获得了很好的体验。这大概也是他能够接受时任中国驻法国和德国公使李凤苞提出的一个非常特别的建议的原因吧。

1884年8月18日，李凤苞向直隶总督兼处理对法国战争事务最高责任人李鸿章提议，通过总理衙门恳请朝廷颁发一份招聘一个特别军事使团的特许状，接纳50名原德国军官到中国工作。采取这一举措的动机主要是政治性的。李凤苞希望借

---

[1] BArch Berlin R 901/29061, 20 - 22 Chef der Admiralität Stosch an Staatssekretär im Auswärtigen Amt Hatzfeldt-Wildenberg 31.1.1883; ebd., 154 Pelldram an Reichskanzler, Nr. 58, 29.8.1884; BArch Berlin R 901/33640, 18 - 21 von Brandt an Reichskanzler, A. 123, 5.6.1886; PAAA R 17882 Lenz an Reichskanzler, Nr. 10, 16.8.1890; BArch Berlin R 9208/479, 96 - 101 Lange, Zhifu, an von Brandt 17.11.1889; BArch Berlin R 9208/451, 321 - 322 Lange, Zhifu, an Reichskanzler 23.7.1891; PAAA R 17896 Graf von Wedel: Bericht über den Besuch chinesischer Offiziere in Deutschland. Teilnahme an Manöven des Ⅱ. Armeekorps. Besichtigung industrieller Werke 10.10.1905；《奕劻奏折》（光绪十二年五月初一日），《军机处录副奏折》，胶片673，第2373号，中国第一历史档案馆藏。

此使法国人产生这样的印象,即在当时的冲突中,俾斯麦是支持中国的。

>应请总署照会法使,倘再动即开仗,一面拟雇德兵官五十人赴华,法人知之,必疑毕相[俾斯麦]暗助,虽停战亦可作教练,乞速商总署。又两船已雇之雷弁、生匠,应否先回,乞示云云。①

李鸿章与刚刚在德国度过两年假期回来的津海关税务司德璀琳谈了这个计划,后者此时已经介入了与法国的谈判。② 德璀琳许久以来就怀有同样的想法。他还就是否可为中国招募一批军官和军士一事,于1883年在威斯巴登向伯恩哈德·冯·汉内肯咨询过。正如后者在写给他儿子的信中所说的那样:"出了一个如此之高的价码,以致他极有可能把我们的一大半军官都拉走。"③ 德璀琳赞成李凤苞的计划,并且解释说,按照德国的惯例,任何人都可以自行做出决定,也有许多已经退役的军官愿意到其他国家工作,而在管控方面也不像英国那么严格。然而,他想取代李凤苞把持招聘事宜。结果,根据他的意见,在此期间已经得到朝廷批准的招聘方案被做了一些改动。拟招聘军官的数量减少了,原先仅处次要地位的传授军事知识的教学工作受到了较大关注。李鸿章指示李凤

---

① 《急寄译署》(光绪十年六月三十日午刻),顾廷龙、叶亚廉主编《李鸿章全集》(1),电稿一,第241页。
② Schmidt, Aufgabe und Einfluss der europäischen Berater in China, S. 42–56.
③ Bernhard von Hanneken an seinen Sohn 1.12.1883, in: Falkenberg, Briefe aus China 1879–1886, S. 231.

苞只招募10~20人，但需具备与炮兵学、武器学、工事学、水雷、火药制造相关的实用专业知识。此外，要优先考虑那些拥有战争经历的军官。相反，对于战术方面的专门培训，李鸿章未提任何要求。在此期间，德璀琳拟定了若干份合同草案。工作期限只定为一年，这也足以反映招聘举措的政治意图。之后，有用之人可留下来充当教官，其余的人被打发回家。作为特殊优惠条件则有为之承担来往旅费，并代付一项人身保险，家属可获得死难者高达一年薪金的补偿等。① 德璀琳试图说服李鸿章，让汉纳根的父亲伯恩哈德·冯·汉内肯将军接管招聘事宜。但是李鸿章不怎么喜欢这个计划，因为他担心这些新招聘的军官会对他儿子构成竞争。李凤苞也极力反对德璀琳-汉纳根团伙（Detring-von Hanneken-Fraktion）的参与，因为招聘计划一旦走漏风声，势必会给他带来外交上的麻烦。②

与德璀琳处于一定程度竞争状态的李凤苞最终还是占了上风，德璀琳插手招聘工作的可能性被排除了。李凤苞更信赖他自己的德国顾问。德裔美国人金楷理很早就被安排到驻柏林中国公使馆工作了。金楷理早年曾与李凤苞一起在傅兰雅领导的江南制造局翻译馆译介克虏伯火炮相关图书（计有《克虏伯炮说》三卷和《克虏伯炮操法》三卷等书）。前文提到的博朗在回到德国后，被首任中国公使刘锡鸿安排到中国公使馆做译

---

① 《寄译署》（光绪十年七月初二日申刻），顾廷龙、叶亚廉主编《李鸿章全集》（1），电稿一，第245~246页。
② Bernhard von Hanneken an seinen Sohn 1.12.1883, in: Falkenberg, Briefe aus China 1879-1886, S.232；《寄驻巴黎李使》（光绪十年六月三十日戌正）、《李使来电》（光绪十年七月初八日辰正到），顾廷龙、叶亚廉主编《李鸿章全集》（1），电稿一，第242、258页。

员,但他在自报家门时总是用"Brown"这个英文名字。新任公使李凤苞先是留用了他,但因其中文语言能力实在有限,便在1880年将他解雇了。现在,为了1884年的军事使团事务,博朗又得到了重新任用。除了这几位已经长时间为中国方面工作的人员,退役中尉爱弗谞(Theodor von Scheve)也被额外地任命为公使馆专门招聘代理,此人早在1876年就退休赋闲了。①

对于李凤苞公使来说,整个招聘行动是一项既有利,又有可能招惹多方反对的事务。一方面,他必须在欧洲贯彻执行李鸿章坚持的不与法国发生冲突的非对抗方针。但若真的这样做,他便与驻巴黎公使曾纪泽相对立,后者是由中国南方各地总督组成的"主战派"的代表。自1884年初成为督办闽海军务钦差大臣、两江总督的左宗棠和两广总督张之洞都属于主战派。法国政府拒绝了曾纪泽在东京问题上的不妥协立场,准备根据法国海军中校福禄诺(Francois-Ernest Fournier)提供的情报,以清政府撤销曾纪泽职务为先决条件进行谈判。因此,为了向法国示好,李鸿章在1884年4月23日调任曾纪泽为出使英国和俄国的公使,驻法国公使的职位则由驻德国公使李凤苞兼任。总理衙门原则上同意,但朝廷任命许景澄为出使法、德、意、荷、奥五国公使,只是命令在许景澄上任之前,由李

---

① Hausotter, Li Fengbao, der zweite chinesische Gesandte in Berlin (1878–1884), S. 47–48; Ying Sun, Aus dem Reich der Mitte in die Welt hinaus: Die chinesischen Gesandtschaftsberichte unter besondere Berücksichtigung Deutschlands von 1866 bis 1906. Frankfurt am Main: Peter Lang, 1997, S. 94.

凤苞在巴黎主持工作。① 自此之后，李凤苞便奔走于巴黎与柏林之间。而在与法国海军中校福禄诺1884年5月11日在天津签订的《中法简明条约》（又称《李福协定》）失效后，李鸿章在天津和上海，李凤苞在巴黎同时为实现和平而忙碌。但在1884年8月5日，法国军舰向台湾基隆要塞发起了进攻。8月17日，在李凤苞向李鸿章发电报提出其建议的头一天，总理衙门虽决定中断与法国驻华公使巴德诺（Jules Patenôtre）的谈判，却指示李凤苞静观法国政府内部的反应，不要轻举妄动。② 实际上，李鸿章自1883年起就试图把德国拉到中国一边了。③ 然而，无论是李鸿章还是李凤苞都黯然获悉，德国绝不愿因为中国而危及它与法国的关系。但因军队调动——正如李凤苞断言的那样——必须由法国议会来决定，所以现在更为重要的是，至少使法国公众舆论感觉到中国有其他国家的支持。④

另一方面，因为运送在斯德丁伏尔铿造船厂购买的铁甲舰，李凤苞面临着巨大压力。早在1878年，也就是说在被任命为公使之前，李凤苞就被李鸿章派往欧洲担任其商务代表

---

① 《寄译署》（光绪十年四月初二日亥刻到）、《译署来电》（光绪十年四月初四日亥刻到）、《寄译署》（光绪十年四月初五日辰刻）、《寄译署》（光绪十年四月初九日未刻），顾廷龙、叶亚廉主编《李鸿章全集》（1），电稿一，第121~122、122、123、126页。另参见 Hausotter, Li Fengbao, der zweite chinesische Gesandte in Berlin (1878 – 1884), S. 70 – 72; Schmidt, Aufgabe und Einfluss der europäischen Berater in China, S. 42 – 56.

② 《寄译署》（光绪十年六月十六日申刻）、《寄驻巴黎李使》（光绪十年六月二十八日卯刻），顾廷龙、叶亚廉主编《李鸿章全集》（1），电稿一，第212、236页。

③ Hausotter, Li Fengbao, der zweite chinesische Gesandte in Berlin (1878 – 1884), S. 73 – 74.

④ 《寄驻巴黎李使》（光绪十年六月三十日戌正），顾廷龙、叶亚廉主编《李鸿章全集》（1），电稿一，第242页。

了，而这一职务是李鸿章通过上奏朝廷正式申请到的。把李鸿章原计划从英国或法国的某家著名造船厂订购铁甲舰之事独揽下来，并且转向德国，这一行动堪称李凤苞代理生涯的顶峰。① 第一艘铁甲舰定远号早在1881年已经制造完毕；第二艘铁甲舰镇远号在1882年完工；同一年又订购了一艘被命名为济远号的轻型装甲巡洋舰。② 为了节省运送和保险的费用，也为了维持与德国海军部阿尔布雷希特·冯·斯托施（Albrecht von Stosch）的友好关系，李凤苞同意让皇家海军的官兵承担运送业务。德国方面由此获得了一个让其海军部队到东亚海军站战船进行轮值的机会。因此，德国海军部和帝国首相都表示赞同。③ 虽然李凤苞在德国的公使任期原本只到1882年，但为了不影响向中国运送军舰事宜，李鸿章让他留任。但也就是在此期间，公使馆内部发生了一些争执。公使馆工程技术人员（驻德国公使馆二等参赞）徐建寅因为与李凤苞意见不合愤而离职。他认为李凤苞不懂专业，在监督军舰制造方面犯有许多不合规范的错误。李鸿章没有理会这一指控，认为徐建寅的此番议论只是出于对李凤苞的个人成见。④ 但与德国海军部

① Hausotter, Li Fengbao, der zweite chinesische Gesandte in Berlin（1878-1884），S. 52-54；《复李丹崖星使》（光绪六年六月初七日）、《复李丹崖星使》（光绪六年八月十七日夜）、《复李丹崖星使》（光绪六年十一月初二日），吴汝纶编《李文忠公（鸿章）全集》（4），第423~424、425~426、428~429页。
② 游战洪：《德国军事技术对北洋海军的影响》，《中国科技史料》1998年第4期；罗肇前：《李鸿章是怎样开始购买铁甲船的》，《福建论坛》1993年第10期。
③ BArch Berlin R 901/22588 Stosch, Chef der Admiralität. An Hatzfeldt-Wildenberg, Auswärtiges Amt 14.3.1882.
④ 《议李丹崖任满经理铁舰》（光绪八年二月二十四日），吴汝纶编《李文忠公（鸿章）全集》（4），第423~424页。

商谈运送军舰一事一拖再拖，迁延良久，除了未处理的军舰改建，还有德国海军部的人事变动。最终，在1883年5月传来了中国与法国之间即将相互宣战的消息。新任海军司令卡普里维（Georg Leo Graf von Caprivi）认为满足德国海军部与中国公使馆所签条约之最后条款的有效性条件已经出现，因此他突然宣布废除运送军舰条约，运送军舰事宜受挫。① 中国主战派方面的指责越来越激烈了。不仅运送军舰事宜的拖延受到批评，而且李凤苞还被说成是一个在订购军舰时收受巨额贿赂、营私舞弊之人。李鸿章再次为他提供了保护。② 鉴于战事日紧，向中国运送事关战争成败、生死存亡的军舰的事宜越来越紧迫了。正当朝廷一再严厉催促，李凤苞也不得不就运送军舰到中国之事一再向德国海军部发出请求乃至乞求之时，继左宗棠之后出任两江总督、不久又被任命为南洋防务专员的曾国荃却与德国公司泰来洋行（Telge & Co.）签订了一份向中国转运在伏尔铿造船厂建造的军舰的合同。泰来洋行在伦敦一家保险公司以每艘巡洋舰200万马克的价格购买了保险，并在1884年7月把它们运抵中国。③

---

① BArch Berlin R 901/22588, Auswärtiges Amt an Stosch, Chef der Admiralität, 27.3.1882; ebd., Auswärtiges Amt an Hohenlohe, Paris, 8.5.1883; ebd., Auswärtiges Amt an Caprivi, Chef der Admiralität, 4.6.1883; ebd., Caprivi an Auswärtiges Amt 20.6.1883.《寄译署》（光绪十年八月初三日辰刻），顾廷龙、叶亚廉主编《李鸿章全集》（1），电稿一，第282页。

② 《辨李丹崖被参之诬》（光绪九年十二月十九日），吴汝纶编《李文忠公（鸿章）全集》（5），第381页。

③ BArch Berlin R 901/22588, Auswärtiges Amt: Promemoria 16.1.1884; ebd., Telge an Reichskanzler 21.2.1884; ebd., Auswärtiges Amt an Königlich Preussischen Gesandten in Hamburg 1.3.1884; ebd., Königlich Preussischer Gesandter in Hamburg Auswärtiges Amt 4.3.1884.《光绪八年十一月二十四日

几天后，对于李凤苞贪污腐败的指责再次高涨起来。① 李凤苞绝望至极，他甚至就此事请求觐见俾斯麦，但未获接见。这位中国公使万般无奈，只好向国内发电报，谎称帝国首相外出了。②

实际上，军舰大概还是能够运送的。相关官员甚至考虑委托汉纳根承担运送任务，只是这个想法最终被拒绝了。③ 伏尔铿造船厂已经声明，他们将在夏天以通常额度的应对战争危险的保险保证金自行将船只运送到中国。④ 但为了掩饰其先前的耽延，李凤苞必须把德国保持中立这点说成是重于其他一切的。8月23日，法国人摧毁了福建水师舰队和中国最大的造船厂——福州船政局马尾船厂。对于中国海军来说，这不啻一大灾难。但当总理衙门在1884年9月询问是否还有可能将军舰运到中国、是否可以用巡洋舰载运新招聘的军官时，身在德国的李凤苞的回答却是全然否定的。

> 昨奉电旨，又商外部，令公法师查云，倘任开去，为德背公法，必赔巨款，苞焦灼无能为力。至密雇德闲退兵官等，已于七月十二开轮，雇员助战，系私相勾引，倘巴使领事侦知，照公法禁阻，则空赔雇费，倘知苞订，则牵

两江总督左宗棠片》、《船炮价值开销疏附片》（光绪十年闰五月十二日），中国史学会主编《洋务运动》（2），第535~537、552~554页。

① 姜鸣编著《中国近代海军史事日志（1860—1911）》，第108页。
② BArch Berlin R 901/22588, Li Fengbao an Auswärtiges Amt 21.1.1884; ebd., Tattenbach, Peking, an Reichskanzler, A.46, 26.3.1884.
③ BArch Berlin R 901/22588, Telegramm Tattenbach, Peking, an Auswärtiges Amt 7.4.1884.
④ BArch Berlin R 901/22588, von Brandt an Reichskanzler, A.83, 17.6.1884.

累德背公法。德可退,苞何能显令驾舰来华。①

李凤苞利用德国保持中立一事为其在运送军舰事务上的失败进行辩护的努力,在很大程度上是与其原先为"军事使团"预定的突破德国对法国保持中立格局的目标相矛盾的。但因无力推进运送军舰事宜,他只好至少设法在招聘军官方面有所成就,以便为赢得战争做一点贡献。铁甲舰直到战争结束之后才被转运到中国。李凤苞也在被许景澄替换后重新回到了中国,但在1885年底被革除所有官职和头衔。指责他贪污腐败(据说他挥霍了100多万两白银)的种种批评在他回国后扩大为一场舆论战,但其矛头是针对李鸿章及其对法国的政策的。李鸿章罢免了李凤苞,后者回归崇明故里,于1887年去世。②

如果说李凤苞真的以为通过招聘德国军官能够使法国害怕,从而不敢与中国交战,那他就完全低估了德国和法国这两个欧洲国家之间外交沟通的强度了。驻北京德国公使巴兰德早就知晓中国同行的动向了。就在李凤苞发电报向李鸿章提出其建议的同一天,即1884年8月18日,巴兰德向德国首相报告了李凤苞的招聘活动。③ 其他报告则分别在9月6日、10月1日和17日发出。④ 但是直到新闻媒体将1885年1月德国军官

---

① 《寄译署》(光绪十年八月初三日辰刻),顾廷龙、叶亚廉主编《李鸿章全集》(1),电稿一,第283页。
② Hausotter, Li Fengbao, der zweite chinesische Gesandte in Berlin (1878 - 1884), S. 81 - 90.
③ BArch Berlin R 9208/493, 14 - 18 von Brandt an Reichkanzler, A. 137, 18. 8. 1884.
④ Hausotter, Li Fengbao, der zweite chinesische Gesandte in Berlin (1878 - 1884), S. 78 - 79.

抵达中国一事曝光后，整个事态才造成了外交纠纷。德国政府竭力重申其对法国的义务，并且在1885年1月应法国总理茹费里（Jules Ferry，1883~1885年在任）的请求，通过发表在1885年1月14日《北德意志汇报》（Norddeutsche Allgemeine Zeitung）上的官方声明，再次强调早在1884年夏天就公开声明的禁止现役德国军官和预备役军官供职于中国的承诺。① 驻巴黎德国大使，后来的帝国首相霍恩洛厄－希灵斯菲斯特（Chlodwig zu Hohenlohe-Schillingsfürst，1894~1900年在任），也向法国政府表达了歉意。②

尽管报纸已经进行了报道，驻柏林中国公使李凤苞和已经前来替换他的许景澄还是惊慌失措地一口否认自己与招聘活动有关，并且让人对风闻招聘事宜后大量前来参加应聘的人做出如下答复：

> 柏林，1885年××月××日。尊贵的应聘者，请允许我代表中国皇家公使馆通知您，本公使馆从未获得招聘普鲁士军官前往中国工作的指令。庚应泰敬致。③

但是德璀琳有理由相信，德国政府无权阻止那些已经退役的军官前往中国。除此之外，要想阻止也已经来不及了。

---

① *Norddeutsche Allgemeine Zeitung* 14.1.1885, Anlage zu; BArch Berlin R 9208/493, 27-30 Pelldram, Tianjin, an Reichskanzler, Nr.14, 4.3.1885; Stoecker, Deutschland und China im 19. Jh., S.161-164.
② BArch Berlin R 901/33637, 36-37 Hohenlohe, Paris, an Reichskanzler, 24.1.1885.
③ *Nationalzeitung* 28.1.1885, Anlage zu; BArch Berlin R 9208/493, 27-30 Pelldram, Tianjin, an Reichskanzler, Nr.14, 4.3.1885.

诸如汉纳根、瑞乃尔和刚刚来到的军官和军士等大多数在中国工作的教官根本不为战争事件所妨碍。冯·哈茨费尔特（Von Hatzfeldt）在 1885 年 5 月给巴兰德写信说："我们没有任何法律依据来阻拦已经不在职的帝国成员到外国参加战斗。"① 德国政府手头还掌握的唯一权力手段就是向退役军官发出取缔其国籍的威胁，也只有这样才能够剥夺涉事者享受其军官抚恤金的权利。② 然而，就是在最好的情况下，这种谋划也仅仅适用于吓唬一下这些前军官。他们的权利要求只能被暂停，因为德意志帝国是个联邦制国家，任何个人都可以通过"入籍"另外一个德意志邦国继续领取其抚恤金。李宝少校是唯一因为这一条规而实实在在遇到困难的人。德国伤残人事务部门（Department für Invalidenwesen）在 1885 年通知他，只有在李宝个人亲笔签名证实自己仍然健在，并出示驻天津德国领事馆开具的关于他受到德国人诽谤的证明之后，其抚恤金才能转汇。③ 实际上，只要将这个威慑令公开发布出来，就足以表明德国履行对法国中立义务的坚定姿态了。④

新招聘的德国教官分三组，乘坐不同航线的邮轮来到了

---

① BArch Berlin R 9208/493, 34 – 38, Hatzfeldt, Auswärtiges Amt, an von Brandt, Erlass Nr. 33, 15. 5. 1885.
② BArch Berlin R 9208/493, 34 – 38, Hatzfeldt, Auswärtiges Amt, an von Brandt, Erlass Nr. 33, 15. 5. 1885; BArch Berlin R 901/33638, 75 – 76 Chef des Kriegsbabinetts an Hatzfeldt, Auswärtiges Amt, 28. 3. 1885.
③ BArch Berlin R 901/33639, 65 Kriegsministerium, Department für Invalidenwesen, an Pauli 17. 6. 1885.
④ BArch Berlin R 901/33638, 110 Niederschrift einer Besprechung der Staatsminister 8. 3. 1885; ebd., 111 Niederschrift einer Sitzung des Staatsministeriums 20. 3. 1885.

中国。李凤苞没有推迟原本专门为计划在6月运送军舰而招聘的海军少校式百龄的聘期，也没有让现役中将冯·汉内肯按照德璀琳拟定的条件招聘人员，而是立即将式百龄与其他5位海军属员和一位医生派遣到中国了。① 该"使团"除了式百龄外，还有退役弹药技师少尉温得力希（又译作文得力希，Wunderlich，也写作 Winterlich）和亨式尔（Henschel），鱼雷和水雷专家、退役少尉金美（Kümmelmann）和海军一级下士施密士（Werner）、海军二级下士怀士（Weiss）、预备役助理医生巴珥（Dr. Bahr）等人。陪同他们的则是现役步兵少尉爱弗谖和翻译博朗。后来又增加了两名新招聘的教官，一位是刚刚在几个月前转为预备役的康葛克（von Spankeren）少尉，另一位是退役已经很长时间的工兵上尉哲宁（Albert Henning）。② 第一组11名军事教官于1884年11月初抵达中国；一个月后，由两名军官和两名军士组成的第二组教官也到达了天津。最后一组，6名军官和3名军士在1885年1月初到来。李凤苞对于可能引发外交纠纷的担忧也反映在这些人身上，他们几乎都是经过一番乔装打扮之后才进入中国的。但在天津的西人港口社区，他们的伪装很快就被戳穿了，德国海军

---

① 《驻德李使来电》、《复李使》（光绪十年五月二十一日），顾廷龙、叶亚廉主编《李鸿章全集》（1），电稿一，第140页；《李使来电》（光绪十年七月初八日辰正到），顾廷龙、叶亚廉主编《李鸿章全集》（1），电稿一，第258页。

② 《寄柏林李使》（光绪十年八月二十一日戌刻），顾廷龙、叶亚廉主编《李鸿章全集》（1），电稿一，第296页；BArch Berlin R 9208/493, 23 - 24 Pelldram, Tianjin, an Reichskanzler, Nr. 74, 8. 11. 1884；BArch Berlin R 9208/477, 132 - 134 Vertrag zwischen Kaiserlich Chinesischer Gesandschaft, vertreten durch Li Fengbao, und Sebelin, Korvettenkapitän, Kiel, 18. 6. 1884.

东亚分舰队指挥官卡尔·帕申（Carl Paschen）将他们的名字一一报到了德国。①

表1-1　1884年11月抵达的第一组德国军人

德文名字、别名和军衔	中文名字、别名和官阶	在中国工作的截止时间
Sebelin, Wallison, 海军少校	式百龄, 万里城, 总兵	1886年6月
Wunderlich（亦作 Winterlich）, Roberts, 海军弹药技师, 少尉	温（文）得力希, 陆伯德, 千总	1886年底
Henschel, Harris, 海军弹药技师, 少尉	亨式尔, 赫力士, 千总	1886年底
Kümmelmann, King, 鱼雷少尉	金美, 千总	1886年底
Werner, Smith, 海军一级下士	施密士, 千总	1886年底
Weiss, Blank, 海军二级下士	怀士, 柽朗客②, 弁③	1886年底
Dr. Bahr, 预备役助理医生	巴珥, 军医	1886年1月
H. O. von Braun, 自称 Brown	博朗, 口语翻译	1886年1月

---

① 《寄柏林李使》（光绪十年八月二十一日戌刻），顾廷龙、叶亚廉主编《李鸿章全集》（1），电稿一，第296页；BArch Berlin R 9208/493, 23-24 Pelldram, Tianjin, an Reichskanzler, Nr. 74, 8.11.1884；BArch Berlin R 901/22588, 8-9 Paschen, Ostasiatisches Geschwader, an Caprivi, Chef der Admiralität, 18.11.1884；BArch Berlin R 9208/493, 26ff. Pelldram, Tianjin, an Reichskanzler, Nr. 84, 5.12.1884；ebd., 26ff. Pelldram, Tianjin, an Reichskanzler, Nr. 5, 3.1.1885；BArch Berlin R 901/33638, 47-48 Aschenborn, Kommando „Nautilus", an Paschen, Ostasiatisches Geschwader, 6.1.1885.
② 原文写作 Cheng-lang-ke, 其中第一个字符"Cheng"大概是"bo"的印刷错误。
③ "弁"是低级别军官的一般称号。在中国，军士与军官并没有等级上的严格区别，见本书第二章。

续表

德文名字、别名和军衔	中文名字、别名和官阶	在中国工作的截止时间
Albert Henning,工程兵军团上尉	哲宁,副将(相当于德国上校)①	1885 年底
Theodor von Scheve,Evesch,步兵中尉	爱弗谔,守备	1885 年底
von Spankeren,Spank,步兵少尉	康葛克、施本格,千总	1885 年底

注：1. "中尉"（Premier-Leutnant）原本写作"Premier-Lieutenant"，后改为"Oberleutnant"；"少尉"（Sekonde-Leutnant）原本写作"Sekonde-Lieutenant"，后改为"Unterleutnant"。

2. 中国官阶源自征引中文史料中列举的称号。它们部分来自相关人员德国级别的翻译，部分是在合同中重新议定的级别。

表 1-2　1884 年 12 月抵达的第二组德国军人

德文名字和军衔	中文名字和官阶	在中国工作的截止时间
Carl Friedrich Heinrich Pauli,陆军炮兵少校	李宝(保),也写作包烈,参将(相当于德国中校)②	1887 年
Max Ernecke,陆军炮兵军士	艾德,弁	1900 年
Franz Schaller,陆军炮兵军士	削尔,也写作沙尔,弁	1898 年
Hans Lehmann,野战炮兵中尉	李曼,守备	1887 年

注：均用他们自己的名字。

① "上尉"（Hauptmann）通常被翻译为"都司"，哲宁和密次藩军衔为上尉，却被说成是"副将"，这是李凤苞的翻译错误所致。资料信息出自《寄柏林李使》（光绪十年八月二十一日戌刻），顾廷龙、叶亚廉主编《李鸿章全集》（1），电稿一，第 296 页。

② 在其德文本合同中，李宝的级别被许诺为总兵（少将），见本书第五章。

表 1-3　1885 年 1 月抵达的第三组德国军人

德文名字、别名和军衔	中文名字、别名和官阶	在中国工作的截止时间
Mazimilian von Mützschefahl, Ce-Fallo, 步兵上尉	密次藩, 崔发禄, 副将（相当于德国上校）	1885 年底
Scholz, Dramsky, 步兵中尉	屯士基, 守备	1886 年 9 月
Georg Franz von Glasenapp, G. Napp, 步兵少尉	那珀, 守备（相当于德国中尉）	1887 年 10 月
Konrad Klemens Arnold Kurt von der Goltz, Conrad, 野战炮兵少尉	高恩士、高思兹, 别名康喇脱, 后来也写作葛尔士, 千总	1887 年底
Max Hecht, Beyan, 铁道兵军团少尉	巴恩士, 后为鲍恩士, 千总	1887 年 12 月, 1888 年 3 月～1892 年在台湾
Karl Emil Maukisch, 财务候补官员	美克, 也写作毛吉士, 千总（相当于德国少尉）	1899 年
Oskar Kuntzsch, 一级弹药技师	坤士, 劳盖, 弁	1887 年 10 月
Chr. Behrens, Barus, 陆军炮兵军士	贝阿, 弁	1886 年
Witte, Baer, 一级炮艇水兵	贝根, 弁	大概是 1885 年

在中国南方，新上任的两广总督张之洞密切关注中国北方的动向。自 1880～1881 年中俄伊犁危机发生以来，张之洞就属于"主战派"。与此同时，他也是中国向西方学习主张最坚决的拥护者之一。在成为总督之后，他与旅居香港的德国商人保持着非常好的关系。通过他们，其前任总督张树声已经从埃森的克虏伯铸钢厂订购了部分加农炮，在 1884 年春天又从德国斯德丁伏尔铿造船厂订购了两艘鱼雷艇。张树声是李鸿章的亲信，早年曾在天津做李鸿章的代理人，与汉纳根和德璀琳等德国人有所交往。为了使中国南方的海军士兵也能掌握新技术，他聘

请了一位名叫埃克纳（Exner）的海军炮兵军官，后者在1884年4月受命培训广州黄埔炮台驻守官兵。而为了培训鱼雷艇官兵，李凤苞特别招聘了鱼雷少尉马驷（Ernst Eduard Wilhelm Kretzschmar），后者在1885年1月底才与两艘鱼雷艇一起抵达广州。① 李鸿章在德国开始征召教官后，张之洞通过与中国北方同僚的电报来往对事态了解得一清二楚，并且要求多招募一些德国人。先是有两名军官和一名军士在1885年12月初到达广州，后来又有一位德国军士威勒西（Wegener）由设在香港的一家从事军火贸易的德国公司从当地招募而来。②

表1-4　1885年1月前后抵达的德国军人

德文名字和军衔	中文名字和军衔	在中国工作的截止时间
Fauré,步兵上尉	雷芬,中国四品顶戴	1885年8月4日
Georg Lange,陆军炮兵少尉	郎概,后来称梁凯,中国五品顶戴	1886年11月
德国姓名不详,军士	赖格,中国六品顶戴	不详
Wegener,弹药技师	威勒西,中国六品顶戴	1886年
Ernst Eduard Wilhelm Kretzschmar,鱼雷少尉	马驷,中国四品顶戴	1896年

---

① Ernst Kretzschmar, Lebensgeschichte der Ernst Kretzschmar. Lübben: Eigenverlag, 1932, S. 44 - 49; BArch Berlin R 9208/493, 7 - 8 Travers, Kanton, an Reichskanzler 26. 4. 1884;《雇募德弁片》（光绪十一年五月二十五日），苑书义等主编《张之洞全集》第1册，第314~315页。
② 《雇募德弁片》（光绪十一年五月二十五日），苑书义等主编《张之洞全集》第1册，第314~315页；《致天津李中堂》（光绪十年八月初三日未刻发），苑书义等主编《张之洞全集》第7册，第4930页；《致柏林李钦差》（光绪十年八月初三日申刻发），苑书义等主编《张之洞全集》第7册，第4930页；《李中堂来电》（光绪十年八月二十五日到），苑书义等主编《张之洞全集》第7册，第4937页。

5月，又有两名工程师军官抵达，他们的合同是由李凤苞的继任者许景澄订立的。

表 1-5 1885 年 5 月抵达的德国军人

德文名字和军衔	中文名字和军衔	在中国工作的截止时间
Appelius,工程兵军团中尉	柏庐,中国五品顶戴	1886 年
Adolf Tenckhoff,工程兵军团中尉	欧披次,中国五品顶戴	1893 年

总的说来，不算那位德国名字不详的军士，在中法战争期间，共有 30 名德国军官和军士被招聘到中国工作。尽管个别人曾在皇家海军服役，但所有 30 名军官和军士都来自普鲁士军队。在中国的英文报刊中，他们获得了一个颇具讽刺意味的总名称——"俾斯麦的使团"（Bismarck's Missionaries）。①

因为招聘活动完全是秘密进行的，所以李凤苞不能公开发布广告，大张旗鼓地宣称中国需要军官。大部分军官是间接通过爱弗谒这位招聘代理的介绍被找到的。② 招聘海军少校式百龄及其下属的合同早在 1884 年夏天就签好了，而式百龄本人是由制造军舰的斯德丁伏尔铿造船厂介绍来的。其他几位则来自赋闲待业的海员群体，他们经常被伏尔铿造船厂雇用，以转运其建造的船舰给买主。鱼雷少尉马驷是 1884 年 5 月在基尔

---

① "The Tientsin Military School," *The Chinese Times*, April 23, 1887, 转引自王家俭《北洋武备学堂的创设及其影响》，《台湾师范大学历史学报》1976 年第 4 期，第 320 页；"German Officers in China," *The Chinese Times*, Sept. 17, 1887.

② Z. B. erwähnt von Tenckhoff, BArch Berlin R 9208/493, 94-95 Tenckhoff an von Brandt 21.11.1886.

(Kiel)与李凤苞相识的,后者是为了查验已经建造好的定远号和镇远号军舰而来;当时,这两艘军舰正停泊在基尔港口,等待向中国运送。① 李宝(Carl Pauli)少校则自1870年代末起就想谋取一个到中国担任教官的职位,只是一直未能如愿。现在因为急于用人,李凤苞就一改既往的态度,同意其要求了。而根据工作合同,李宝还应当联络五位军士同他一起前往中国,但他最后只带来了四位,均出自他曾经服役的马格德堡陆军炮兵军团第4部,他们是艾德、削尔、贝阿和坤士。② 李宝及其同伴直到9月才被李凤苞接受,但工作合同上注明的签订日期是按照李凤苞的要求写作6月2日。正如德国驻天津领事从李宝那里获悉的那样,如此任意填写日期就使得"招聘活动看上去好像原本是在和平时期进行的"。③

---

① Kretzschmar, Lebensgeschichte der Ernst Kretzschmar, S. 46.
② BArch Berlin R 9208/493, 31 – 32 Vertrag zwischen Li Fengbao und Pauli 2. 6. 1884(Anlage zu ebd. , 27 – 30 Pelldram, Tianjin, an Reichskanzler, Nr. 14, 4. 3. 1885); Ebd. , 34 – 38 Hatzfeldt, Auswärtiges Amt, an von Brandt, Erlass Nr. 33, 15. Mai 1885; BArch Berlin R 901/33637, 35 Kriegsministerium an Auswärtiges Amt 26. 1. 1885; BArch Berlin R 901/33639, 65 Kriegsministerium, Department für das Invalidenwesen, an Pauli 17. 6. 1885.
③ BArch Berlin R 901/33639, 27 – 30 Pelldram, Tianjin, an Reichskanzler, Nr. 14, 4. 3. 1885;《李使来电》(光绪十年七月初八日辰正到),顾廷龙、叶亚廉主编《李鸿章全集》(1),电稿一,第258页。关于招聘李宝事宜,参见本书第二章第一节。

第二章　19世纪的幸运骑士

对于19世纪下半叶的德国军人来说，去中国工作无疑意味着一种非同寻常的冒险。虽然正如前文已经揭示的那样，很早就有数位德国人在中国充当军事教官了，但他们有的是由普鲁士陆军部派遣来的，可以重新回到部队任职，有的是由他们所在的德国公司或者更确切地说是通过私人关系介绍来的，也能够得到某种程度的保险。"李凤苞使团"中的教官却是在他们退役后，自担风险地前往中国的，并且是在战争期间，不顾本国政府的反对，贸然踏上行程的。而在这场战争中，德国想要无条件地保持中立。中国公使李凤苞完全知晓这个情况，他以支付高额薪金和为死亡或伤残承担巨额保险等手段来诱惑应聘者。总而言之，只有很少几位军官是为了效力中国而告别故土的，大多数应聘的军人仅仅是想在非军事的民间劳动力市场上寻找新的发展机会。在他们看来，去中国工作就是一个有利可图并且不失荣耀的良好选择。然而，特别是在天津，他们与中国的首次接触不啻一场震惊，因为这伙男人在这里遭遇了他们始料未及的种种不如意状况。李凤苞做出的许多承诺根本没有兑现，而已经久居中国的德国人也没有对这些新来者表现出任何民族同情心。

一 闯入中国

总的看来，参加1884年"军事使团"的德国军人属于一场规模更大的出走德国运动的一部分。这一运动由于经济萧条和居高不下的失业率在1880年上半叶达到了一个新的高潮。彼得·马沙尔克（Peter Marschalck）将驱使人们迁移的原因区分为"排斥"和"吸引"两大类。也就是说，可以从政治或宗教压迫（自觉受到排斥）、社会困难（自觉受到排斥和为他者所吸引）或者经济-投机企图（为他者所吸引）诸因素中探寻导致人们迁移行为的原因。①

但是，自觉受到排斥并非加入1884年"军事使团"的德国教官做出到中国工作决定的主要原因。毕竟不是所有军官都像先前的汉纳根那样因为荣誉法庭审判而被迫离开军队，也不属于那些如施丢克尔所称的"数量众多、生存艰难，不得不在那些年间到中国求职谋生者"。② 在判断供职于中国的军事教官的意图时，还必须看到军官与军士之间的不同。

关于那些来华工作的军士的身世，人们所知甚少。就削尔而言，只知他出生于一个药剂师家庭。③ 绝大多数普鲁士军士

---

① Peter Marschalck, Deutsche Überseewanderung im 19. Jahrhundert: ein Beitrag zur soziologischen Theorie der Bevölkerung. Stuttgart: Klett, 1973, S. 52 – 71.
② Stoecker, Deutshland und China im 19. Jh., S. 127.
③ BArch Berlin R 9208/810, 119 Hellwig, Auswärtiges Amt, an Schenck zu Schweinsberg 20. 11. 1894.

出身于比较低的阶层，除了极少数例外，他们根本不可能升迁到军官等级，军饷也无特别的诱惑力。军士长是最高级别的军士，但是直至 1900 年，不加额外补贴，每个月只能领取 56.10 马克。薪金如此之低，转业后可到文职部门工作的规定就成为选择军士职业者最重要的激励因素了。他们在服役期间有可能获得学习进修的机会，这样一来，在结束为期 12 年的军旅生涯之后（年龄一般在 32 岁左右），如果能够通过录用考试，他们就可以到邮局、铁路、林场等部门做个小官，或者当小学教师。① 也的确有不少军士在服役 12 年之后，从军界转入文职机关。有些人也试图在一些收入较高的岗位上碰运气。在这方面，诸如操炮手、弹药保管员等专业人员会有较大获得成功的可能性。例如军工产品生产厂家及其商务代理公司可招聘他们担任火炮操作演示员和测试员。瑞乃尔和弹药技师李劢协、威勒西先前就是这样应聘就业的。而对于这些军士来说，中国为他们改善自己的收入状况和社会地位提供了他们在德国从未有过的大好机会。

　　在中国军队中，高级军官（官、将）与低级军官（弁）之间虽然也存在差别，但这一差别只是官阶、级别上的不同。在普鲁士，军官和军士两类军人分属不同的世界，中国的上司却可能一方面将少尉称作"弁"，另一方面又将长时间服役的军士擢升为军官，授予相应的品级。李鸿章就曾经在一次授勋表彰在天津武备学堂工作的德国教官的活动中，将少尉巴恩士与军士艾德、坤士等人一概称作"守备"，相当于德国的"中

---

① Manfred Messerschmidt „Die Preussische Armee", in: Gerhard Papke und Wolfgang Petter（Hrsg.）. Handbuch zur deutschen Militärgeschichte 1648 - 1939. Frankfurt a. M.：Bernard u. Graefe, Bd. 2, 1979, S. 188 - 202.

尉"。他授予他们同样只授予外国人的双龙宝星勋章,只是勋章的等级一般是以受勋者已有的军衔为准的(参见本书第七章)。① 张之洞为在广州工作的德国军士申请中国六品顶戴,只是要求他们穿戴中国官服礼帽。在同样的条件下,少尉可获得五品顶戴。郎概(Georg Lange)少尉的年薪为 200 两白银(大约 1000 马克),只比弹药技师威勒西(军士)的薪金略多一点,后者为 144 两白银(720 马克)。② 对于军士或者更确切地说原先的军士来说,中国丰厚的薪金水准具有强大的吸引力。一级炮艇水兵米莱克(Mieleck)在皇家海军 12 年的服役期于 1882 年秋天结束,当时他所在的船舰狼号(Wolf)炮艇正在东亚海军站服役。他随后被驻北京的德国公使馆雇为办事员这一文职官员。③ 为了多挣一点薪金,他在 1884 年夏天向清政府提出申请,要求到威海卫担任鱼雷教官哈孙克来伐的助手。④

普鲁士的军士无论如何都要设法在一定时候到文职部门寻求一个新职位,他们也拥有这样一种由国家提供保障的权利要求,但对于军官来说,这一点并不是如此理所当然、不容置疑的。理论上,军官职位是一种与特权和较高社会声誉相联系的社会地位。许多军官出身于贵族家庭,尽管在专业化进程中市

---

① 《学堂洋员请奖片》(光绪十四年八月二十日),吴汝纶编《李文忠公(鸿章)全集》(3),第 279 页。
② 《雇募德弁片》(光绪十一年五月二十五日),苑书义等主编《张之洞全集》第 1 册,第 314~315 页。
③ BArch Berlin R 9208/668, 9 von Brandt an Geschwaderkommando 10. 5. 1882.
④ Falkenberg, Briefe aus China 1879-1886, S. 297(dort als Deckoffizier);《海防经费报销折》(光绪十三年十一月二十六日)、《海防收支清册折》(光绪十五年正月二十一日),吴汝纶编《李文忠公(鸿章)全集》(3),第 217~233、317~330 页。

民子弟和资产阶级成员也越来越多地进入军界,特别是在诸如炮兵、鱼雷部队等装备有现代武器的军种。①

提前退伍可能有各种原因。荣誉法庭的传讯经常意味着被开除出军队,但也有不少人因为预期自己会被传讯而怕丢了面子,所以宁肯自己主动提前辞职。设立在普鲁士军队中的荣誉法庭是军团指挥官手中掌握的约束其下属军官风纪和行为,使之遵纪守法、言行得体的一个重要工具(荣誉法庭的审讯由军团指挥官亲自主持)。荣誉法庭惩罚那些根据法规不算违法,但按照占主导地位的道德观念属有损等级荣誉的不端品行,包括连续的欠债和在公共场合——例如因为酗酒和赌博而引发的——野蛮粗鲁地对待他人的不当行为,如此等等。从道德品行不端到政治立场不坚定,所有这一切都应当受到惩罚,以便在军队中保持高度整肃的军纪军容。惩罚措施则有严重警告、自动告别军队(亦即丧失军职,汉纳根就受到了这种处罚)直至脱离军官等级(亦即丧失军职和军衔)。与此同时,其穿军服的权利也被剥夺了,即使是那些虽然被解除军职却同以前一样拥有某一军衔的军官,也不能继续穿军服了。

也有些军官自愿告别军队,部分人是为了寻找一个收入较高的工作岗位。军官虽然因其官职和较高社会声望而享有特权,但其个人自由也会因为这些特权而受到严格限制。与同级别的文官相比,军官的薪金比较高,但以贵族生活为导向的等

---

① 市民子弟和资产阶级成员在炮兵部队中所占比例最高,在骑兵部队中最低。Manfred Messerschmidt „ Die Preussische Armee ", in: Gerhard Papke und Wolfgang Petter (Hrsg.). Handbuch zur deutschen Militärgeschichte 1648 – 1939, Bd. 2, S. 63.

级意识要求也经常导致有些情况发生，即在要求与现实之间存在较大差距。对于普鲁士军官来说，欠债实属家常便饭。特别是年纪较轻的军官，若无父母家庭资助，收入根本无法应付开支。对此，有关军官婚姻的规定就是一个典型事例。军官只有在得到允许之后才可以结婚。此外，不仅新娘的社会出身要受到审查，为了满足与等级相符的花销，还需要有一定的收入。1902年时，一位二级普鲁士上尉年薪只有4500马克，而按照严格的普鲁士等级规定，他必须能够证明他每年还有至少1500马克的额外收入才会被允许结婚。① 因为职场升迁难以保证，所以没有人敢确信他在40岁之前会顺利地得到提拔重用，从而能够养活一个家庭。这种"有条件的按资历提拔"原则导致许多军官不得不调换岗位，特别是在步兵部队中，等待提拔的人非常多。在这种情况下，另谋高就不单单是出于避免被年轻军官超过的自尊，也是一种必要。在这里，作为技术革命时代产物的炮兵部队军官同样占有优势，他们可以到诸如克虏伯之类的军工企业充当战争物资的技术顾问等高薪职员。②

在1884～1885年来到中国的军官当中，只有一位与先前的汉纳根一样因为荣誉法庭审讯而退役，这就是退役步兵上尉密次藩（Maximilian von Mützschefahl）。密次藩是西里西亚

---

① Verordnung über das Heiraten der Militärpersonen des Preussischen Heeres und der Preussischen Landgendarmerie（Heirats-Verordnung）. Berlin, 1902, S. 8.

② 当然，克虏伯公司主要聘用较高级别的军官。在中国则有炮兵中校（Oberstleutnant）埃德温·伊尔格纳（Edwin Ilgner）和约瑟夫·冯·伦讷（Joseph von Lenné）、炮兵上校（die Obersts）福合尔（Conrad Vogel）和冯·克雷奇马尔（von Kretschmar）。Wilhelm Muehlon, Ein Fremder im eigenen Land: Erinnerungen eines Krupp-Direktors 1908 – 1914. Bremen: Donat, 1989, S. 63f; Stoecker, Deutshland und China im 19. Jh., S. 224.

（Schlesien）一位法官的儿子，曾在莱茵第二步兵军团第 23 部担任连长，1884 年 1 月告别军队。同年 9 月，被剥夺穿军装和称呼军衔的权利。但他可以继续拥有二等铁十字勋章，并且继续享受抚恤金。① 巴恩士是波莫瑞一位佃农的儿子，曾任铁道兵军团少尉，他显然是在等待荣誉法庭传讯之际，借口移居国外而告别军队的。他"与一些不正派的下流人多有交往，并且因为涉及与男人有肮脏关系的有损名誉的指控而深感压力沉重"。② 他或许是被判定为同性恋者，深感羞辱，但又不想抛头露面，当众证明自己的"无辜"，他因此亵渎了普鲁士军队保守的道德观。来到中国后，他却表现得很好，是天津武备学堂一位能干的教师，也是台湾大部分防御工事的建筑师。

很多军官是因为"财务状况紊乱"，即债务缠身而提前从本国军队退役的。康葛克是威斯特伐伦（Westfalen）一位普鲁士主任林务官的儿子，科尔贝格步兵军团（波莫瑞第二）第 9 部的少尉，为了从事一个新职业，在 1884 年 4 月转入战时后备队。到了 9 月，他便以移居国外为由脱离了军队。李曼（Hans Lehmann）是柏林一位有年金收入者的儿子，原为汉诺威第一野战炮兵军团第 10 部中尉，但嗜赌成性。在脱离军队时，"他的财产状况是如此糟糕，以至于他的快速退役被称作是值得期待的"。③ 而在前往中国的途中，他又在伊斯坦堡欠

---

① BArch Berlin R 9208/493, 34 – 38 Hatzfeldt, Auswärtiges Amt, an von Brandt, Erlass Nr. 33, 15. Mai 1885.
② BArch Berlin R 901/33638, 78 Chef des Kriegskabinetts an Hatzfeldt, Auswärtiges Amt, 28. 3. 1885.
③ BArch Berlin R 901/33638, 78 Chef des Kriegskabinetts an Hatzfeldt, Auswärtiges Amt, 28. 3. 1885.

下了一大笔赌债。数年后，天津的领事法庭还就其偿还债务之事进行了审理。① 那珀（Georg von Glasenapp）出生于波莫瑞，同样因为财务状况紊乱从科尔贝格步兵军团（波莫瑞第二）第9部告退，转而成为战时后备队步兵部队（Landwehr-Infanterie）的休假军官。他以移居国外为由而提出的退役申请还是他父亲代办的，后者是普鲁士炮兵中校，1867~1871年在伯恩堡（Bernburg）担任行政区指挥官。② 情况完全相似的还有高恩士（Conrad von der Goltz），另一个名气较大的波莫瑞贵族家庭的儿子。他自1882年起就向自己担任少尉的巴登第一野战炮兵军团第14部告假，同样为了到中国工作而以移居国外为由提交辞呈。③

爱弗谚原为上西里西亚第二步兵军团第23部的少尉（登记册上标注的是中尉），雷芬（Fauré）原为莱茵第三步兵军团第29部的上尉和连长，哲宁原为工程兵军团的上尉，他们都是早就从部队退役了的军官，前两位分别在1876年和1875年告别军队。他们享有抚恤金，并且是因为有望到文职部门工作而提交辞呈的。只是与军士不同，军官转入文职是没有制度保障的。1880年代初，德国经济萧条，离境出国的移民数量大

---

① BArch Berlin R 9208/495, 11 Verhandlungsprotokoll Lehmann mit Frhr. Von Seckendorff, 31.8.1889.
② BArch Berlin R 901/33638, 78 Chef des Kriegskabinetts an Hatzfeldt, Auswärtiges Amt, 28.3.1885.
③ BArch Berlin R 901/33638, 78 Chef des Kriegskabinetts an Hatzfeldt, Auswärtiges Amt, 28.3.1885. 高恩士是土耳其著名的军事教官科尔马尔·冯·德戈尔茨（General Colmar von der Goltz）的一个远亲。Friedrich Goltz, Hans Gerlach, Nachrichten über die Familie der Grafen und Freiherrn von der Goltz, 1885-1960. Neustadt a. d. Aisch：Degener, 1960, S.9-29, 222.

增。也是因为在德国难以获得一个文职,东弗里斯步兵军团第78部连长、退役中尉(1883年退役领抚恤金)屯士基(Scholz)和东普鲁士陆军炮兵军团第1部预算外少尉郎概,一位波莫瑞退役上尉的儿子,接受了薪金丰厚的中国职位。郎概是在1884年1月告别军队开始领取抚恤金的,尽管他的财务状况也一团糟,但官方文件注明的原因是膝盖受伤。因为抚恤金不能满足其生活需求,所以他就在1884年5月提出了担任文职的申请。他的申请得到了批准,但具体工作岗位需要自己找。因为直到年底还是无业可就,所以他就期望前往中国工作。① 哲宁是著名工业家和马格德堡-巴考格鲁森工厂(Grusonwerk in Magdeburg-Bucau)创始人赫尔曼·格鲁森(Hermann Gruson)的女婿。对于他来说,婚姻问题是导致他外出的关键因素。他的妻子、格鲁森的大女儿玛丽·路易斯(Marie Luise)不久之后就与他离婚了。②

但也有几位军官是在服役期间离开普鲁士军队或者更确切地说皇家海军的,其目的是利用中国提供的比较优越的待遇撞大运。其中包括海军少校式百龄、陆军少校李宝、鱼雷少尉马驷和工程兵军团上尉柏庐。③

李宝主要是为了满足其冒险欲望来到中国的。他在担任军

---

① BArch Berlin R 901/33638, 77 – 79 Chef des Kriegskabinetts an Hatzfeldt, Auswärtiges Amt, 28.3.1885; BArch Berlin R 9208/493, 34 – 38 Hatzfeldt, Auswärtiges Amt, an von Brandt, Erlass Nr. 33, 15. Mai 1885. Paul Goldmann, Ein Sommer in China, Bd. 1. Frankfurt: Rütten und Loening, 1899, S. 123.
② Hermann Gruson, Stammtafel der Familie Gruson. Magdeburg: Ochs, 1897.
③ Rangliste, Rang-und Quartierliste der Königlich Preussischen Armee für 1885. Berlin: Mittler, 1885, S. 382. [柏庐的军衔此处写作"Hauptmann"(上尉),与上文标注的"Premier-Leutnant"(中尉)不一致。——译者注]

职期间就开始从事写作活动,除了其他作品,他还是《贝德克俄罗斯旅游指南》一书的合写者。① 他想到中国的愿望早在1870年代末就已经形成。当时已有最早的关于德国军事教官在中国工作的消息流传开来,并受到一些有心人的关注。李宝则在1879年通过德国驻中国公使馆向李凤苞提出申请。李鸿章在获悉李宝的简历后,就任用李宝一事咨询过汉纳根。汉纳根知道李宝是一位军事作家,但因李宝的级别较高(当时是上尉),他担心自己的地位受到威胁。在与李鸿章谈话时,他采用外交语言将李宝的求职申请压了下去。汉纳根说:李宝年事已高,恐怕不能从事繁重工作了。他还说:李宝大概是因为升迁无望才想从德国军队中退出。② 鉴于此,李鸿章没有聘用李宝,但是李宝并未轻易放弃。通过与他交好的阿根廷驻柏林领事维希曼(Wichmann)的介绍,他在两年后与德国驻中国公使巴兰德取得了联系,并请求后者将他的工作方案转呈清政府。

这个工作方案雄心勃勃,甚至是有些古怪的,但并非毫无趣味。李宝不甘心做一名普普通通的教官。他计划用10年时间组建并培训一个由中国军官、军士和普通战士组成的连队,以便对全中国进行一次大规模的三角地形学勘测。而其所需经费可以通过出售绘制好的地图来筹措。③ 暂且不论李宝是否有

---

① K. Baedeker (Hrsg.), West-und Mittelrussland: Handbuch für Reisende. Leipzig: Baedeker, 1883. 李宝声称他是该书的合写者,参见 Carlos Pauli, Die modernen Militärwissenschaften zum Selbststudium als Vorbereitung für die Offiziers- und Aufnahmeprüfung der Kriegsakademie. Bd. 1. Berlin: Zuc-hschwerdte & Co. , 1908, S. III.

② Constantin von Hanneken an seien Vater, 3. 11. 1879, in: Falkenberg, Briefe aus China 1879 - 1886, S. 28 - 29.

③ BArch Berlin R. 9208/493, 64 Wichmann, argentinischer Konsul Berlin, an von Brandt, Peking, 2. 2. 1881.

能力实施这样的计划,这项工作本身倒是非常有必要的。只是该建议太超前了,它的提出早了20多年,因为当时除了数量极少并且从军事上说在这个国家(中国)大部分地区毫无意义的八旗军外,尚无真正的中央军队,也没有大概会对此类建议感兴趣的总参谋部。在与外国人打交道的过程中,中国官员获悉了一些由西方旅行家、海关官员或者是在中国水域游弋的德国海军东亚舰队绘制的中国海岸地图。① 但是总的来说,中国官员的地理知识十分有限。例如李凤苞,他直到1883年都还没有听说过胶州湾。② 他们对于比较精准的军用地图重要性的认识更是相当低下。甲午战争爆发后,中国军人吃惊地发现,日本士兵比中国守军更熟悉通向辽东半岛的道路。与中国守军不同,日本士兵都能读会写,并且随身携带各种各样的精准地图。③ 直到1905年,在中国军队进行了首次现代军事演习之后,才有在全国范围实施地形学勘测的条令颁布。仅在湖北省,就有一位名叫福克斯(Carl Fuchs)的德国退役少尉参与了此项活动。④ 至于李宝求职一事,在1881年同样毫无结

---

① 设在天津的海军衙门内有拍照平版印刷机构,主要翻印英国海军部绘制的地图,参见 Tagebuch Georg Baur, Bd. 2, Eintrag vom 20. Januar 1891.
② Reinhold Wagner, Zwei Denkschriften über Befestigungen für China. Berlin (Militär-Wochenblatt, Beih. 6), 1898, S. 242, 264 – 276.
③ 《寄唐提督》(光绪二十年十一月初三日申刻),顾廷龙、叶亚廉主编《李鸿章全集》(3),电稿三,上海人民出版社,1985,第224~225页。
④ PAAA R 17897 Roessler, Hankou, an Bülow, Nr. 96, 8. 12. 1905;PAAA R 17899 Rössler, Hankou, an Bülow 3. 10. 1906;ebd. Fuch:Notizen über die Aufnahme der Hubeitruppen Manöverkarte 25. 9. 1906;Ralph L. Powell, *The Rise of Chinese Military Power, 1895 – 1912.* Princeton:Princeton University Press, 1955, pp. 214, 206 – 207. 对于中国的"传统"地图学,西方学者大都只关注其文化意义,与之相关的技术问题则鲜有讨论。实际上,

果。巴兰德在答复维希曼领事的问询时，只说他不能支持李宝的请求，但未说明任何理由。①

李宝留在德国，1882年被提升为少校和马格德堡陆军炮兵军团第4部预算内参谋长。而李凤苞直到1884年急需德国军官时才重新想起了他。李宝在签订了工作合同后，以身体欠佳为由向普鲁士军队提交辞呈。1884年11月11日，皇家内阁敕令（Allerhöchste Kabinettsordre）正式批准了他的申请，而李宝则在此之前就伙同他本人招募的4位军士一起，乘坐东亚航线的邮轮启程前往中国了。按照皇家内阁敕令批文，李宝除了有望转入文职部门，还可享受领取抚恤金、继续穿波莫瑞陆军炮兵军团第2部军服的待遇。②

在这里讨论的人员当中，对于他们做出到中国工作的决定一事来说，自觉受到排斥这一因素仅占据次要地位。许多军官离家出走是因为不遵守普鲁士军队严格的道德规范。负债和嗜赌最为突出，其他问题，例如巴恩士的同性恋也发挥了一定作

对于中国而言，西方军事地图学的细节准确性完全是新鲜事物，也是从西方引进的。1915年首次出版的《清朝续文献通考》的作者刘锦藻对此直言不讳。Richard J. Smith, "Mapping China's World: Cultural Cartography in Late Imperial Times," in Yeh Wen-hsin, ed., *Landscape, Culture and Power in Chinese Society*. Berkeley: University of California Press, 1998, pp. 52 – 109; 刘锦藻撰《清朝续文献通考》，浙江古籍出版社，2000，第9853页。

① BArch Berlin R. 9208/493, 1 von Brandt, Peking, an argentinischen Konsul Wichmann, Berlin, 4.5.1881.
② BArch Berlin R. 9208/493, 34 – 38 Hatzfeldt, Auswärtiges Amt, an von Brandt, Erlass Nr. 33, 15. Mai 1885; BArch Berlin R 901/33637, 35 Kriegsministerium an Auswärtiges Amt 26.1.1885; BArch Berlin R 901/33639, 65 Kriegsministerium, Department für das Invalidenwesen, an Pauli 17.6.1885.

用。另有一些人早就想脱离军界，涉足民间劳务市场，到社会上寻找工作。爱弗谖到中国驻柏林公使馆找到了充当德国军官的招聘代理这样一个工作岗位。而郎概在应聘到中国工作之前，已经失业半年多。尽管如此，经济困难也不是迫使这些人不惜任何代价离家出走的主要原因。他们当中的绝大多数即使在德国也能够过得不错，诸如那珀、高恩士等人出身于大地主家庭；有的人，例如雷芬还有妻子和儿女，将他们弃之不顾并不是件容易的事。① 相反，为他者所吸引可谓促使他们做出到中国工作决定的主要动因。这就是说，期待获得高额收入、改善社会地位并赢得"中国军队改革者"声誉诸因素在他们做出在战争期间旅居中国这一甘冒风险的决定方面发挥了最重要的作用。

这一点也足以说明那些对于当事人来说非常优厚的工作合同条款，多为李凤苞为了得到足够的合适人员而必须向德国军官许诺的。尽管从史料中看不到原本由德璀琳确定的薪金额度，但从一个少尉每月可得 150 两白银，按照当时的汇率大约 750 马克这一点来说，薪金额度并没有超出德璀琳为他朋友的儿子汉纳根争取到的水准。除此之外只有报销往返旅费这一规定了。然而，像巴恩士这样的少尉每个月的实际收入高达 1000 马克，② 像欧披次（Adolf Tenckhoff）中尉和马驷少尉这样的军官每月实际收入 1500 马克（年薪为 18000 马克），式百龄的年薪为 25000 马克，李宝

---

① BArch Berlin R 9208/493, 94-95 Tenckhofer an von Brandt 21. 11. 1886.
② BArch Berlin R 9208/493, 119-120 Bedingungen des Dienstverhältnisses des Herrn Hecht (Vertrag vom) 3. 10. 1884.

的年薪甚至高达 30000 马克。① 相比之下，海军上尉哈孙克来伐 1882 年在德国每月只有 260 马克的收入，额外补贴未计在内。② 德国驻北京公使馆的一位翻译每月的薪金为 500 马克。③ 李宝少校作为军官当中级别较高者每年也只有 6530 马克可领取抚恤金的服役收入，而在退役后其国家抚恤金则为每月 245 马克。④ 这就是说，与其在德国的服役收入相比，他在中国的收入增长了近 4 倍。特别优惠的是人身保险条款，如果在工作中致残或死亡，其家属可得高达 3 万或 6 万马克的赔偿金，疾病也被算作致死或致残的原因。⑤

---

① BArch MA N 522/2, 7 Vertrag zwischen chinesischer Gesandtschaft (Li Fengbao) und Ernst Kretzschmar 4.6.1884; BArch Berlin R 9208/493, 31 - 32 Vertrag Pauli; BArch Berlin R 9208/477, 132 - 134 Vertrag Sebelin; BArch Berlin R 9208/493, 96 - 97 Vertrag zwischen dem Kaiserlich Chinesischen Gesandten Hsue Ching-Cheng [Xu Jingcheng] namens der Kaiserlich Chinesischen Regierung und dem Königlich Preussischen Ingenier-Premierlieutenant a. D. Adolph Tenckhoff zu Lübeck 7.4.1885.
② BArch Berlin R 9208/503, 1 - 2 Hatzfeldt, Auswärtiges Amt, an von Brandt 11.12.1882.
③ BArch Berlin R 901/12934 Notiz des Auswärtigen Amtes zu: Brandt an Reichskanzler, B.174, 6.10.1888; BArch Berlin R 9208/668, 96 Aichberger an von Brandt 3.4.1885.
④ BArch Berlin R 901/33639, 66 Verfügung des Kriegsministerium 17.6.1885; BArch Berlin R 9208/810, 89 - 90 Rechtsanwalt Wegner an Deutsches Konsulat Peking 4.10.1893.
⑤ 所有由李凤苞和许景澄在 1884~1885 年招聘的军事教官的合同，在结构和内容上基本一致，例如欧披次的合同。BArch Berlin R 9208/493, 96 - 97 Vertrag zwischen dem Kaiserlich Chinesischen Gesandten Hsue Ching - Cheng [Xu Jingcheng] namens der Kaiserlich Chinesischen Regierung und dem Königlich Preussischen Ingenier-Premierlieutenant a. D. Adolph Tenckhoff zu Lübeck 7.4.1885.

二　天津的幻灭

鉴于李凤苞提供了条件如此优惠的合同和慷慨许诺，实际情形肯定会使这些并不十分了解中国境况的德国军人大失所望。从汉纳根在1880年代早期的描写和5年后以克虏伯公司技术代表身份来到中国的包尔的日记中，我们可以对中国北方生活如何影响这些新来的德国人一事加以详细描述。

在1880年代，天津是一个环境恶劣、贫瘠荒凉的城市，沙尘暴和洪水时常来袭。自1860年代起，法国人和英国人在海河岸边的城区也就是在中国城南边设有租界。1861年，有一道环绕城市外围的城墙得以建筑，因其建造者为蒙古将领僧格林沁，故被称作"僧格林沁墙"，英法租界也被圈在其内。经济上，该城市主要依赖出口蒙古和华北初级产品（皮革、羊毛及其编织物），进口军火（武器，所谓的"政府贸易"的主要部分）为主。自1870年代起，天津成为与香港和上海并列、得到朝廷授权的第三个武器交易中心。在1880年代末1890年代初，天津的外国公司主要是英国人和德国人的，尽管法国人也在此地设有租界、拥有特许权。在侨居该地的德国人中，以教官身份供职于中国官方的德国军官占有相当大的比例。除此之外，还有人数不多的领事馆人员、隶属于为保护租界而长期停泊在天津近海的海军舰队军人，以及海关官员，其中最著名的就是德璀琳。还有一些商人，他们大都从事政府贸易，但也有人以出口蒙古和华北初级产品为主业。传教士多为法国天主教徒，德国教官与之几乎毫无往来。中国老城区街道狭窄，没有铺砌石子，也无路灯照明，脏乱不堪，臭气熏天。

只有外国人居住区的条件较好一些,比较干净卫生,也比较有生机。在这里,有几条街道是用鹅卵石铺砌的;还有两家俱乐部,一家是英国人的,另一家是德国人的。然而,享受外国的舒适和娱乐是要付出昂贵代价的。这样一来,军官原先因领取高薪而生的沾沾自喜瞬间就蒸发了。欧洲女人是极其稀缺的商品,酒精饮品在公共娱乐场所便占据了重要地位。①

包尔原为克虏伯公司的技术代表,1890~1893年又在天津武备学堂铁道科兼任教师。他对1890年代初期旅居天津的外国人的生活状况有亲身经历和详细记录。② 例如,1891年担任天津武备学堂教官的军士艾德月薪120两白银(大约600马克,180墨西哥银元),③ 他为了固定3颗牙齿,向一位来自上海的牙医支付了60两白银,也就是说花了一半工资。但若没有这类非常规的意外开支,依靠600马克的月薪可以过上很优越的生活。在教官的工作合同中,免费公寓大都未得到保证,只是被当作特别优惠而列举出来。在天津武备学堂新校舍落成之前,继续留在天津的教官大都住在旅馆。以德国人开办的利顺德大饭店(Astor House)为例,1892年时,一个单身汉每个月食宿全包的费用只需75墨西哥银元(50两白银),但不包括昂贵的酒类饮品。在1880年代,物价水平大概与之类似,因为大幅度的白银贬值自1892年才开始发生。已成家者必须

---

① Otto Franke, Erinnerungen zn zwei Welten. Berlin: de Gruyter, 1954, S. 54-56. 后来成为著名汉学家的福兰阁(Otto Franke)在1889年秋至1890年中期这段时间任职于天津领事馆。
② Tagebuch Georg Baur, Bd. 3, Eintrag vom 1. November 1891; ebd., Bd. 4, Eintrag vom 20. Januar 1892(Brief an Wellersteiner)。
③ 墨西哥银元是中国通商口岸的支付货币,其汇率经常波动,因此这里的换算是根据包尔的描述确定的。

租赁一栋房屋,租金为每月 40~50 两白银。便宜的住所很难租到。此外,还需要两个苦力和一个门卫(每月支出大约 5 墨西哥银元),冬天还要买煤取暖。也有中国人的住所可供租用,但他们大都未住多久就搬走了。即便与最简陋的西式房屋相比,中国人的居室也是很差的。于是,在天津武备学堂工作的教官后来都在租界租房居住,尽管价格较贵。[1]

马匹是军事教官必需之物,购买一匹马要花费 30~40 墨西哥银元(20~27 两白银),饲养一匹马每个月大约需要 12 墨西哥银元(8 两白银),饲养两匹马每个月大约需要 19 墨西哥银元(13 两白银),马夫的工钱包括在内。仆人每个月的工钱是 8 墨西哥银元,远低于饲养马匹的开支。对于住在旅馆的单身汉来说,至少需要一个仆人。而在当时,一位旅居天津的外国单身汉大都雇用三个仆人:一个管家、一个厨子和一个苦力。管家和厨子每月的工钱都是 8 墨西哥银元,苦力则只有 6 墨西哥银元。这是当年雇用仆人的一般标准。然而,每个仆人都会利用一种被他们视为自己权利的"除息"方式来获得更多收入。也就是说,他们会在置办货物、购买生活日用品时,想方设法为自己搞点小钱。[2] 但拥有众多仆人的生活方式并不仅限于外国人,[3] 而雇用仆人的做法完全是与当时中国国情相适应的。在包尔任教的天津武备学堂,学校也为每五名学生配备一个仆人。除此之外,厨子自然也不可或缺。[4] 我们在本书

---

[1] Tagebuch Georg Baur, Bd. 7, Eintrag vom 27. Mai 1893, 29. September 1893.
[2] Tagebuch Georg Baur, Bd. 1, Eintrag vom 10. Oktobor 1890.
[3] Cheng Feng „Vorwort", Comparativ 9, 1999. Jg., Heft 4, S. 17–18.
[4] 《北洋武备学堂学规》,未注明日期,中国社会科学院近代史研究所档案馆藏。

第四章将要详细介绍的荫昌,在1892年作为天津武备学堂的帮办时,就有学校为之配备的两个仆人。而他本人还为自己(荫昌当时尚未结婚)及父母另雇了7个仆人。①

按照包尔的计算,一个住在旅馆,雇用仆人,并且拥有一匹马的外国单身汉每月需要花费400马克(最起码也要316马克)。如果租住一栋房屋,雇用三个仆人(管家、厨子和苦力),拥有两匹马的话,每个月的开支为450~500马克(最起码也要385马克,但在这里必须将伙食费和冬天购买取暖煤炭的费用加进去)。供养一个家庭费用更高。而那些月薪不足600马克的军士的生活更是捉襟见肘,特别是当他们还要生儿育女并且要为将来积攒一点家业的时候,在中国工作是没有退休养老金的。

真正昂贵的开支是参与外国人的社交应酬活动。如果要在欧洲人圈子中有个较好的社会地位,每位俱乐部成员除了每月要缴纳5墨西哥银元的会员费外,还要为开怀畅饮(自然主要是酒类饮品)、打台球、玩保龄球等活动额外支付10~15墨西哥银元的费用。进口的酒类饮品价格昂贵,但作为各种外国人社交场合最为重要的饮品,它是如此重要,以至于中国官员早已习惯于用香槟酒(但不懂得放入水中冷镇)来招待外国客人,因为他们认为这样做是必须的。② 葡萄酒和啤酒被大量消费,并且如果重视与外国人的交往,这也是难以避免的。因此,这笔花销在预算当中占有很大份额。另外,这个时期德国人圈子的规模还比较小,除了德璀

---

① Tagebuch Georg Baur, Bd. 4, Eintrag vom 21. April 1892.
② 例如李鸿章就如此招待过前来拜访的外国客人,参见 Tagebuch Georg Baur, Bd. 1, Eintrag vom 28. Oktobor 1890.

琳的妻子，还没有其他女人（到1892年鲍尔还在这里时，在总共600余名欧洲人、40名德国人当中，只有4名德国妇女）。主要由年轻男子构成的社交活动，绝大部分内容便是宴饮和娱乐。赌博、高额的俱乐部会员费和饮酒费，以及购买英国人经营的赛马彩票构成花费钱财的最大险境。而那些在德国时已经习惯于铺张浪费的军官，现在更容易陷入挥霍无度的险境。有的人事后被批评过着"狂放的生活"，而对于驻北京的德国公使来说，这更是一个想让教官尽快离开的重要原因。① 从只有一位领事官员和一位翻译的德国领事馆那里，教官得不到任何支持。因为对于德国官员来说，他们的招聘方式本来不合适。而在诸如德璀琳、汉纳根等早先来到中国的德国人看来，新来的军官对于他们作为顾问的地位是一种威胁而不是一种加强。自从被李凤苞排除在招聘活动之外，德璀琳就不再对招聘来的军官有任何好感了。他们也基本是没有用处的。

除了适应环境的困难，还有中方拖延遵守，甚至是不遵守合同规定或者口头许诺的问题。与新雇德国人相关的许多问题产生于合同条文的不精确、组建"使团"时的考虑不周及李凤苞公开许下的一些错误承诺。招聘工作是按照签订司法合同形式进行的。只有与式百龄及与他一同来中国的6名海军成员签订的契约和与李宝及其4名军士签订的工作合同，注明了3年的聘期。其他人则根据德璀琳的建议定为一年，还有几个人未签合同。在制定工作合同方面，李凤苞从

---

① BArch Berlin R 9208/493, 81-82 von Brandt an Reichskanzler, A.153, Peking den 19.7.1886.

李鸿章那里只得到了有限的指示。合同主要由他本人根据一个统一模式拟定,包括聘期(1~3年)和一段关于职责任务的简短说明等。例如规定巴恩士为"工兵军事教官",或者针对李宝写道:"由中国军队调度利用,主要充当陆军炮兵部队的组织者和教官。"中国方面提供的特别优惠除了薪金,还有授予比当事人的德国军衔还要高的中国军衔(巴恩士中尉成为上尉,李宝少校成为少将),旅费、旅途中享有半个月的薪金及异常高的人寿保险〔死亡或残废(6万马克),半残废(3万马克)〕。对于从属关系问题,只有一条非常一般化的条款:××人"必须服从总督及在他之上的官员和军官"。对德国人之间的从属关系没有做出任何规定,只有聘期三年的李宝形式上隶属于式百龄。此外,正如上文已经提到的那样,他也可以自行招募下属人员。与李宝签订的工作合同有几点与标准格式不同。除了上列从属关系,还有公务旅行的安排以及为中国政府购置图书资料和科学仪器等条款。很明显,这些十分合理的特别规定是李宝本人进行交涉的结果,绝非李凤苞能够想得到的。

但在教官们到达中国后,许多合同约定的或口头许诺的优惠都未兑现。因为缺少一个承担无条件履行合同条款责任的机构,所以从一开始就产生了许多误会和曲解。受害者向领事和停泊在天津附近海域东亚舰队的代表求助。德国官员却不能或者不愿意介入此事。德国海军东亚舰队鹦鹉螺号(Nautilus)舰长理查德·阿申伯恩(Richard Aschenborn)在1885年1月报告说:

大多数新来者绝望至极。有的人甚至未签订工作合同,他们只是根据与驻柏林中国公使的口头约定而来,以便到达中国后再签合同。大多数人只有聘期一年的工作合同,但也有几个人签的是3年。而在这里,新制定的合同被拒绝了,因为其中含有惩罚条款,例如(大概是对于背叛者)"打断双腿"的规定。应付的钱款已经发下来了,但新来者还期待在他们上岗之前就支付原先向他们许诺的数额。①

天津领事说,还在1885年3月的时候,就有几个军官未能获得报销旅费的款项。这大概涉及那几位未签工作合同就来到中国的教官,因为对于其他人,李凤苞已经得到命令,可从出使经费中支付他们的旅费。② 1885年前后,对于许多人来说乘坐轮船到中国并非易事。就是在5年后,买一张从热那亚到上海的船票需花1435马克。加上从家乡到热那亚、从上海到天津的旅费和其他各项开支,总共需要2000多马克,③ 几乎等于一位德国少尉的年薪。

有些人没有得到包含在其薪金中的家庭补贴。按照李鸿章与公使李凤苞商定的办法,只有一部分薪金是在中国支付。鉴于中法开战,李鸿章从朝廷那里获得了一项特别准许,即从关税收入中划拨专门经费用于外交活动,而这一经费包括购买武器和招聘外国军官的开支。张之洞在招聘德国军官和军士时运用的也是这一规则。因此,有一部分薪金是由驻柏林的中国公

---

① BArch Berlin R 901/33638, 47-48 Aschenborn, Kommando „Nautilus", an Paschen, Ostasiatisches Geschwader, 6.1.1885.
② BArch Berlin R 9208/493, 27-30 Pelldram, Tianjin, an Reichskanzler, Nr. 14, 4.3.1885;《奏派德员翻译片》(光绪十年十一月二十一日),吴汝纶编《李文忠公(鸿章)全集》(2),第838页。
③ BArch Berlin R 901/12938 von Brandt an Reichskanzler, B. 79, 5.5.1892.

使馆直接支付给在德国的军官家庭的。例如李宝的收入中,有1500马克交给了他的家庭(其夫人和三个孩子),他们以此来偿还李宝为在柏林夏洛滕堡区(Charlottenburg)购买房产而举借的贷款。① 在中国南方服务的马驷则在将其夫人和女儿接到中国之前,让人支付她们500马克。② 李鸿章与驻德国的代表之间之所以缺乏协调一致,还因为李凤苞被革职了。李凤苞显然没能够对其继任者许景澄交代清楚相关事项。李宝少校在1885年4月抱怨说,自12月起他的家人就没有收到中国公使馆本应支付的钱款了。他还威胁说要提起诉讼。李鸿章赶紧发电报给许景澄,后者才从当时尚在德国的李凤苞那里获悉付款之事,从而加以补办。③

已经写入合同的关于军衔的许诺也没有兑现。在广东的张之洞曾经通过上奏朝廷,就授予已向德国教官许诺的中国品级之事提出过申请;与之不同,李鸿章只是私下里在其淮军范围内授予德国军官某种军衔。对于中国军官来说,这类军衔并没有什么约束力,因为淮军不是正规军,其指挥官尤其高级别的指挥官更重视在属于正规军的地方军队中的职务晋升。④ 例如

---

① 《寄柏林许李二使》(光绪十一年二月十九日申刻),顾廷龙、叶亚廉主编《李鸿章全集》(1),电稿一,第466页;BArch Berlin R 9208/493, 31-32 Vertrag zwischen Li Fengbao und Pauli 2.6.1884 (Anlage ze ebd., 27-30 Pelldram, Tianjin, an Reichskanzler, Nr. 14, 4.3.1885).

② BArch MA N 522/2, 7 Vertrag zwischen chinesischer Gesandtschaft (Li Fengbao) und Ernst Kretzschmar 4.6.1884.

③ 《寄柏林许李二使》(光绪十一年二月十九日申刻)、《驻德许使来电》(光绪十一年二月二十一日巳刻到),顾廷龙、叶亚廉主编《李鸿章全集》(1),电稿一,第466、468页。

④ BArch Berlin R 9208/493, 27-30 Pelldram an Reichskanzler, Nr. 14, 4.3.1885.

李宝少校,他获得了一个少将军衔,却有义务"服从总督,野战军的最高指挥官(亦即淮军统帅)和总兵式百龄。军事事务事关国家安危,并且是会带来严重后果的具有头等重要性的事务,而在后者之间(李宝与式百龄之间——译者)因军事事务彼此发生意见分歧时,总督或者更确切地说统帅……的意见是最权威的"。①

事实上,李凤苞在标注德国军官的军衔时犯了不少错误。他在向国内汇报李宝的情况时称他为"参将",而这仅相当于德国的"中校"(Oberstleutnant)。而作为"少将"(Generalmajor)的李宝应当是与总兵(Generalmajor)式百龄处于同等军阶。在中国,因为没有独立的海军军衔,"Generalmajor"和"Korvettenkapitän"这两个军衔都被翻译为"总兵"(而在德国海军少校式百龄和陆军炮兵少校李宝又真的是处在一个完全等同的军阶上)。由李宝亲自带来的两位军士则被中国方面授予"千总"的军衔(相当于德国的少尉)。② 李宝在1884年12月初到达天津,他立即热情地开始工作,并且认为,与中国指挥官相比,他拥有更高的地位。他在翻译官博朗的陪同下,有时也由那珀陪同,对中国北方的一些军营和军事要塞进行了多次视察。每到一处都会写下长篇报告。在几个沿海地方,他还为建造新的防御工事画出了草图,或者为现有的防御工事提出了改进建议。

---

① BArch Berlin R 9208/493, 31 - 32 Vertrag zwischen Li Fengbao und Major Pauli, Abschrift (Anlage zu ebd., 27 - 30 Pelldram, Tianjin) an Reichskanzler, Nr. 14, 4.3.1885.
② BArch Berlin R 9208/493, 31 - 32 Vertrag zwischen Li Fengbao und Major Pauli, Abschrift (Anlage zu ebd., 27 - 30 Pelldram, Tianjin) an Reichskanzler, Nr. 14, 4.3.1885.

因为他在实际上并不具备他自以为拥有的官职,所以他的出场和他充满批评性的过激言论在一些指挥官当中引起了强烈不满。与此同时,谣言也在天津流传开来。据说,在他的监督下,并在中国军队原先的高级军官博朗的主持下,一个完全由欧洲人组成的战争法庭将要开庭审讯,若干中国军官将因玩忽职守而被剥夺品级。[1]

德国教官当中还出现了其他一些问题,它们部分地是因"军事使团"的拙劣规划而导致的后果。在德国教官来到中国之后不久,李鸿章就发现了他们当中缺乏从属关系的问题。为了整合这个团体,他便在李宝抵达后,把所有德国教官都交由他来领导。在此,李鸿章显示出了他对德国亲随制度(die deutschen Gepflogenheiten)的高度信赖。因为在军官当中,李宝的级别是最高的,所以他理应掌握对其他人的指挥权。但是,大多数德国教官提出了抗议。作为一些自愿离开自己的国家,期望到其他地方撞大运的大男人,他们根本不想再受德国的官职和社会地位体系的约束了。此外,与第一组德国军人一起来到天津的还有爱弗谖。爱弗谖原先是驻柏林中国公使馆的军事顾问,协助完成了所有军官的招聘工作,包括为南洋大臣招聘军官。[2] 他的职务级别虽然不太高,年龄却是军官当中最大的。他自觉是"天津第一教导军官"(erster Instruktionsoffizier in Tientsin)。后来,他也以这样的署名在德国媒体上发表了一

---

[1] BArch Berlin R 9208/493, 26ff Pelldram, Tianjin, an Reichskanzler, Nr. 5, 3.1.1885. 对此,也可参见本书第三章。
[2] 欧披次就曾提到爱弗谖,例如说他本人是由爱弗谖招聘来的。BArch Berlin R 9208/493, 94-95 an Brandt 21.11.1886. 亦见 Hausotter, Li Fengbao, der zweite chinesische Gesandte in Berlin (1878-1884), S. 47-48.

系列有关中国的时政评论。① 第二个竞争者是曾经参加过戈登军队的德国军官博朗,他在中国拥有"副将"军阶(相当于德国的上校)。博朗会讲中国话,即使讲得并不太好。1885年1月,德国海军东亚舰队鹦鹉螺号舰长阿申伯恩报告说,博朗搬入天津水师营务处居住了,并且看上去已成为李鸿章的顾问。② 在西文史料中,水师营务处也常被称作"海军秘书处"(naval secretariat),或者,尽管不十分恰当,称作"海军司令部"(Admiralität),其办公地点设在法租界的一座西式风格的楼房,称作"水师公所"。它也被用作官方接见来宾的场所。③ 其首领罗丰禄(自1881年起出任水师营务处道员)是一位候补道员,属于李鸿章幕僚中受过西式教育的人员。他1871年毕业于附属福州船政局的海军学校,1877年作为公使郭嵩焘的随员前往英国。他讲一口流利的英语,也在欧洲积累了丰富的与外国人打交道的经验。其管理职能更多属于后勤性质而不是军事性质。罗丰禄实际是李鸿章的幕友和总管,负责所有与外国人的交涉事务,也主管所有与李鸿章的外国雇员相关的劳动事务,包括发放他们的薪金和调解他们的争议等。④ 为此目的并且作为翻译人员,也有一个或多个外国人被招聘到水师营务处,当时刚招聘的是一

---

① Theodor von Scheve, vormals erster Instruktionsoffizier in Tientsin,„ Die Aufbringung der Kriegsschuld Chinas ", *Deutsche Warte*, Nr. 315 B (16.11.1900), zit. In: Karl Schuemacher, Europäische Seezollbeamte in China und ihr Einfluss auf die Förderung unseres Aussenhandels. Karlsruhe: J. J. Reiff, 1901, S. 11, 16.
② BArch Berlin R 901/33638, 47 – 48 Aschenborn, Kommando „ Nautilus ", an Paschen, Ostasiatisches Geschwader, 6.1.1885.
③ 光绪《重修天津府志》,第2012~2013页。
④ Kenneth Folsom, *Friends*, *Guests*, *and Colleagues*: *The Mu-fu System in the Late Ch'ing Period*. Berkeley: University of California Press, 1969, p. 140.

位法国人。① 此时，除了博朗，财务候选官员美克也被罗丰禄招聘来了。他将作为会计干事，处理"军事使团"的财务问题。②

其他德国教官并不服从李宝的管辖，因为他们曾经获得过拥有独立自主地位的许诺。像密次藩这样的步兵上尉自以为没有任何理由服从一位陆军炮兵少校的命令。③ 还有一个问题是，那些已经为李鸿章效力多年的外国人同样反对任命一位首席教官。天津的外国人圈子虽然很小，但其中的先来者只考虑自己的个人利益。他们并不无条件地把自己视为新来者的同类，即使属于同一民族。对于接受谁入伙，这个海港城市精英圈子的态度一向是十分谨慎的。在这个精英圈子中，1878年出任津海关税务司的德璀琳发挥着一种特殊的领导作用。他把转让这样一个高级职位给李宝看作对他的门生汉纳根的一种严重威胁，并且其严重性与日俱增；汉纳根则是首席教官职位的第三位竞争者。在5年前由德璀琳亲自制定的招聘汉纳根的合同中，已经有这样的明确规定，即汉纳根，正如他在1879年在写给父母的信中所说，直接受李

---

① 《复李丹崖星使》（光绪六年二月二十日）、《海防经费报销折》（光绪十二年十一月初四日）、《海防经费报销折》（光绪十三年十一月二十六日），吴汝纶编《李文忠公（鸿章）全集》（4），第415~416、134~140、217~233页。

② BArch Berlin R 9208/477, 148 – 149 Lenz, Tianjin, an von Brandt 12.7.1886; BArch Berlin R 9208/493, 81 – 82 von Brandt an Reichskanzler, A. 153, 19.7.1886; ebd., 187 Feindel, Tianjin, an von Brandt 10.6.1888; ebd., 83 – 84 Luo Fenglu, Naval Secretariat, an Sebelin 16.7.1886; ebd., 85 – 87 Sebelin an Li Hongzhang 16.7.1886.

③ BArch Berlin R 9208/477, 72 – 74 von Brandt an Reichskanzler, A. 124, 6.6.1886.

鸿章调遣,"既可以像他在各个部门的军官那样直接向他提出我的军事建议,也可以在发生战争(对德国的战争除外)的情况下,以这种方式为中国服务。在此,相对于中国军官,我是军事督察(militärischer Inspekteur),而在总督那里我在某种程度上又是一位侍从武官(Militärattaché)"。① 实际上,汉纳根一直拥有一种针对其他外国军事教官的监督权,虽然这一职权后来只限于旅顺口了。因为自 1880 年末开始,汉纳根常年在那里负责海岸防御工事的建设和入港口的疏浚工程,但是他从未放弃在结束建筑工程之后重新成为天津首席教官的希望。②

对于汉纳根来说,幸运的是,事实证明诸如此类、对其既有地位的威胁是毫无根据的。来华军官当中部分人的冒险个性、不切实际的期待、落空了的希望以及来自中国指挥官和早已定居下来的德国人两方面的敌意,众多原因合在一起,使得由李凤苞征招来的"军事使团"在天津成了人们嘲笑、讽刺的对象。关于李宝,汉纳根很快就能够平心静气地告诉他父亲,李宝在天津"因为所有无聊之举"而受到嗤笑。他在来中国之后的最初几个月竟然身着普鲁士军服大摇大摆地上街。对于来华外国教官来说,这种行为根本就是不正常的。其他德国教官,"或许有三到四人在这里还比较吃得开。其他人之所以留下来,则仅仅是因为他们还拿着工作合同不放而已。李宝也属于这类人。我不得不说,我们因为这些教官的所有

---

① Constantin von Hanneken an seine Eltern, 2. 12. 1879, in: Falkenberg, Briefe aus China 1879 – 1886, S. 33 – 34.
② Bernhard von Hanneken an seinen Sohn, 7. 5. 1885, in: Falkenberg, Briefe aus China 1879 – 1886, S. 313.

新花样而赢得了胜利,他们当中大多数人的行为举止实在是愚蠢至极了"。①

汉纳根对于新来教官的评论不免有自私自利之心,这种倾向也表现在他与工程兵军团退役上尉哲宁的交往上,后者同海军一级下士施密士一起被派往旅顺口。施密士以地雷和水雷部教官身份接受了哈孙克来伐辞职后腾出的工作岗位;哲宁则作为由汉纳根主持建造的海岸防御工事的督察来到旅顺口,与汉纳根发生了严重的利益冲突。②哲宁的资格比汉纳根老,不仅在年龄上而且在级别上都是如此。此外,他还是一个专家,而作为炮兵军官的汉纳根只是通过在威斯巴登的简短学习和自学掌握了一点工程建筑知识。对于汉纳根在中国担任防御工事建筑师的职业生涯来说,哲宁在1884年11月16日的到来③意味着一个严峻挑战。就连汉纳根的父亲也注意到了,他忧心忡忡地写信说:

> 老少校[李宝]原为要塞炮兵军官,对于他,你基本不必担心……哲宁上尉的情形却完全不同,他虽然早已离职,但要极力保持一种自我满足的安全感,追求这种安全感也是我们大多数搞工程的军官的普遍心理……必须尽

---

① Constantin von Hanneken an seine Eltern, 25.5.1885, in: Falkenberg, Briefe aus China 1879-1886, S.316.
② BArch Berlin R 9208/493, 26 Pelldram, Tianjin, an Reichskanzler, Nr.80, 29.11.1884; Woldemar von Hanneken an seinen Onkel Bernhard von Hanneken 17.12.1884, in: Falkenberg, Briefe aus China 1879-1886, S.297.
③ 袁保龄:《安置炮位及工作情形禀》(光绪十年十月初三日),丁振铎编辑《项城袁氏家集》(6),文海出版社,1966,第3920~3923页。

快完成旅顺港防御工事建造工作,并且这一工作就要结束了,因为他很有可能动用一切手段,撬动所有杠杆,占据你的岗位。①

工程建造局的中国主管、道台袁保龄作为上级领导极力在其下属当中维护一种和谐局面,因为他也看到了两位竞争者之间的钩心斗角。

> 现与[哲宁]约定,先周历东西两岸精细测量,遍观各台澳,五日后再与职道面商通盘筹议。目前暂与汉随员[汉纳根]同往,并随时略送食用各物,似尚耦俱无猜,当不至意见舛迕。惟日久恐须为之另起住屋数间。拟俟相处月余再行酌禀。②

两位竞争者之间的关系没有向好的方面发展。在其停留旅顺期间,哲宁急切地提出了一些建议,其中有几个建议正与汉纳根的设想背道而驰。例如,按照汉纳根的总体设计,全部防御工事由一个主炮台、九个海岸炮台组成,哲宁恰恰对这个总体设计提出了质疑。汉纳根把位于中央位置的黄金山炮台作为主炮台来建造,但哲宁认为位于最东边像舌头一样伸出来的海岬崂㟙嘴③更为重要。1884年秋天,有两位《泰晤士报》

---

① Bernhard von Hanneken an seinen Sohn, 7.5.1885, in: Falkenberg, Briefe aus China 1879–1886, S. 313.
② 袁保龄:《安置炮位及工作情形禀》(光绪十年十月初三日),丁振铎编辑《项城袁氏家集》(6),第3921~3922页。
③ 俗称"老驴嘴"。——译者注

(*The Times*) 记者前来旅顺口参观,并且指出崂崔嘴的防御工事过于薄弱。① 未过多久,哲宁根据他本人对炮台的考察,起草了一个新的建造计划,意欲把崂崔嘴炮台新建成全部防御工事的主炮台,并在崂崔嘴背后小山(崂崔嘴北山)上再建一座炮台,以便与位于海岸边的小炮台相衔接。对于哲宁这一计划,汉纳根极力反对。袁保龄对建造副炮台的建议表示支持,只是对哲宁主张的造价高昂的主炮台建造方案提出了异议。

> 崂崔嘴事,汉〔汉纳根〕已有牍来,就哲〔哲宁〕语层层翻驳。固是负气理,亦尚足惟。据估如哲说办七万二千余金,与汉估原式三万五千余者加倍,自不必强我。就题至后山连环台设十二生脱炮者,万不可少,此则汉原估所无哲所建议。准情度势必须填建者,其费计当不及万金。明日一面备文,一面招渠来面议,议定再禀。②

汉纳根的父亲担心,哲宁可能会以许诺更好、更便宜的建造工程的方式来挫败汉纳根,但实际上,这一担心并未成真,因为哲宁的建造计划与汉纳根的设计相比一点也不省钱,更没有机会付诸实施。作为一位非专业人士,汉纳根更容易忽略西方那些造价高昂的建筑工程而根据当地实际情况即兴而作。这样一来,他就能够使其建造工作更接近清政府的财政支持程

---

① 袁保龄:《致津海关周》,丁振铎编辑《项城袁氏家集》(7),第 4764~4766 页。
② 袁保龄:《致津海关周观察》,丁振铎编辑《项城袁氏家集》(7),第 4814~4815 页。

度。哲宁刚刚来到中国，根本不了解实际情况，相对于汉纳根，他在这个问题上处于劣势地位。一门心思考虑节省经费的中国总办袁保龄后来也将哲宁的大多数建议放在一边，不再关注了。

> ［哲宁］其人尚沉稳，但好发大议论，不计用币多少，先图快我笔舌，此亦西人作事常态，止有以老僧不见不闻法处之。迭送食用各物二十余金，已欣欣感悦矣。①

事实上，崂崔嘴北部的附加炮台直到1888年才得以建造。此时，汉纳根已经退出旅顺口防御工事建造工作达两年之久了。而当克虏伯公司的技术代表埃德温·伊尔格纳（Edwin Ilgner）前来旅顺口参观并撰写报告时，这一炮台建造工作尚未竣工。② 汉纳根很快就摆脱了在建造炮台方面令人不快的竞争，因为哲宁在1885年初被调往天津武备学堂，其任务是在那里开设有关永久性防御工事建造技术的课程。

---

① 袁保龄：《致津海关周》，丁振铎编辑《项城袁氏家集》（7），第4685页。
② BArch Berlin R 9208/505, 25 – 26 Auszug aus einem Bericht des technisch-militärischen Vertreters der Firma Krupp, Oberleutnant Ilgner, an Li Hongzhang über den militärischen Wert der Befestigungen von Port Arthur vom 18.9.1888.

第三章　昂贵的训练师：
　　　　德国教官与中国军队

德国军事教官在中国北方面临的局势绝不是简单有利的。当这些军队教官抵达天津时，清政府并没有为他们的使命做好任何准备。他们将要介入的中国军队的情形与这些对中国现状一无所知的德国人的期待完全不同。这些人被零散地分配到李鸿章影响范围内的各个正在准备作战的军事机构。在那里，他们被任命为一些军事指挥官和行政管理人员的顾问和教官，但未接到任何统一指令，也没有为他们设立任何主管部门。不仅那些已经供职于中国的外国人，例如汉纳根把这些教官的到来看作令人不快的、对他们在中国的特殊地位构成竞争，就是那些接受了被分配来的德国教官的军队指挥官，也在其日常的例行工作中极少理会这些外国人。这些外国人在军队中所发挥的作用因而一直仅仅局限于最简单的教练领域。

一　雇佣军与教官：中国北方的军队状况

然而，这些教官在其所到之处接触的不是"传统的"

中国军队,而是一些富有战争经历,并且早在20多年前就已经步入现代化进程的军队,即使是一种缓慢拖沓的现代化进程。

在中国北方,军事现代化开始于1861年。当时,恭亲王奕䜣和其他一些高官在经历了英法联军攻占北京事件之后,提出了用火枪取代弓箭装备北京八旗军队的请求。① 侨居天津的外国商人在英法联军撤退后,出于对军事真空的忧虑,试图组建一支以广东人为主体、由外国人领导指挥的雇佣军。鉴于此,朝廷感到有必要采取相应措施,以便阻止此类直接在北京城下干预中国国家主权的行为。通过与英国公使卜鲁斯(Frederick Bruce)及其随员威妥玛(Thomas Francis Wade)协商,清政府提出了在天津和大沽推行一个特别训练项目的倡议,以取代组建雇佣军的计划。参加这一项目的有来自卫戍北京的所谓八旗官兵和来自中国各省号称绿营的士兵,他们会集到天津,共同学习使用现代武器。主持这一训练项目的是英国东亚驻军司令官士迪佛立(Charles Stavely)及其他16位英国军官,但他们只是集结在训练中心的军事教官,并不掌握任何调动军队的指挥权。在这些教官当中有一位便是前面已经提到的博朗,他是一位德意志血统的英国军官。天津训练项目实施之日也是洋枪队,即完全由西式步枪装备起来的新式步兵部队诞生之时。后来,从他们当中产生了所谓的"练军",而前文已经提到的"神机

---

① 《钦差大臣恭亲王奕䜣大学士桂良户部左侍郎文祥奏折》(咸丰十年十二月十四日),中国史学会主编《洋务运动》(3),第441~442页。

营"则是中国现代化骑兵部队的先驱。①

从清政府的角度来看,洋枪队是一个对立的项目,既不同于在绿营崩溃后中国南方新兴的私家军勇营,也不同于外国军官领导的雇佣军,如华尔和戈登领导的常胜军。据此,第一是清政府的常规军队,即八旗军和各省的绿营可以得到复兴;第二是在目睹了常胜军任意妄为的恶劣作风之后,他们也想一劳永逸地杜绝由外国人直接指挥军队的事情再次发生。②

对于一直持续到清王朝末年的招聘外国教官举措具有决定性意义的纲领文献,是总理衙门在1862年11月提出的在全国范围内组建和培训"洋枪队"的申请,因此,有必要在这里比较详尽地援引这一申请。③

……窃查英国春间,有在天津教练兵丁之禀,夏间又

---

① BArch Berlin R 9208/357, 46 – 49 Arendt, Tianjin, an Rehfues, Nr. 3, 12. 2. 1868; Lee, Die chinesische Politik zum Einspruch von Shimonoseki und gegen die Erwerbung der Kiautschou-Bucht, S. 32 – 33;廖和永:《晚清自强运动军备问题之研究》,文史哲出版社,1987,第120页。

② 关于常胜军现今已有大量著述问世,理查德·史密斯不赞成把按照天津模式建立洋枪队的做法看作一个与常胜军相对立的行为的观点。按照他的理解,洋枪队是从常胜军赖以兴起的凤凰山培训计划中形成的(实际情况恰恰相反),参见 Smith, *Mercenaries and Mandarins*; Richard J. Smith, "Li Hung-chang's Use of Foreign Military Talent: The Formative Period, 1862 – 1878," in Samuel Chu & Kwang-Ching Liu, eds., *Li Hung-chang and China's Early Modernization*. New York: Sharpe, 1994, pp. 119 – 142. 也参见刘凤翰《清季自强运动与军事初期改革(1861~1895)》,中研院近代史研究所编《清季自强运动研讨会论文集》上册, 1988; Lee, Die chinesische Politik zum Einspruch von Shimonoseki und gegen die Erwerbung der Kiautschou-Bucht, S. 32 – 33.

③ 《总理各国事务奕䜣等奏》(同治元年九月二十六日),中国史学会主编《洋务运动》(3),第456~457页。

有沪闽教练兵丁之请,上月法国复以华国阵亡有请派该国副将勒伯勒束带兵防守宁波之照会,业经臣等历次奏明,并叠致江苏巡抚李鸿章、通商大臣薛焕信函,嘱以所练之兵操演归中国官弁统带,进剿亦必听中国号令指挥,方不致滋流弊等因各在案。兹接李鸿章来函,大意以洋人练兵过费,且征调掣肘,恐将来尾大不掉等因。查该抚函内所称上海练兵各情,外国骄蹇性成,不遵约束,久在意计之中。臣等前致李鸿章函内,谆谆以必由中国调遣为嘱者,盖即有见于此。

……今查洋人教练我兵,弊不在于演习之时,弊实在于临敌指挥即为此军之将。倘易我国之人为将,又以素未谙习其法,难以得手,必致兵将相习,自不得不暂用其人。洋人之骄蹇日形,实为势所必至。

今既审明致弊之由,即可从此得去弊之法,则中国教演洋枪队伍,练兵必先练将,实为此中紧要关键。诚能练将,则将与兵联为一气,将来即用中国之将统带中国之兵,洋人暂为教演,只膺教习之任,并不分将帅之权,自不致日久生弊。臣等前与英国威妥玛谈及练将最关紧要,统带不可久假外人,彼亦深以为然,足征此说毫无疑义。

……此即仿照洋人在津统教、分教名目而变通用之。况以中国之官管束中国之兵,乃系自尽其职,谅洋人亦不致饶舌。或先与外国等申明此议,然后照行,亦无不可。现在凡有军务省分,督抚均经久历戎行,其所统带各营将弁,谅不乏人,相应请旨饬下沿海练兵各大臣,即于各营将弁中悉心拣选平日公正善抚士卒之人,使之管带训练,并另选一职分较大武员总司其事,务令兵将同心练习,共尽洋人所长，庶可收操纵之权而化把持之见。如此则兵心一、国势振，于以自强。

从那时起，有关按照天津的样板进行训练军队的报道便从各个沿海省份，甚至也从内地省份（四川、贵州、湖北）纷至沓来，所有训练项目都有英国人和法国人的参与。就连常胜军也在1864年击败太平天国之后，转变成了一支按照天津样板组织的有中国军官和英国培训者参与的"洋枪队"；自1863年其第一任指挥华尔战死和第二任指挥白齐文叛逃以来，常胜军一直由积极活跃的英国军官戈登统领。①

由北京筹划的改革的第二个目标，即振兴和改造常规军绿营和八旗军却未能得以实现。从天津绿营中新创建的拥有高额预算和独特组织的"练军"——与中国南方勇营相对应的中国北方军队——显示出一种可悲的衰相。德国领事馆翻译阿恩德（Karl Arendt）发现，在1868年，"天津的一大群军人"仍以长矛、鸟铳和钝剑为武器，而拥有外国武器的洋枪队成员仅有200人。② 朝廷解散中国南方勇营的尝试最终失败了。相反，勇营中曾国藩的湘军，尤其是李鸿章的淮军成为最有可能实现现代化的军队，并且自1870年代起形成了一种模式，就连练军最终也据此得到了改造。

德国教官主要在李鸿章的淮军部队和经过改革的练军中开展活动。中国近代的勇营代表了一个在很大程度上是从本土文化中汲取营养的军事改革工程。打造改良军队的精神领袖是曾

---

① 廖和永：《晚清自强运动军备问题之研究》，第125~126页。
② BArch Berlin R 9208/357, 46-49 Arendt, Tianjin, an Rehfues, Nr. 3, 12.2.1868.

国藩,他成功地在新系统中避免了常规部队的一些缺陷。借助于明代军事理论家戚继光曾经实施过的谋划,曾国藩建立了一套严紧坚实的组织结构,其基础单位是由大约500名步兵(280名骑兵)组成的营,分为5个哨,每哨有6~8个队。随营行动的长夫可以使士兵专注于作战任务,也可以在每个驻扎地建造起安全可靠的营盘。根据这个组织计划,可以随时随地从民众中招募兵员,也可以随时随地解雇军人。而在传统的八旗和绿营军队那里,招募和解雇士兵经常受到继承权、驻防地或军区等因素的限制。指挥系统被设计得更加富有效率,指挥官有权自行招聘军官、发放薪金,也有权自行解聘军官。统帅直接管辖多个营,在其名下组织一支独立作战的部队(中文同样写作"军"),任命其亲信担任各营营长。①

李鸿章仿效其恩师曾国藩创办的湘军建立了淮军。从1862年起,淮军驻扎上海,承担着保护这个港口城市和收复被太平军占领的富饶多产的江苏省的任务。然而与曾国藩不同,李鸿章通过与常胜军的合作,较早地认识到了现代武器的用处。湘军的武器装备仍属传统型,并且只拥有步兵、骑兵和少量水上巡逻船队。火枪的使用仅限于步兵连内的特别行动队,类似于16、17世纪欧洲的火枪手(Musketieren)和某些特殊士兵。两队中有一队只配备长矛和刀剑。② 火枪包括抬枪(把它架在前一个人的肩上以便瞄准射击)、鸟枪、可转运的

---

① 王尔敏:《淮军志》,中华书局,1987,第73~75页;Folsom, *Friends, Guests, and Colleagues*, pp.63–64; Powell, *The Rise of Chinese Military Power*, pp.23–24; Stanley Spector, *Li Hung-chang and the Huai Army: A Study in Nineteeth-Century Chinese Regionalism.* Seattle: University of Washington Press, 1964, pp.11, 15–16.

② 廖和永:《晚清自强运动军备问题之研究》,第128~141页。

抬炮和装有实心弹水平射击的劈山炮（重型青铜炮）。① 所有火枪都利用火药和火线发射，一旦遇到下雨，就无法使用了。只有抬枪可以接近西方前膛步枪的射程和命中率，却必须由至少两人操作，并且需要较长时间续装火药。② 在 1862 年秋天接到北京下达的组建"洋枪队"的命令之后，李鸿章便开始逐步用进口的雷管枪（Pekussionsgewehren）来装备其按照西方步兵样式建立起来的淮军各营。是年末，还出现了模仿常胜军而建立的首批独立炮兵营。到 1864 年，炮兵营的数目增加到 10 个，大都配备有购自法国的野战火炮。充当教官者也大都是原常胜军成员。骑兵部队则是在 1865 年为了征讨中国北方的捻军建立起来的。淮军原本并无骑兵，因为在长江下游水泽众多的江南，骑兵根本无用武之地，况且马匹在这里也是稀少之物。③

经过李鸿章如此这般的改革，淮军成为当时全中国最好的军队。虽然后来有一部分淮军被解散，另一些淮军承担着行省军队的职能，但在镇压中国北方捻军和随后征讨甘肃的行动

---

① 按照李约瑟（Joseph Needham）的说法，当时中国的火枪技术通过与欧洲和奥斯曼帝国的多方面联系得到了一定程度的发展，大体与 17 世纪早期欧洲所达到的水准相当，但在 18 世纪欧洲广泛流行的投石机在中国未见使用。Joseph Needham, *Science and Civilization in China*, *Vol. 5*, *Part 7*: *Military Technology*: *The Gunpowder Epic*. Cambridge: Cambridge University Press, 1986, pp. 366 – 466.

② 《广东将军长善等奏》（光绪六年六月二十三日），《江宁将军希元等奏》（光绪七年二月二十七日），中国史学会主编《洋务运动》（3），第 518 ~ 520、522 页。

③ 刘凤翰：《清季自强运动与军事初期改革（1861 ~ 1895）》，中研院近代史研究所编《清季自强运动研讨会论文集》上册，第 358 页；Spector, *Li Hung-chang and the Huai Army*, pp. 122 – 124；王尔敏：《淮军志》，第 193 ~ 199 页。

中，淮军仍然取得了显著战果。当曾国藩在1868年9月成为直隶总督时，他带走了淮军的一支部队，即以刘铭传为总指挥的铭军。而在1870年因为天津教案，外国列强再次兵临城下，直逼中国门户时，李鸿章连同他的剩余淮军部队也被召往天津。曾国藩曾想按照勇营的模式改革天津的练军，包括利用进口的步枪更新火枪队的装备，但未取得显著成效。随着淮军成为北京的保安部队，解散勇营之举原则上就被叫停了。淮军拥有自己的小金库，它掌握着长江港口城市江阴和汉口的关税收入，并长期把持这一经费来源，直至它在甲午战争中被彻底打垮。李鸿章后来被任命为直隶总督，他也由此控制了该省的所有军队。他想方设法将那些效忠于他的淮军指挥官安插到直隶军队的关键岗位上。因为淮军拥有丰富的战争经历，装备优良并且训练有素，所以它也承担了训练练军和八旗军的任务；练军被进一步按照淮军勇营规制进行了结构性改造。原本为了避免外国人主导而设立、由淮军践行的教习制度被推广到了全军。这就是说，在接受了由外国教官实施的培训之后，淮军自身的部分成员又被派到天津练军、北京八旗军，甚或东北、安徽等地充当教习。这就为八旗军、部分行省的军队和安徽军人的聚结奠定了基础，而这一聚结后来又为袁世凯的权力地位提供了重要支持。①

---

① 王尔敏：《淮军志》，第193~206页；廖和永：《晚清自强运动军备问题之研究》，第130~134、138~147页；Spector, *Li Hung-chang and the Huai Army*, pp. 129 – 130, 136 – 139；Folsom, *Friends, Guests, and Colleagues*, pp. 91 – 92；《练军酌添洋枪教习片》（同治十一年十二月十九日），吴汝纶编《李文忠公（鸿章）全集》（1），第720页；《津郡改照练军营制折》（同治十二年四月二十三日），吴汝纶编《李文忠公（鸿章）全集》（2），第21~22页。

二 充满自信的指挥官——周盛传

抵达天津后，李宝少校首先和那珀少尉一起，带着翻译博朗对天津周围的炮台和兵营进行了一次巡游视察；① 其他的步兵和炮兵军官则被派往天津周围各支军队驻扎地担任教官。这些军队驻扎地坐落在从天津一直延展到渤海湾平坦少树的黄土平原上。在这片风景十分单调、以灰黄色为基本色调的地带，沙尘暴和洪水泛滥周期性发生，而中国的守卫者沿着环绕天津的半月形弧线建造了多个附设防御机构的营盘组群，正如自太平天国运动爆发以来人们惯常做的那样。在与大运河相连接并且由此可通往北京的水路转运地通州的海河（在当时的西方文献中被称作"北河"）河口、在蓟运河等中国北方其他重要的交通枢纽、在大沽和北塘已经建造了部分现代化的海岸炮台。

德国军士贝阿承担了在山海关宁海炮台讲授炮兵学的任务。该炮台始建于1882年，由一支隶属于正定军、由叶志超统率的练军驻扎守卫。② 原铁道兵团少尉巴恩士被派往大沽，帮助修筑那里的防御工事，并且训练工兵和交通兵（运输部队）；军士削尔、坤士和艾德则在那里利用部分已经老旧的火

---

① BArch Berlin R 9208/493, 26 Pelldram, Tianjin, an Reichskanzler, Nr. 80, 29. 11. 1884.
② 马昌华主编《淮系人物列传：李鸿章家族成员·武职》，黄山书社，1995，第222页；《遣撤鄂军片》（光绪八年八月二十九日），吴汝纶编《李文忠公（鸿章）全集》(2)，第641页；《山海关截留余税片》（光绪九年六月十四日），吴汝纶编《李文忠公（鸿章）全集》(2)，第687页。

炮训练炮兵。① 大沽、北塘、山海关等地的炮台具有重要的战略意义，因为它们构成了抵御从海上来犯之敌的前沿防护带。在这三个地方，除了现代化的炮台，还都在周边海域布设了水雷。大沽是天津港的入口，其防御设施最为重要，尤其是英法联军就曾在 1860 年从这里出发向北京进军。大沽拥有一支规模最大的水雷部队、一所由英国教官满宜士（Mannix）领导的水雷学校以及一个附带由德璀琳和马建忠建造的小型船坞的中国北方炮艇管理机关。这些炮台由一系列土石方工程构成，其最近的施工是在 1880 ~ 1881 年由汉纳根主持进行的。②

野战炮兵中尉李曼被分配到李鸿章亲兵营的炮兵部队，该部队由曾在 1876 ~ 1880 年留学德国的王得胜记名总兵（相当于少校）领导，驻扎在一个位于天津近郊、按照中国方式用土墙围起来的设防营地。③ 屯士基、康葛克和高恩士负责训练周盛传（1833 年至 1885 年 7 月 25 日）统率的盛字营（按照其创建者和指挥官姓名中的"盛"字命名）的步兵和炮兵。步兵军官密次藩和爱弗谖被分配到一支由淮军和练军部队合并而成的混合军队，黄金志是这支军队的统帅，驻扎在天津北部。这一步兵部队在 1885 年初由 14 个哨组成，有 1400 ~

---

① BArch Berlin R 901/33638, 47 - 48 Aschenborn, Kommando „ Nautilus ", an Paschen, Ostasiatisches Geschwader, 6. 1. 1885; BArch Berlin R 9208/493, 116 - 118 von Ketteler, Tianjin, an von Brandt 8. 10. 1887.
② 《筹议海防折》（同治十三年十一月初二日），吴汝纶编《李文忠公（鸿章）全集》（2），第 94 ~ 95 页；《海防经费报销折》（光绪十三年十一月二十六日），吴汝纶编《李文忠公（鸿章）全集》（3），第 217 ~ 233 页。
③ BArch Berlin R 901/33638, 47 - 48 Aschenborn, Kommando „ Nautilus ", an Paschen, Ostasiatisches Geschwader, 6. 1. 1885; BArch Berlin R 9208/449, 134 - 145 von Ketteler: Bericht über die Artillerie Mai 1885.

1500人。①

来自德国的教官所面对的是具有长期战争经验和充满自信的中国军队指挥官,他们的军队也经历了从引进前装弹药的雷管步枪到使用后膛步枪和火炮的转变。他们先是知晓了英国的操练规则,自1880年代初以来又获悉了德国的操练规则。那些统辖某支由数个营兵力组成的独立支队的指挥官,还对其所辖部队的组织管理、训练形式和装备,以及教官的工作和任务拥有相当广泛的决定权。教官在军队中的地位是有明确规定的。

对此,在1884年承担了守卫天津重任、由周盛传统辖的盛字营提供了一个典型事例。屯士基、康葛克和高恩士在该部队中担任教官。在1870年由李鸿章带到中国北方的淮军各部中,盛字营是最大的。1875年,这支部队的指挥官周盛传让人将天津南部邻近小站和马厂的一大片荒地开垦了出来,并且安排其士兵驻扎在那里;马厂专为骑兵所用。与此同时,周盛传的军队在这个地区建造了一系列基础设施。他们铺筑街道、开挖水渠、架设桥梁,并在大沽以西的新城建造了一个大型炮台。这支军队还在当地搞了一些慈善活动,为周边地区的民众开设了赈厂和义学。② 设防的营盘更多的是16世纪的创举而

---

① 《直隶总督李鸿章奏折附片》(光绪六年七月十九日),中国史学会主编《洋务运动》(3),第515~516页;马昌华主编《淮系人物列传:李鸿章家族成员·武职》,第377页;BArch Berlin R 901/33638, 47-48 Aschenborn, Kommando „Nautilus", an Paschen, Ostasiatisches Geschwader, 6.1.1885.

② 《年谱》,周家驹编《周武壮公(盛传)遗书》(1),文海出版社,1969,第89~94、116~117页;《津郡新城竣工折》(光绪元年十二月十八日),吴汝纶编《李文忠公(鸿章)全集》(2),第155~157页。关于这些社会活动的详细论述请见本书第八章。

非19世纪的新生事物，尽管它们在后一个时代达到了迟来的兴盛。其外观是一个由高耸而立但并不十分厚重的泥砖墙圈围成的四角形。内部建有大都附带简易房门的士兵居住用营房。相对于19世纪武器装备简陋的中国起义分子，这些营盘还是颇具优势的。但对于现代炮兵而言，它们只是一些令其守卫者殉身丧命的火炮射击靶子。尽管如此，它们还是得以保留下来，而最重要的原因在于，大门可在夜间关闭，士兵由此可受到较好的监控。作为现代化的举措，人们在防卫墙的城垛背后架起了几座现代火炮。① 为了加固营盘，周盛传还在1884年11月提出申请，要求增设两道由外向里倾斜的前置防护墙。②

除了大规模的建筑工程，士兵们还通过自行开展的农业生产来解决自身的食品供应问题。1885年5月，时任德国公使馆参赞的克林德（Clemens August Baron von Ketteler）对这支部队进行过参观访问。他看到兵营和街道都相当宏伟大气。他还在那里看到有一个营队的士兵肩扛锄头和铁锹行进，其后跟着满载行李和帐篷的车队。他们要用一个半月至两个月的时间在偏远开阔的产稻区耕种农田。有一位原德国军官也为下列事情深感诧异，为了耕种农田，中国军队在与法国签订和约之前就停止了军事训练。③

---

① 王尔敏：《淮军志》，第82~84页。关于设防营盘，也见 BArch Berlin R 9208/101，12 - 19 Kieckhäfer: Bericht über die Küstenbefestigung Shanhaiguan und die dort neuerdings ausgeführten Befestigungsarbeiten 10.2.1895。
② 《续陈法事八条》，周家驹编《周武壮公（盛传）遗书》（1），第258~259页。
③ BArch Berlin R 9208/449，122 - 130 Baron von Ketteler: Bericte über die Infanterie Anhang zu: ebd., 116 von Brandt an Reichskanzler, A.120, 27.5.1885。

1880年时，盛军共有11个营的步兵（按照建制每个营大约500人）、5个营的骑兵（每个营大约250人），加上一些附属人员，总共大约8000人。1884年8月，由于担心法国人进攻中国北方，又新招募了10个营，其中包括一个炮兵营。1885年7月，新招募的军队包括炮兵营又被遣散了。1885年初，在德国教官到来时，共有13000官兵驻扎于小站、马厂和新城，其中包括3个营的炮兵和5个营的骑兵。①

周盛传是一位参加过镇压太平天国的老指挥官，拥有比大多数德国教官更多的作战经验；而在德国教官当中，只有李宝和式百龄真正上过战场。②他最初是跟随其兄长、盛字营创建者周盛波参加镇压太平天国的，部分地拥有自己所辖的营队。在镇压太平天国、捻军等历次战斗中，盛军是取得战果最丰硕的军队之一。1869年，周盛传从其兄长手中接管了全体盛军的统帅权。自1875年起，周盛传又担任了天津镇总兵之职。③他是一位军事实用主义者，虽未取得任何中国科举功名，却饱读了他能搜求到的大量关于外国和现代科学的书籍。他把中国的知识与西方的知识融会在一起，使之成为军事上的有用之物。早在1870年代晚期，周盛传就积极拥护津浦铁路的建造，这是在该铁路实际建造20年前。④ 1884年，在与法国作战期

---

① 《直隶总督李鸿章奏折附片》（光绪六年七月十九日），中国史学会主编《洋务运动》（3），第515~516页；马昌华主编《淮系人物列传：李鸿章家族成员·武职》，第278页。
② 李宝在普法战争中参加过两次围攻、16次战役，式百龄则在美国内战中参加过战斗。BArch Berlin R 9208/493, 68 Lebenslauf Paulis, zu Sebelin siehe unten.
③ 光绪《重修天津府志》，第1143页。
④ 《请开清江铁路禀》，周家驹编《周武壮公（盛传）遗书》（1），第149~151页。

间,他又向李鸿章进言,要求维护国际法。

> 查万国公法。两军相战,凡力不敌者,即举白旗,此军即不能杀戮。本国激于义愤,恨夷人入骨,若遇敌人举挂白旗,未有不尽情痛杀者。拟请饬知各营并照会法军,一切均照公法办理,即彼国商人不在行阵亦应一体保护,不准伤残,庶昭我朝宽大之恩,使异类得以归心而自沮,似亦柔服远人之大端也。①

在军队中,周盛传是现代军事技术的积极拥护者,尤其支持使用后膛枪、后膛火炮(田鸡炮)、电线、气球。② 早在1880年代初,周盛传就为他统辖的部队引进了德国操练章程。此后不久,他又请求借调当时在李鸿章亲兵营效力的中国教习查连标到其部队工作。查连标是李鸿章首次派往德国留学的7位军事学生之一。他曾经与李鸿章亲兵营指挥官王得胜一起,在斯潘道尔警卫军团第1部(Spandauer Garderegiment Nr. 1)学习。在军队中,查连标领有高达每月80两白银的同级别最高薪金,附加40两白银的津贴。他每个月要指导200名步兵的操练,而这些士兵在结束4周的课程之后,将被重新送回他们原先所属的营队。③

周盛传不是毫无理由地认为,没有必要在其军队中改变在

---

① 《续筹战守十条》,周家驹编《周武壮公(盛传)遗书》(1),第241~242页。
② 《洋将操练情形禀》,周家驹编《周武壮公(盛传)遗书》(1),第545~549页。
③ 《请拨德教习片》《请给查教习津贴》《洋操情形禀》,周家驹编《周武壮公(盛传)遗书》(1),第490~491、369~370、549~553页。

他看来非常成功的查连标的训练方法。此外，在短暂的港口有可能冰封的冬季，还要完成10个新建营队的军训，以便有效地抵御法国人有可能在春天发动的攻击。而当博朗基于其首次的考察提出了为期一年的训练军士，可能的话也包括训练军官的计划时，周盛传并未立即接受，而是向李鸿章汇报：

  如欲为目前救急之图，则拟请中堂察酌谕知博郎及所雇德弁，照该国成法稍事变通，多挑弁勇，克期教操，不必限以人数，亦不必多教将领。即如卑军查弁［查连标］教法，已甚得力，庶便操练而免稽迟。①

当德国步兵军官康葛克和屯士基来到小站时，按照现成模式为他们指派了一个教导连，其成员来自各个营，每个营选拔出12人。为了挫败德国人的傲气，周盛传向他们提出了一些难度很大的战略、战术问题，例如当某个人带领自己的部队与敌人相距只有几百步之遥，而且天已黑了，马上撤退又是不可能的，他应该怎么办？

  据该洋员［康葛克］云，可将枪杆端平施放，无论中其胸腹，皆可伤之。因问如此则彼此皆伤，应如何能使我军伤少？该洋员殊觉默然。于是告以伏地打枪之法。该洋员初不谓然，因即当场演试。命一勇伏地昂首发枪，约计首高于地不过七寸。我勇既伏，较敌之平立受枪处短至四尺有余。敌若对面施枪，线路稍高则枪子必越过伏勇之

---

① 《洋操情形禀》，周家驹编《周武壮公（盛传）遗书》(1)，第553页。

背，过低则打在地上，阻住不灵。必须按下枪身，对准我勇昂首六七寸之地，乃可伤其身背，似未必能巧中。若斯至我军施枪，则惟对准敌人火线下一尺内外狙击，无论中其胸腿，皆足制之。如此计算，则我军受伤必少敌人数倍。①

康葛克十分知趣地没有试图引入下列话题，即人们可以通过及时动用炮兵来阻止这样的遭遇，并就此辩论下去。就是下列问题，即如果敌人同样卧倒射击，情况又会怎样，也没有得以继续讨论。周盛传也不想这样做。他深知现代炮兵的威力，对于战壕和临时性的掩体也毫不陌生。② 他更多地关心他的讨论所产生的心理效果，也就是说，要压服德国教官听从他的指挥，并将他们的改革热情疏导到他的实际需要上来。无论怎样，这位指挥官对于战术辩论的结果很满意，他在写给李鸿章的报告中补充了这样一个论断。

盛传负性朴愚，并非好辩，实缘德胜法人之后，雄视五洲，此辈应募来华，不免傲然自恃，不得不稍事辩折，借以平其心志而洽其情，仍当虚衷讲求，断不致稍涉大意。③

教官们的确十分傲慢，他们的建议也并非都是有益的。李宝少校就在其写给李鸿章的报告中以不加任何掩饰的直率语气陈述他所看到的军队情况。此外，他还经常过分认真地

---

① 《洋将操练情形禀》，周家驹编《周武壮公（盛传）遗书》(1)，第 546~548 页。
② 对于战壕的利用问题，可见《续陈法事八条》，周家驹编《周武壮公（盛传）遗书》(1)，第 258~259 页。
③ 《洋将操练情形禀》，周家驹编《周武壮公（盛传）遗书》(1)，第 548 页。

谈论一些细节问题。例如，他解释说，现在使用的涂抹火炮的润滑膏是不对的，在中国制造的皮质抹布太硬了。① 他还在另一个地方抱怨说，连队首领肩扛步枪，而不是像在普鲁士那样佩挂马刀和左轮手枪，或者士兵脚上穿的是毡靴而不是附带马刺的长筒皮靴。② 对于这些评论，周盛传一一做出了回答。润滑膏是根据克虏伯加农炮操作指南《德国炮说》③从德国引进的。中国的皮革虽然不像德国皮革那样柔软，但也完全合用。连队首领必须同其战士一起练习射击，否则的话，他就没有资格要求后者取得相应的成绩。德国王储竟然能够只手持步枪射击，这就足以表明连队首领练习射击一事的必要性。后来的威廉二世在出生时有一只手受到损伤，落下残疾，对于此事，中国人显然也是知晓的。周盛传还说，中国人现在还不太会制作皮靴，但在中国有其他习惯，并且制作一双皮靴需要花费比在兵营制作毡靴多出 20 倍的价钱。④ 这种观点充分反映了中国难以适应西方军事体系的人为因素。直到王朝结束之际，皮鞋仍属于西方军装当中最少被接受的那个部分。还在 1910 年时，就有一位观察家写道，中国人不喜欢穿皮靴和皮鞋，他们宁愿将它们换成中国的布鞋。⑤

---

① 《洋将操练情形禀》，周家驹编《周武壮公（盛传）遗书》（1），第 540～545 页。
② 《议复总教习德参将李保条陈》，周家驹编《周武壮公（盛传）遗书》（1），第 553～568 页。
③ 在刘申宁编的《中国兵书总目》中，并没有一部冠以这个书名的图书。周盛传在这里讲的大概是由李凤苞和金楷理合作翻译的《克虏伯炮说》或《克虏伯炮操法》。刘申宁：《中国兵书总目》，第 288～289 页。
④ 《议复总教习德参将李保条陈》，周家驹编《周武壮公（盛传）遗书》（1），第 553～568 页。
⑤ PAAA R 17905 Konsulat Nanjing an Bethmann-Hollweg Nr. 14. 2. 2. 1910.

从其他案例中也可以看到，外国教官是在不了解中国现实的情况下发表评论的。例如密次藩建议说，所有的指令都应当用德语下达。他说这话，充分表明他至少晚了6年才来中国。自从外国人出任教官以来，中国军队就开始学习使用英语或德语的指令了。奥地利人古斯塔夫·克雷特纳（Gustav Kreitner）早在1878年就发现，吴淞炮台驻军中的炮兵战士接受的全都是德语指令。这些战士大概是由路德维希·布雷特施奈德培养出来的，后者自1870年代初起就在上海江南机器制造局附设炮兵学堂担任领导。① 总理衙门最终在1878年明令规定，所有新建洋枪队都不得用华语发布指令。只有神机营一直在努力翻译现代指令，却是将它们译为满语。总理衙门因此"饬令南北洋大臣选派精通洋语之人，将教练口号全用中国语言文字，译成一书"。② 这个命令也在全国范围内得以推行，因为1875~1880年在山东训练抚标（巡抚的亲兵）的瑞乃尔，在同年（1878）10月写道："4个月前，根据来自北京的一个命令，指令被翻译成中文了，此期间，军官在指挥士兵操练时开始用中国语言下达指令了。这一工作在不到14天的时间里就完成了，而我在前几年还认为是完全不可能的。"③ 该项决定对于全体中国陆军都是决定性。也就是说，自1878年起，中国陆军的指令语言都改用中国语言了；只是在海军方面，英语指令

---

① Gustav Kreitner, Im fernen Osten: Reisen des Grafen Bela Széchenyi in Indien, Japan, China, Tibet und Birma in den Jahren 1877 – 1880. Wien: Hölder, 1881, S. 190 – 191.
② 《总理衙门奕䜣等奏折附片》（光绪四年二月十四日），中国史学会主编《洋务运动》（3），第510页。
③ HA Krupp FAH 2 B 363d, 363 – 372 Schnell an Peil: Bericht über Schieddübung vor dem Futai, Zhifu, 17. Oktober 1878.

仍占主导地位。周盛传也对于先前使用英语指令指挥其军队操练的情形有很不愉快的记忆,例如"发威马齐"(快走)或"苏咙来得保非司"(枪左右扛各转三匝两不相触)。这些指令的发音来源于英语的"Forward March!"和"Squadron, right about face!",而其意思对于大半目不识丁的中国士兵来说,也需要费尽心思来把握。周盛传因此发现,如果外国教官能够学习掌握中国话,用中国话下达指令,事情就简单多了。毕竟这些外国人都受过教育,对于他们来说,学一门外语远比那些普通中国士兵容易得多。也为了这一目的,每位被派遣到部队中的德国教官都被配备了一位中文教师。①

尽管这些外国人在中国军队中发现了许多问题并提出了不少批评意见,周盛传却对于中国军队通过改革所达到的现状表现出了某种程度的满意。他并不十分清楚现代军事机器所要求的完美状态究竟是怎样的。周盛传的回答经常是这样的,即外国人所建议的,中国人自己早已知道,外国人只是不完全了解这种情况而已。军队中人要护理好他的枪械,这是不言而喻的。步兵操练形式零散、不统一,这也不是什么新鲜事。在战斗中,连队首领具有决定性意义,部队不容许蛮打蛮冲,这些规则早就在古老的军事经典中写得清清楚楚了,骑马侦查、获取情报也是如此。迅速集结部队投入战斗更是人们长期以来反复进行演练的一个项目。因为德国教官是从与他们熟悉的德国体系进行比较的过程中获得观感的,而密次藩和李宝也是在相互独立的情况下提出了部分相同的批评意见。所以与欧洲相比,在中国军

---

① 《议复德国兵机院总办密次藩条陈》,周家驹编《周武壮公(盛传)遗书》(1),第568~569页。

队的军事训练当中或许真的存在一些缺陷。但是周盛传完全无视这些缺陷的存在，根本不想考虑改善它们。①

三 蒙古马与效仿西方模式的困难

然而，德国教官看到的一些缺陷归根结底是与中国的基础设施密切相关的。无论如何，只有通过彻底的改革才能改变。但这一切远远超出了某个军队指挥官的影响范围，更不用说某个外国教官了。骑兵部队和炮兵部队中马的问题就是一个典型案例。周盛传自认为是骑兵专家，因为他曾经在镇压捻军和1870年征战陕西期间在盛军中创建了骑兵，并且将它投入了战斗。② 在他看来，西方的骑兵操练没有多大意义。他让骑兵在中午和晚上按照西方模式进行训练，早上则采用中式操练。事实上，中式操练更多地由这样一种骑术组成，例如一名骑手向另一名骑手抛掷沙袋，以增强臂力（类似起源于蒙古的"布兹卡什游戏"，该游戏现今仍是塔吉克斯坦和阿富汗的民族体育运动）。骑术与骑兵训练之间并无明确界限。为了避免马匹受风，骑兵在冬天很少骑马奔驰，而在夏天也只是利用清晨的时间（收更之时至辰时）进行训练。这样一来，按照西方模式进行骑兵操练的时间就所剩无几了。③ 为了阅兵而进行的中国风格的骑兵表演由在一个半小时内完成8个造型的一连

---

① 《议复总教习德参将李保条陈》《议复德国兵机院总办密次藩条陈》，周家驹编《周武壮公（盛传）遗书》（1），第553~568、568~580页。
② 马昌华主编《淮系人物列传：李鸿章家族成员·武职》，第275~276、284~285页。
③ 《拟用华洋合操法禀》《议复总教习德参将李保条陈》，周家驹编《周武壮公（盛传）遗书》（1），第487~488、565~566页。

串动作构成,其间伴有不间断的"在喊叫之下的空枪单发射击。此时,如果马枪装满子弹,在一个动作的瞬间就可歼灭一整团的敌人"。①

比骑兵操练形式更重要的是马匹的饲养。李宝和密次藩都在其报告中对中国骑兵部队的马匹饲养和护理状况提出了批评。周盛传竭力使自己远离这一批评,并且写道:"原议养马与修理马要多加用心。查军中战马最关紧要。兵法云:冬则温厩,夏就凉处。古人言之已详。现在马步炮队各营养马之处均洁净,喂养尤极尽心。"② 但从他的其他指示和报告中,人们可以看到另一种完全不同的情形。例如他在一个条例中责令其属下要更好地护理马匹和骡子,因为有许多"疲瘦不堪"。③

欧洲有一种马文化,其中从轻便的坐骑到重量、体积和力量特别大的炮兵用马,马匹按照特定的目的受到系统的繁殖。相关饲养学、护理学和兽医学都获得了高度发展。中国至少在清代没有系统的养马业,不存在种马场。所有供八旗军和各省绿营使用的马匹都来自位于长城以外张家口附近半干旱高地草原的皇家牧场。其饲养者是那些与蒙古部族不同、直接隶属于清政府的蒙古游牧民。④ 这些在经济上高度依赖马匹贸易的蒙

---

① BArch Berlin R 9208/449, 131-133 Bericht über die Kavallerie (Anlage zu: ebd., 116 von Brandt an Reichskanzler, A. 120, 27.5.1885; ebd., 232-242 von Ketteler: Bericht über Truppeninspektion durch Prinz Chun in Tianjin (Anlage zu: ebd., 130-131 von Brandt an Reichskanzler, A. 117, 2.6.1886).
② 《议复总教习德参将李保条陈》,周家驹编《周武壮公(盛传)遗书》(1),第564~565页。
③ 《惜马骡论》,周家驹编《周武壮公(盛传)遗书》(2),第895页。
④ 乾隆官修《清朝通典》,浙江古籍出版社,2000,第2605页; Mayers, *The Chinese Government*, p. 93.

古人一方面受到占统治地位的清政府特别优厚的保护,另一方面又只出口骟马,以便制约内地自主养马业的发展。未钉马蹄铁、半野生的蒙古马就这样来到了气候和地表条件与蒙古草原完全不同的华北平原,它们的蹄子深受其害。尤其是在雨季,马匹经常大量死亡,而兽医学的落后使得事态更加严重。① 作为军事政策的一个重要部分,马政主要关心如何重新购买马匹事宜。对于盛军来说,1880年代初的更换率为每年每百匹新增13匹,从长城外的牧场订购。但是周盛传申请提高更换率,并且是每年重新购买一次而不是按照惯例每三年购买一次,这就是说每年的损耗率至少为15%。而兵部预定的每匹马9两白银的价格也是偏低的,因为要买到一匹好马,就是在蒙古至少也得花12两白银。周盛传时不时地试图从北京北部地区购买马匹,但是这些马一旦待在内地的时间长了,其品质就会变差,远不如真正的蒙古马。②

马匹的问题不仅存在于骑兵部队,炮兵部队也有,其程度甚至更严重。野战炮兵是李鸿章的淮军最重要的荣誉工程之一,因此淮军对马匹有着特别配额要求。按照德国的规制,一个标准的炮兵分队拥有6门火炮,每门火炮需要6匹牵引马,还需要为火炮指挥配备一匹坐骑。此外,整个分队有6辆弹药车,需要36匹马;还有一辆牵引车、两辆储藏车和一个野战锻造车间,需要18匹马。除此之外,还要为指挥官配备一匹坐骑和一匹备用马。总之,每个炮兵分队至少需要134匹马。

---

① 旅居上海的德国商人对于这些情况比较关注,因为这也影响到赛马业的发展。"Das Pferde in China", *Der Ostasiatische Lloyd* 4.5.1889;"Das Pferde in China", *Der Ostasiatische Lloyd* 7.11.1890.
② 《变通买马禀》,周家驹编《周武壮公(盛传)遗书》(1),第477~479页。

对于这些马，人们还必须加以特别训练，使之既驯服又灵活，习惯于火炮的轰鸣声。

就是饲养、护理马匹的做法也不利于改善马匹的状态。每匹马的饲料和养护都规定了一次性拨款的总经费，但这笔经费经常被指挥官和责任人挪用。此外，没有专门护理马匹的团队，而是为每3匹马雇一名马夫。① 德国公使馆参赞克林德曾在李鸿章亲兵营的炮兵部队中对这一由李鸿章本人最先申请创建的体制有切实的了解，也对于这种体制的弊端做过详细的报道。

> 对于马匹及其养护，骑兵不再有任何兴趣了。此外，在骑兵、马夫之间，以及在他们面对上司时，出现了一种没有人管的状态。他们相互推诿，都不想承担任何责任。但要改变这一体系又是很难的，因为兵营指挥官获得了一笔养护马匹的总款项，他可以任意花费此钱，无须详细的报账清单。从这一体系中，指挥官可捞取一大笔钱来增加其收入，因此不愿意将护理昂贵的马匹工作转让给他无法驾驭的专业团队。②

为炮兵部队供应马匹一事还因为下列情况而更加昂贵，这就是人们必须为炮兵部队提供最好的马匹。密次藩在其评论中

---

① 《创办克鹿卜炮车马乾片》（光绪三年二月二十四日），吴汝纶编《李文忠公（鸿章）全集》（2），第221页；《操演枪炮事宜论》，周家驹编《周武壮公（盛传）遗书》（2），第903页。

② BArch Berlin R 9208/449, 134 – 145 Baron von Ketteler: Bericht über die Artillerie (Anlage zu: ebd., 116 von Brandt an Reichskanzler, A. 120, 27.5.1885).

指出，拖拉大炮不需要跑得最快的马，周盛传在写给李鸿章的应答中对这一观点表示赞同。① 但由于缺乏受到特殊喂养的强健有力的牵引马，人们不得不动用较好的骑乘马来拖拉庞大而沉重的现代野战炮。例如，一门配备齐全的1875年造7.5厘米口径克虏伯野战炮连同其炮筒、炮架和两轮前车合起来重达1490千克，在没有人员乘坐的情况下，用6匹马来拖拉，每匹马承重达248千克。② 而制造于1860年代的老式四磅火炮更加沉重：在没有人员乘坐的情况下，每匹马所拉重量几乎达600磅；此种大炮在周盛传军队中仍有几门继续保有和使用。③ 此外，中国低劣差劲的路况进一步加大了重量。包尔曾在1890年代初用工程师的眼光来观察中国，他估算，因为道路状况很差，中国的驮畜只能承受其家乡符滕堡同类牲口运载物重量的1/3。④ 西方野战火炮的轮距（左右两个车轮之间的距离）大于1.5米，这也与中国的道路体系不匹配，因为中国的道路没有铺垫石子，路面都只是用黄土夯成的，被中国车辆碾轧出很深的行驶沟痕，而这些沟痕的宽度只有大约1.2米。中国的车辆是与这种路况相适用的，它们大都是两轮车、两匹马，

---

① 《议复德国兵机院总办密次藩条陈》，周家驹编《周武壮公（盛传）遗书》（1），第568~569页。

② HA Krupp S 3 WT 3/10 Preisberechnung für eine ausgerüstete 7, 5 cm Batterie. Essen：Buchdruckerei des Fried. Krupp'schen Etablissenments. Juli 1876. 这些信息我是从埃森克虏伯历史档案馆获悉的，在此，我要特别感谢沃斯博士和米特先生的友好帮助。在1860年代，每匹马拖拉600磅重物是一个合理的负载。参见 R. Roerdansz, Das gezogene vierpfuendige Feldgeschütz. Berlin：Mittler，1862，S. 42.

③ HA Krupp S 3 WT 3/5 Krupp，s 4pfuender Feld-Kanone 1870；《复陈户部议减淮军报销禀》，周家驹编《周武壮公（盛传）遗书》（1），第374页。

④ Tagebuch Georg Baur, Bd. 4，Eintrag vom 30. Dezember 1891.

一匹马拴在车辕，另一匹马在前面拉；而德式的是6匹马拉车，即每两匹马成对并走，在这里是很难行使的。此外，在多雨潮湿的夏季，庞大又沉重的炮架也经常陷入泥泞，无法自拔。①

在中国方面，人们也试图解决这些问题。例如周盛传就修筑了大量街道和公路，以便他的野战火炮至少可以在海河以南被指定给他作为其军队驻扎地的区域内移动。但更经常的是将野战火炮用于战略防御，人们将它们架设在野战工事后面，或者是放在新筑炮台之上。① 与此同时，北洋军械所也开始从德国购买轻型山地火炮（Gebirgsgeschütze）。这些火炮连同其弹药箱可以用3匹马载运，或者用一匹马拉带车辕的火炮（另有一匹或两匹马被用于运送弹药）。轮距也要较窄的。1884～1885年，从德国弗里德里希-克虏伯铸钢厂订购了大批山地火炮，其数量之多前所未有（总共205门），但大部分是供中

---

① Siehe BArch Berlin R 9208/472, 54 – 105 Lenné: Bericht über Lüshun (Port Arthur) März 1896. R. 罗尔丹斯（R. Roerdansz）在1865年报道说："在中国1860年的战争中，除了阿姆斯特朗12磅火炮外，法国的4磅火炮也被投入使用。但在实际上，它们必须经常花费许多时间越过一道道湿滑的泥沼土沟。结果，英国的12磅火炮完全被卡住了，法国的4磅火炮却能够继续保持行军状态。"这两种火炮尽管名称不同，其口径大概是一样的。每匹马的承重量也大体相同（636磅和632磅），但英国的火炮（锻铁后膛炮）是用六轮车载运的，总重量达3793磅，仅其炮架就有54英寸（143.3厘米）宽的轮距。法国人使用的4磅火炮（青铜前膛炮）由四轮车载运，总重量只有2544磅，宽度为4英尺6$\frac{2}{3}$英寸（122.1厘米）。参见 Roerdansz, Das gezogene vierpfuendige Feldgeschütz, S. 20 – 22, Zitat: 41.

① BArch Berlin R 9208/449, 201 – 211 Nachrichten über einige nach deutschem bzw. englischem Muster ausgebildete Truppen (Anlage zu ebd., 199 – 200 Pelldram an Reichskanzler 26. 2. 1886)；《小站筑堤禀》《续陈法事八条》，周家驹编《周武壮公（盛传）遗书》（1），第280～283、258～259页。

国南方军队使用的。① 在中国南方，马匹极为罕见，道路交通状况也更加糟糕。① 但是因为直到 1907 年，更确切地说 1909 年末，② 才确定了一种对于全部军队统一、适合中国需要的山地和野战火炮，实现了军火购置的标准化，在此之前，购置重型野战火炮的活动完全是无序进行的。与此同时，人们也尝试使用强健的骡子，但是骡子的价格比马还要高。包尔曾在 1890 年报告说，马的耐力明显不足，其购买价格为 100～150 马克，买一匹骡子则需要 250～500 马克。③ 通过换算可知，即使是直接来自蒙古的马，其价格大约比骡子便宜 60 马克。此外，骡子的脾性更倔强，更难以驾驭。因此，中国的指挥官认为，还是马较容易训练。④

马匹的缺乏和对马匹养护的欠当使得德国教官看到了种种背离普鲁士军队标准的状况。李曼在李鸿章亲兵营的炮兵营讲授炮兵学。他办的第一件公事就是为炮兵部队的马匹招聘了一位钉铁掌的师傅，而在过去，这些马的蹄子都没有钉过铁掌，也没有得到修剪。他还提议制造弹药车，以方便备用弹药的运输。但是，克林德所持的关于在此之前没有人知道这一举措必要性的猜测并不符合事实，因为李鸿章和周盛传都在其要求配

---

① HA Krupp S 3 WT 1/3 Verzeichnis der von der Gussstahlfabrik von 1847 bis 1912 gefertigten Kanonen;《演用过山炮禀》，周家驹编《周武壮公（盛传）遗书》（1），第 534～536 页。虽然在普鲁士军队中并没有山地炮兵，但 1900 年侵华德国军队使用了山地火炮。参见 Anton Korzen, Rudolf Kühn, Waffenlehre: Gebirgsgeschütze. Wien: Seidel, 1904, S. 55.
② PAAA R 17901 Militärbericht Nr. 46 2. 10. 1907; PAAA R 17904 Telegram Rex, Peking, an Auswärtiges Amt 14. 9. 1909.
③ Tagebuch Georg Baur, Band 1, Eintrag vom Freitag, 7. November 1890.
④《复陈户部议减淮军报销禀》，周家驹编《周武壮公（盛传）遗书》（1），第 375 页。

备马匹的申请中强调过弹药车的不可或缺。更有可能的是,它们是因为缺少马匹而遭搁置。出于同样的原因,亲兵营炮兵也只有4个野战火炮牵引分队,尽管李鸿章极力要求效仿普鲁士军队组建6个分队。① 有一些德国教官能够比较好地适应中国的国情,李曼就是这类德国教官之一。于是,根据中国公路的实际情况,他让人配备两匹牵引马一前一后拖拉弹药箱。② 因为亲兵营的指挥官王得胜在德国学习过,所以李曼建议的改革措施没有受到多大抵触。克林德早就表达过这样一些希望,即通过李曼,德国可在中国的军事改革方面发挥更大的作用。

退役少尉李曼懂得把优先地位让给其中国上司,他本人只在他们那里充当一位优秀的和有用的军官,好像是适于在重新组建中国军队方面发挥一种重要作用那样。③

李鸿章曾在1885年委托他按照普鲁士模式,首先组织并培训一到两个骑兵教导连。④ 但是该计划未能实现,因为驻天津部队的最高指挥官坚决反对建立一支西方风格的骑兵部队。

---

① BArch Berlin R 9208/449, 134 – 145 Baron von Ketteler: Bericht über die Artillerie (Anlage zu: ebd., 116 von Brandt an Reichskanzler, A. 120, 27.5.1885).
② BArch Berlin R 901/33638, 47 – 48 Aschenborn, Kommando „ Nautilus ", an Paschen, Ostasiatisches Geschwader, 6.1.1885.
③ BArch Berlin R 9208/449, 145 Baron von Ketteler: Bericht über die Artillerie (Anlage zu: ebd., 116 von Brandt an Reichskanzler, A. 120, 27.5.1885).
④ BArch Berlin R 9208/449, 131 – 133 Baron von Ketteler: Bericht über die Kavallerie (Anlage zu: ebd., 116 von Brandt an Reichskanzler, A. 120, 27.5.1885).

李鸿章最终还是未能不顾其军队指挥官的意愿而实施自己的计划。虽然后来遵循李宝少校的建议,在天津武备学堂(详见本书第五章)成立了一支只拥有 30 匹马的小型骑兵教导队,但其借此为骑兵部队树立一个典范的希望很快就破灭了。马匹被交给一个姓吴的中国"马术师"(Rittmeister)管理。此人原本是一个苦力,后来成为陪同德璀琳远赴维也纳世界博览会之旅的一等仆人。在那里,他开始为中国公使馆效力,并且与后来成为天津武备学堂负责人的荫昌一起在奥地利轻骑兵(Husaren)军队中接受训练。但在事实上,这些马匹主要被用作天津武备学堂总办仆人和受总办委托监督骑兵训练者的坐骑。李宝和他的继任者、骑兵军官裴克孙汉(也称秘克尊汉,von Brixen-Hahn),徒劳地试图利用剩余的 10 匹马组建一支骑兵部队。后者还为此大闹一场,并愤而弃职回家。后来,有一位中国教师报告说,那位姓吴的中国"马术师"只是让人隔几天骑马到练兵场上转几圈后返回,诸如马上射击等训练科目根本无从谈起。① 与之相关的中国军官和教官同样没有机会学习马匹的护理,因为这方面的工作由 10 位马夫负责,每人月薪 12 两白银。②

1886 年 5 月,在醇亲王受命进行军队大视察时,李曼已经被安排到天津军械所任职了,而这次视察是李鸿章为了使朝

---

① BArch Berlin R 901/29893 Dietrich von Auer: Bericht über die Militärschule Tianjin 22.5.1888;何熙年:《上张香帅言武备学堂事宜书》,《时务报》第 31 号,1897 年 6 月 30 日。
② 《海防用款立案折》(光绪十六年十二月十一日)、《海防报销折》(光绪十七年二月十六日),吴汝纶编《李文忠公(鸿章)全集》(3),第 452~458、472~480 页。

廷赞同他的进一步军队建设计划而筹划的。① 而在阅兵式上，军队虽然配备欧洲武器并进行欧式操练，其指导思想却仍然是中国的。全体盛军参加了阅兵式，总计有步兵4000人，炮兵由在此期间去世的周盛传的兄长周盛波率领，拥有取自小站的48门火炮，还有由吕本元率领的来自马厂的1000余名骑兵。周盛波事先曾向德国观察员克林德解释说，在宽阔平坦地带，根据欧洲新战术原则进行作战的场景是不可能出现的，勉强效仿也会显得很不自然。此次军演只是要展示军队可以轻便、迅速地移动，也掌握了良好射击规则，而军队指挥官则对于其军队拥有完全的权威。这种军队领导思想是与周盛传的要求非常接近的。使用三种武器进行的共同作战演练一半是德国式的，一半是中国式的。号令是按照中国惯例，通过挥动小旗发出的。炮兵训练有素，即使在德国外交官看来也是如此。他们展示了沉稳并且迅速将火炮向前推移到阵线，快速架设，瞄准目标和射击（不是成排成群的齐射），以及通过以连队形式布局的步兵进行的拆卸和撤退等动作，然后是后者排成两列纵队开始射击。骑兵演练仍然是纯粹中国式的。他们高举温彻斯特马枪，一边射击一边狂奔着冲向敌军的两翼。然后是中国式的骑兵列队，如三角形排列、分散成数列、沿着各种圆圈和蛇线骑行，以及排列方阵向四周扫射。射击时，枪支未装子弹，也没有靶子。结束时的队列又采用了普鲁士的形式。按照西方模式排练的击鼓

---

① BArch Berlin R 901/29893 Dietrich von Auer: Bericht über die Militärschule Tianjin 22.5.1888；何熙年：《上张香帅言武备学堂事宜书》，《时务报》第31号，1897年6月30日。

手、圆号吹奏者和小号吹奏者，吹吹打打地为行军队伍助威。①

"使团"没有给中国军队带来彻底的改革。向西方学习的结果仅仅导致了一些混杂形式的出现，而没有形成真正的整合。在我们所描述的情境下，即使是一个非常能干的军官，他能发挥作用、引起某些变化的空间也是很小的。不存在由中央倡导和组织的改革。军官们被零散孤立地安插在中国军队长期实践的教习体制中。他们所做的工作与查连标等中国教习所做的令其指挥官十分满意的工作别无二致，领取的却是后者两倍的薪金。一些涉及根本问题的建议，例如有关军队的组织或者（首先是由密次藩提出的）对于部队指挥权的建议，被视为越权，并遭到了淮军指挥官的拒绝。这些将军在近20年间的许多战役中一直是获胜者，看不到任何进行全面改革的必要。也不存在一个从朝廷出发、在全国范围内对各种各样中国军队进行通盘统一改造的改革计划。最后，一些批评意见并无新意，它们在周盛传上呈给李鸿章的许多报告中早就被提出了，特别是对更多、更好武器装备的要求。②

另一方面，为了温人之周地措置这些教官，周盛传在李鸿章的支持下创办了一所军事学校，着重于青年军官的培养。尽管德国教官很快就从中国军队中消失了，有几位（如康葛克）甚至离开了中国，部分继续供职于中国的教官则被安排到

---

① BArch Berlin R 9208/449, 236 – 237 Von Ketteler: Bericht über Truppeninspektion durch Prinz Chun in Tianjin（Anlage zu: 130 – 131 von Brandt an Reichskanzler, A. 117, 2. 6. 1886）.

② 《议复总教习德参将李保条陈》《议复德国兵机院总办密次藩条陈》，周家驹编《周武壮公（盛传）遗书》(1)，第553～568、568～580页。

1885年3月成立的天津武备学堂,并在那里做了一些对于未来十分有用的工作。

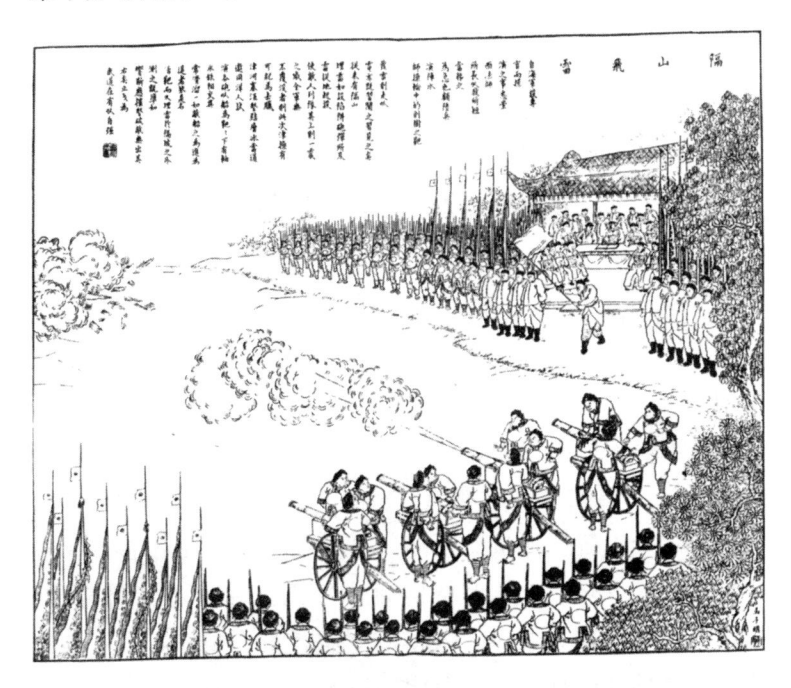

图 3-1 1887 年天津炮兵射击

说明:观礼台上有一位官员在做记录,以便事后奖励命中的团队,在他左边戴西式帽子者是一位外国教官。

资料来源:《点石斋画报》,壬9(1887年2月),第67页。

第四章 "海军将军"
式百龄与中国舰队

在李凤苞使团的参加者当中,海军少校式百龄不啻最著名者,然而他在北洋水师中担任"总兵"和"海防统领"的时间十分短暂。他虽然怀揣一份为期3年的工作合同来到中国,但在1886年夏天就因为怯懦无能而被提前解雇了。对于式百龄的拙劣表现,包括清政府官员、舰队指挥官及驻中国的德国外交官和商人在内的所有参与者意见一致,群起声讨。在天津,没有人不为他的离开感到高兴。而他的最主要错误在于,太急于从根本上对整个中国海军进行彻底改造。由于高傲自大和刚愎自用,他使自己成了中国海军各船舰指挥官的敌人,而后者很快就开始动用一切手段,想方设法将他淘汰出局。随着式百龄的离去,在中国海军中推行德国规章制度的尝试旋即告终。虽然后来在从德国订购的铁甲船上和南洋水师、北洋水师中仍有不少德国机械师、炮兵军官和鱼雷工程师,但所有舰队都重新接受了中国在创建现代海军之初普遍采用的英国规制。

一 从海军少校到总兵：式百龄在中国的职业生涯

海军少校式百龄原本是通过一份与伏尔铿造船厂签订的特别合同接受雇用的，其任务是将铁甲舰定远号运送到中国，然后在该舰上担任为期3年的指挥官。他出生于石勒苏益格－荷尔斯泰因的多特金塔尔（Dortjenthal in Schleswig-Holstein），家境一般，父亲是一位农民。式百龄关于海军的经历不是从学院中获得的，而是来自美国内战期间的美利坚合众国海军。从1861年9月20日到1865年9月14日，他在那里服役4年。1867年1月，他参加了当时还不发达的普鲁士海军，在海军参谋部担任海军少校直至1884年。为了到中国工作，他自动退伍。通过1884年6月17日的皇家内阁敕令，他在与李凤苞签署合同的前一天，以享受抚恤金和保留他先前军服的条件被光荣地解职了。[①]

招聘式百龄是李凤苞力图在不依靠德国海军部帮助的情况下完成运送铁甲舰任务这一尝试的一部分。建造该舰的伏尔铿造船厂坚决主张用它挑选的人来运送，因为它不想为他人运送提供担保。1884年6月，李凤苞向李鸿章汇报说，要召集足够的人员安全运送两艘军舰到中国十分困难，但他已经在德国海军部找到了一位非常合适的人（式百龄的确是德国海军参谋部的校级军官），后者也已经答应承担运送军舰的领导工作，并作为教官为中国海军服务3年，只是年薪不能低于

---

① BArch Berlin R 901/33638, 78 Chef des Kriegskabinetts an Hatzfeldt, Auswärtiges Amt, 28.3.1885.

20000马克。① 后来,在 6 月 18 日或者更确切地说 19 日签订的合同甚至进一步确保式百龄的年薪为 25000 马克。除此之外,还有按照欧洲惯例按天支付、每天高达 25 马克的在中国军舰上工作的补助费,各为 2500 马克的往返旅费和高达一年薪金的补偿死亡或丧失工作能力事故的人寿保险。根据合同,式百龄在中国的任务包括继续担任定远号的指挥官,负责该舰军官的培训。而在定远号执行外勤时,式百龄的任务还包括一般性的在中国海军各部门开展培训工作,以及将已在德国建造好的军舰和以后将要增添的军舰组织成各支海军舰队。在此,式百龄应当拥有"唯一且不受任何限制的指挥权"(合同第 2 款)。但在合同第 3 款又有点尴尬地规定了一种协调领导,即与一位中国人共同承担领导工作。

式百龄由此得到了这样的明确保证,即如上所述,他在履行其职责时可不受任何外国人节制,除非他事先表示同意。然而,这一规定并不适用于由中国皇家北洋通商大臣阁下方面为此目的任命的某位纯粹的中国人代表。作为定远号战列舰的舰长,式百龄先生拥有该舰的指挥权,舰上其他人员都要服从他的领导。在任命军官方面,必须考虑他的意愿。式百龄在此明确表示,如果上列主管要求他与另一位中国官员在执行勤务方面进行沟通协商,他愿意尽力而为。②

---

① 《复李使》(光绪十年五月二十一日午刻),顾廷龙、叶亚廉主编《李鸿章全集》(1),电稿一,第 140 页。
② BArch Berlin R 9208/477, 132 – 134 Vertrag zwischen Kaiserlich Chinesischer Gesandtschaft, vertreten durch Li Fengbao, und Sebelin, Korvettenkapitän, Kiel, 18. 6. 1884.

第四章 "海军将军"式百龄与中国舰队 / 113

这种从属关系规定不仅本身是全然矛盾的，而且埋下了后来引发冲突的种子。下列规定，即若无式百龄本人同意，任何人都不应当把他置于其他外国人的领导之下，也直接违背了李鸿章的指示。李鸿章一直希望在结束与法国的战争之后，重新起用北洋水师先前的总查琅威理（William Lang），他因此对李凤苞强调说，要把与式百龄签订的合同与琅威理的工作协调起来。① 琅威理自1882年起就在中国工作了，当时他作为不列颠海军一位现役军官获得了停薪留职许可。而在1884年夏天法国与中国的敌对公开化之后，他应召回国，正如德国鱼雷军官哈孙克来伐那样。②

在招聘德国军官的请求获得批准后，也在1884年8月23日因福建水师在马尾受到毁灭性打击而战争形势陡然激烈之后，李凤苞急急忙忙地催促式百龄连同其他德国海军成员赶赴中国。式百龄的工作合同没有得到更改，只是附加了一份过渡性合同，规定他应当在战争结束后重返德国，接运定远号。在此之前，式百龄"暂以海防统领身份发挥作用"，对其隶属关系没有做出比原来的合约更明确的规定。虽然"不应当把他置于任何供职于中国的外国人领导之下，除非他本人同意"，但是：

在针对某一可能的敌人采取所有常规军事行动方面，

---

① 《复李使》（光绪十年五月二十一日午刻），顾廷龙、叶亚廉主编《李鸿章全集》（1），电稿一，第140页。
② Rawlinson, *China's Struggle for Naval Development*, pp. 93–94; BArch Berlin R 9208/493, 26 Pelldram, Tianjin, an Reichskanzler, Nr. 80, 29.11.1884.

式百龄先生必须与陆军统帅进行联络以取得一致意见并与之合作。如果在战略上出现意见分歧，陆军统帅拥有决定权，式百龄先生也必须听命于他。此外，除了由较高级别主管大人指定代表的命令，式百龄先生只有义务接受在前面提及的契约［7月18日的合同］中已经标明的代表之命令。①

谁是"陆军统帅"，他是一位外国人还是中国人？这些没有加以特别说明。式百龄的薪金同先前规定的一样多，但上船津贴被提高到每天35马克，人寿保险也按照陆军军官标准上涨为60000马克。② 其他人的月薪按照李凤苞的说法是大约100两白银，按照当时的汇率大约为500马克，不包括上船津贴。③

二　式百龄和远征台湾的失败

式百龄在1884年9月1日乘船前往中国，11月初抵达天津。稍后，李鸿章就将当时北洋水师仅有的两艘在国外购买的巡洋舰超勇号和扬威号（小型炮艇和鱼雷艇除外）托付给他，并且派他率领舰队到上海，与由吴安康统领的南洋水师的军

---

① BArch Berlin R 901/33640, 91 - 92 ［Änderungsvertrag］ gezeichnet Sebelin, Li Fengbao 28.8.1884；BArch Berlin R 9208/493, 23 - 24 Pelldram, Tianjin, an Reichskanzler, Nr. 74, 8.11.1884.
② BArch Berlin R 901/33640, 91 - 92 ［Änderungsvertrag］ gezeichnet Sebelin, Li Fengbao 28.8.1884；BArch Berlin R 9208/493, 23 - 24 Pelldram, Tianjin, an Reichskanzler, Nr. 74, 8.11.1884.
③ 《寄柏林李使》（光绪十年八月二十一日戌刻），顾廷龙、叶亚廉主编《李鸿章全集》（1），电稿一，第296页。

舰，包括伏尔铿造船厂建造的南琛号和南瑞号巡洋舰会合，准备采取行动，突破法国对台湾的封锁。与他一起来的有金美、亨式尔、温得力希、怀士及船医巴珥等人。①

因为北洋水师提督丁汝昌当时正统领其他军舰驻泊旅顺口，以便守卫中国北方的门户，所以式百龄事实上获得了对本次南北洋混合舰队的最高指挥权。这一委任与中国陆军和海军惯常的军官任用程序有很大偏差。从纯粹的海军学院教育角度来看，有两位中国指挥官的资质是胜过式百龄的。林泰曾在福州船政学堂学习了4年，后来又在英国学习了4年，1880年亲自将超勇号从英国接运回中国。邓世昌同样是福州船政学堂的毕业生，也曾作为第一军官从英国接运扬威号军舰回中国。但是李鸿章担心他们缺乏足够的实战经验，不能单独完成使命；李凤苞则极力赞扬式百龄的才能；他在美国内战中的4年战争经历也令人印象深刻。李鸿章的整个海防战略正是以另一位德国军官希里哈的著作为基础而制定的。希里哈在书中详细阐述了他从美国的战争——历史上的首次现代海洋战争中获得的经验。于是，李鸿章便在一份奏折中向朝廷提出了授予外国人指挥权的请求。

适有出使大臣李凤苞遵旨雇募德国水师总兵式百龄，改名万里城，到津谒晤，英锐沉鸷，谋略甚优，同治初年南北花旗之役，曾为美国带师船打仗。据李凤苞缄称，在德国水师中出色之员，久经海上战阵，深堪倚任。该员愿

---

① BArch Berlin R 9208/493, 26 Pelldram, Tianjin, an Reichskanzler, Nr. 80, 29. 11. 1884; Rawlinson, *China's Struggle for Naval Development*, pp. 121 – 122.

告奋勇，带两快船前往，并谓法船先后来台湾洋面者不下三十余号。中国师船单弱，又经马江大挫之后，不宜轻试其锋，然亦不可不设法牵制。北洋快船二号加以南洋快船三号，并另派两船，如果管驾得人，同心协力，虽不能与法国大帮兵船鏖战，而在闽、粤之交相机乘间，避实击虚，或可攻夺其单行小号兵船及运兵运煤粮之船。察其所询，洵属知彼知己，切中机宜。臣询之林泰曾等，均乐与共事，借得观摩之益。因令该总兵驰赴旅顺，统带两船，克日开驶，顺过上海修理添煤，约须耽搁旬日，再会同南洋派出各船，相机密速前进。①

式百龄也应当获得由所有7艘军舰共同履行整个使命的指挥权。但因无权调度南洋水师，李鸿章只能请求朝廷予以授权。然而，上谕并非直接命令，而是要求南方的总督们在采取任何军事行动时都与式百龄协商，接受他的指教。上谕称，该德国人为"客将"，中国官员"当加意拊循，使之踊跃尽力"。②

式百龄先是率领船队到上海船坞进行维修，同时他想在那里为实施救援台湾行动招一些欧洲雇佣兵。式百龄在毫无事先了解和准备的情况下便与中国舰队相遇了，这种相遇对于双方来说都是突然的。式百龄有关中国的知识仅限于英国作

---

① 《派船援闽拟用洋将折》（光绪十年九月二十六日），吴汝纶编《李文忠公（鸿章）全集》(2)，第825页。文中"马江大挫"是指1884年8月23日福建水师和马尾造船厂被法国海军摧毁之事。

② 《轮船联络德国水师折》（光绪十年九月二十六日），吴汝纶编《李文忠公（鸿章）全集》(2)，第826页；《译署寄南洋并闽督杨等》（光绪十年九月二十八日未刻），顾廷龙、叶亚廉主编《李鸿章全集》(1)，电稿一，第328~329页。

家丹尼尔·笛福（Daniel Defoe）在其小说《鲁滨孙漂流记》（*Robison Crusoe*）中所做的描写。他由此得出的推断是："众所周知，中国人都或多或少地以仇视或蔑视的态度来对待每一个外国人，以至于他从未放弃乞灵于谎言和阴谋诡计，只要此类行为适合于其目前的意图。"后来他也一再抱怨"受到严重忽视的军舰"和中国海军官员"毫无节制的贪婪"等状况。① 另一方面，在中国军官和仍然留在中国海军中的英国人那里，式百龄的浮夸做派和他毫不理会已在中国创设的一切规制的傲慢姿态，很快就成为受嘲讽和揶揄的由头。在北洋水师供职并在从天津到上海的路上对式百龄有较密切接触的英国人阿灵敦（Lewis Charles Arlington），在其回忆录中对此有生动的描写。

  北洋水师提督的顾问是一位退役的德国海军军官，即海军少校［式百龄］。他全权指挥北洋水师，并且像"万里镜"［是为式百龄的别名"万里城"的一个滑稽模仿］一样对舰队了如指掌；"万里镜"这一术语翻译过来意为"望远镜"。因为他眼睛近视，若无他的眼镜，就什么也看不见，即使睡着了也是如此。中国人的冷笑话由此可见一斑。他连一个中文字都不识，每天却要喝大量德国啤酒，他的视力或许正是因此而受损，并且变得越来越混沌了。他还经常不分场合地不断挖他的鼻孔，结果他成了舰队的笑话。中国人常这样说他："他的身上挂满宝剑，但

---

① BArch Berlin R 901/33640，75 – 88 Sebelin an Reichskanzler 20. 7. 1886（Zitate auf Blatt 76，80，86）.

没有一柄是锋利的。"也就是说,他看上去很风光,但实际上并没有能力。谈到他的浮夸,人们说他是"随风而升,不用花钱买生姜",意思是说生姜会使人肠胃气胀,飘飘然。无论如何,中国人是起绰号的专家,我们所有人大概都有绰号,但并非人人皆知。大概是要显示他的权威,我的首长[式百龄]亲自拿着克虏伯火枪来考我。他以一种相当傲慢的方式宣称,克虏伯火枪是天底下最好的,是唯一能够使法国舰队从海上消失的武器,特别是以他本人为统帅,亲自指挥。明显地出于对我的资质的满意,他告诉我说,总督[李鸿章]已经表示出了要将我调到南洋水师吴将军[吴安康]麾下的愿望,还准备在上海再招募一些外国人,而后舰队就可以出发,到南部开展活动。一旦船舰检修完毕,就决定将它们开到海洋,与法国打一场决定性战役……1884年冬天,我到达了上海,那里已有几个外国人应募入伍。他们都受过担任顾问的德国海军军官的面试,而他在大肆咆哮了一番之后,最终都让他们作为"合格者"通过了考试,并且适时地把他们推荐到吴将军的旗舰开济号上,或者做枪炮手,或者做操练教官。①

反封锁的使命在其实际开始之前就终结了。还在式百龄连同其军舰停留上海船坞期间,朝鲜发生了甲申政变(1884年12月4~7日)。李鸿章迟至12月9日才知晓此事,因为当时

---

① Lewis Charles Arlington, *Through the Dragon's Eyes*: *Fifty Years' Experience of a Foreigner in the Chinese Government Service*. London: Constable & Co., 1931, pp. 14–15.

在汉城还没有电报线路。他在一份发给总理衙门的加急电报中，请求将停泊在上海海域正准备实施救援台湾行动的北洋水师和南洋水师全部7艘军舰立即派往朝鲜。① 次日，李鸿章收到了同意实施这一计划的上谕。式百龄却在此期间解释说，南洋水师的军舰破旧不堪，其船员也如此缺乏训练，以致他自觉没有办法统率这些军舰。李鸿章认为式百龄不愿统带尚不习惯西方战法的南洋各舰，不能强迫他执行救援台湾命令，因此他请求朝廷命令式百龄返回北方。而在式百龄返回后，其所带船舰就可以与北洋水师提督丁汝昌所带船舰会合，共商大事，"较易得力"。② 朝廷却在1884年12月13日获悉朝鲜的政变已经平息了，于是命令南洋大臣曾国荃和驻上海主办援台业务的道台邵友濂与式百龄协商是否继续向台湾进发事宜。而就在李鸿章接到上谕的同一时刻，李鸿章也上奏说：式百龄已经声明，军舰的维修尚未完全结束。但他想要在12月16日折返北方，以便在处理完朝鲜事务之后再去南方（这两份电报好像是各自独立形成的，相互之间无应答关联）。③ 对于李鸿章的这一报告，朝廷迅速以明显的斥责口气做出反应，指出救援台湾的反封锁使命无论如何也要按照原计划进行。

---

① 《急寄译署》（光绪十年十月二十三日午刻），顾廷龙、叶亚廉主编《李鸿章全集》（1），电稿一，第345页。关于甲申政变，请参见 Lee, *West Goes East*, pp. 66–77.

② 《寄译署》（光绪十年十月二十五日午刻），顾廷龙、叶亚廉主编《李鸿章全集》（1），电稿一，第346页。

③ 《译署来电》（光绪十年十月二十六日戌正到）、《寄译署》（光绪十年十月二十六日戌正），顾廷龙、叶亚廉主编《李鸿章全集》（1），电稿一，第348、349页。

李鸿章发来的请求将式百龄召回到北方的电报已收悉。该电报中援引的式百龄的声明,究其内容是说南洋舰队缺乏欧洲战争艺术的训练,如果实际情况果真如此,那么他早先尚在天津的时候就应该这样说了。李鸿章还说,他(式百龄)好像不愿意统领舰队进行远征,这种说法也只是一个猜测。朝鲜海岸已经不存在战争之虞了,相反,保护台湾却是非常重要的,必须予以帮助。因为我们也听说,式百龄迫切希望有机会显露自己的才能,所以现在就命令他,按照原定计划立即开赴福建水域,虽然只是率领南洋水师的 5 艘军舰。与之相应,也指示曾国荃命令邵友濂就如何才能最有效地帮助台湾等具体细节,亲自与上面已列举其姓名的外国军官进行磋商。需以电报向朝廷汇报他的出征时间。①

在同一天发出的另一份上谕则命令说,派往朝鲜的军舰不是最新的巡洋舰超勇号和扬威号,而是较旧和较差的澄庆号和驰远号。式百龄应当率领南洋水师的 3 艘新购置的军舰(其中有两艘是刚刚从德国买来的)和北洋水师的两艘巡洋舰开进福建水域。从李鸿章回电的顺序来看,他在执行皇帝命令方面表现得非常勉强。12 月 14 日中午,李鸿章收到一封报告朝鲜民众抗击日本人的电报。他立即命令式百龄迅速带领巡洋舰超勇号和扬威号开赴朝鲜。仅仅在一两个小时后,李鸿章又向总理衙门解释说,式百龄将于次日晨离开上海,返回旅顺,而他

---

① BArch Berlin R 9208/493, 25 Telegraphisches Allerhöchstes Edikt, eingegangen 10. Monat, 27. Tag (14.12.1884)(光绪十年十月二十七日上谕德文译文)。

本人不能确定，是否还能够阻止式百龄的行动。至于下达给曾国荃的按照上谕行动只派遣两艘旧船到北方的指示，李鸿章直到第二天下午才发电报给南京。如果北洋水师的巡洋舰超勇号和扬威号尚未遵循原先的命令返回北方，那么曾国荃就应当把它们交给式百龄，连同其他军舰一起，由后者率领开往台湾。与此同时，李鸿章询问，式百龄是否愿意继续留在南洋水师。[①] 当天晚上，李鸿章收到来自朝鲜的消息：有700名日军被日本最好的两艘军舰运往朝鲜。他决定下令让他的巡洋舰折返北方，式百龄继续留在南方，以便根据上谕实施突破法国对台湾封锁的军事行动，但只率领南洋水师的5艘军舰。[②] 现在，式百龄开始抗议了。就在同一天晚上，他给李鸿章发电报说：

> 今又奉上谕，着留在南洋水师当差，鄙意愿带北洋快船，如快船驶往他处后，式甚孤弱，难与敌人相拒。至南洋船，再操练一月，方能巡海，是以甚为踌躇，不知进退。求将鄙意代奏等语。[③]

与此同时，陪同式百龄一起南下的德国军官也发出了这样的威胁：如果有人想要强迫他们留在南洋水师的军舰上，他们

[①] 《寄译署》（光绪十年十月二十七日戌正）、《寄南洋曾》（光绪十年十月二十八日未刻），顾廷龙、叶亚廉主编《李鸿章全集》（1），电稿一，第350、351页。
[②] 转引自《寄旅顺丁镇袁道》（光绪十年十月二十八日），顾廷龙、叶亚廉主编《李鸿章全集》（1），电稿一，第352页。
[③] 《急寄译署》（光绪十年十月二十九日辰刻），顾廷龙、叶亚廉主编《李鸿章全集》（1），电稿一，第353页。

就宣布辞职。在与他们签订的工作合同中并没有参加军事行动的规定，因此就这一点而论也必须对合同加以更改。① 事实上，李凤苞并没有修改与这些相关人员的合同，而他们的合同原本是为了运送定远号而拟定的。但是另一方面，参加战争一事肯定是经过商谈的。式百龄就在开始履行其使命之前与李鸿达成这样的协议：如果他战死疆场，他的家属将获得一笔慰藉金；捕获一艘敌船也可获得奖金。② 然而，鉴于实际力量对比，无论式百龄还是他的同胞都彻底丧失了自信，不敢用中国5艘破旧的战舰与驻扎在台湾海岸的11艘法国军舰进行对抗。李鸿章最终召令式百龄及其同胞乘坐北洋水师的两艘巡洋舰返回北方，并且面对他在前面援引的上谕中所受到的责备，深感自己情有可原。根据式百龄光绪十年十月二十八日（1884年12月15日）的电报和其随员要求辞职一事，"可知鸿［李鸿章］前电奏［要求式百龄继续留在南方，以便根据上谕实施突破法国对台湾封锁的军事行动］难以强行，非臆料也"。③ 而在式百龄随两艘巡洋舰重新回到中国北方后，他与丁汝昌一起率领一支由超勇号、扬威号和作为运输船的教练舰威远号（它将舰炮卸下，留在旅顺口的临时炮台）组成，共有一个营兵力（大约500人）的小型舰队奔赴朝鲜，并在1884年12月

---

① 《寄旅顺丁镇袁道》（光绪十年十月二十八日），顾廷龙、叶亚廉主编《李鸿章全集》（1），电稿一，第353～354页；BArch Berlin R 901/33638, 47 – 48 Aschenborn, Kommando „Nautilus", an Paschen, Ostasiatisches Geschwader, 6.1.1885.
② 《轮船联络德国水师折》（光绪十年九月二十六日），吴汝纶编《李文忠公（鸿章）全集》（2），第826页。
③ 《急寄译署》（光绪十年十月二十九日辰刻），顾廷龙、叶亚廉主编《李鸿章全集》（1），电稿一，第353页。下画线由我添加。

22日抵达。①

式百龄后来宣称，李鸿章内容前后不一的电报把他搞糊涂了，就是南洋水师的指挥官吴安康也根本不想真正与法国人打一仗。上海当地的中国人更真心实意地劝告他不必顾忌一再重复的上谕，可随北洋水师的军舰返回旅顺。他以他那惯有的浮夸风格写信给巴兰德说：

> 我自始至终都在平心静气地观察战争形势。难道是我突然变得胆小了？不，事实并非如此！总督［李鸿章］狡猾、诡谲的电报表面上看是让我选择返回北方或者留在南方，实际上却在暗示我随着隶属于他的军舰回到北方。中国政府中人，如邵道台［邵友濂］、龚道台［龚照瑗］以及北洋水师巡洋舰的舰长们，他们所有人都异口同声地敦促我离开上海，其心思是尽可能让南洋舰队较少受到进攻，平安离开它理应保护的港口。②

至少第二个指责是不能完全排除的。因为邵友濂曾给李鸿章发电报，讲述了他与式百龄谈话的情形。而在此次谈话中，式百龄同样表示，即使是总数多达7艘战舰的中国联合舰队也不足以与法国人较量。邵转达了这个意见，并且肯定式百龄是诚实的，也不说空话。③ 在式百龄离开后，朝廷命令南洋水师

---

① 《寄译署》（光绪十年十一月初五日），顾廷龙、叶亚廉主编《李鸿章全集》（1），电稿一，第363页。
② BArch Berlin R 9208/477, 143 Sebelin an von Brandt 9.7.1886（Anlage zu: ebd., 121-128 von Brandt an Fürst Bismarck, A. 143, 16.7.1886）.
③ 《急寄译署》（光绪十年十月二十九日辰刻），顾廷龙、叶亚廉主编《李鸿章全集》（1），电稿一，第354~355页。

的5艘军舰隶属于闽浙总督,后者的舰队在8月被摧毁了。与此同时,上谕也对式百龄的行为表示严正的疑虑,要求予以解释。而在朝鲜,无论如何都要避免与日本人发生冲突。李鸿章在其回答中只列举了邵友濂的电报,并且保证说,在朝鲜的行动将由式百龄和丁汝昌共同主持。在与外国人交往方面,丁汝昌有丰富的经验,肯定能够对式百龄加以有效控制。①

对于朝廷所坚持的与法国舰队交战的要求,南洋水师隶属的扬子江各省的官员也十分踌躇。南洋舰队剩下的5艘军舰根本没有做好任何攻击法国舰队的准备。它们直到1884年底才驶离上海,形式上是沿着中国南方海岸线向南进发,但在实际上根本不敢驶入公海;而在军舰上,对于船员的培训工作则由留下来的外国人继续进行。到了1885年1月底,舰队终于抵达福建。② 2月13日,当与法国一支由9艘军舰组成的舰队遭遇时,它立即选择了逃跑。两天后,有两艘军舰被法国人击沉。此时,李鸿章已经不再考虑再次派遣两艘巡洋舰前往南方之事了,更没有为此做任何筹划,尽管这两艘巡洋舰早在10天前就在完成赴朝使命后返回中国,并且此时前往福建的海路也已经更安全了。当曾国荃就巡洋舰事质问李鸿章时,后者解释说,即使动用巡洋舰也打不过法国的舰队,况且它们还因触

---

① 参见总理衙门在发给李鸿章的电报中所表达的意思。《译署来电》(光绪十年十一月初一日申正到),顾廷龙、叶亚廉主编《李鸿章全集》(1),电稿一,第357页。
② Arlington, *Through the Dragon's Eyes*, chapter 3 and passim; Rawlinson, *China's Struggle for Naval Development*, p. 122.

碰到冰块而严重受损了。①3月，李鸿章本人又拒绝了朝廷直接发出的派遣军舰到南方的命令。②这两次拒绝，李鸿章均未援引式百龄的意见，他的这些决定大概都是由他自己做出的。

尽管如此，式百龄明目张胆地公开和直接拒绝服从上谕的做法还是产生了十分严重的后果。由此开始，他与李鸿章和南洋舰队指挥官的关系越来越恶化。当这个事件在1886年因解雇式百龄的决定再次发酵时，就连须对解雇案做出评判的德国外交部官员也认为："因为有此前科，针对式百龄提出的指控中这一最严重的要点是无可反驳的。"③

三 从总兵到平民：解雇式百龄

除此之外，式百龄还因其行为举止欠妥当而最终毁了与中国指挥官原有的良好关系。式百龄长期在参谋部任职，远离海军部队的实际事务。根据其过渡合同，他自认为是"海防统领"，无法适应从这一高高在上的职位跌落下来的情形。他不关心军舰上的实际培训工作，相反，他为舰队和海军部拟订了一些内容十分广泛的组织计划，并寄给李鸿章一些关于一般性军事道德问题的长篇大论，其中充满了诸如"在军事事务中，

---

① 姜鸣编著《中国近代海军史事日志（1860—1911）》，第121~122页附录光绪十年十二月十九日和光绪十年十二月二十九日奏折；《复南洋曾》（光绪十一年一月初一日亥刻），顾廷龙、叶亚廉主编《李鸿章全集》（1），电稿一，第415页。
② 姜鸣编著《中国近代海军史事日志（1860—1911）》，第123页附录光绪十一年一月二十一日奏折。
③ BArch Berlin R 901/33640, 28-60 von Brandt an Fürst Bismarck, A.143, 16.7.1886, 52 Randbemerkung.

服从是基本要求"①等语句。鉴于他对中国指挥官和全体船员缺乏应有的尊重,他这样做或许更有可能成为笑柄。他后来说,博朗(1885年被聘为海军秘书)曾将他组建中国皇家海军部的计划称为杰作。他还说,这一设计"将为司令部的最终建立做出重大贡献"。②这完全是对其影响力盲目乐观的过高估计,因为建立海军部的建议已有许多人提出了。李鸿章府中负责外国事务的幕僚马建忠早在1882年底就提出过这种建议。赫德更在1861年、1873年和1883年上呈过相应的建议。1884年3月,远在式百龄到达之前,李鸿章就成立海军部一事向总理衙门推荐德国和日本的样板。他还附带将这两个国家海军部组织制度的翻译件上呈朝廷。对于1885年10月24日海军衙门的创建,式百龄的贡献仅仅在于他提出过建议,并且是众多建议当中的一个。③

此外,式百龄试图将当时舰队士兵的培训内容和形式彻底推翻。无论是在福州船政局还是在1880年代天津建立的北洋水师学堂,甲板军官都是由英国人按照英国的规制培养起来的。由于对甲板军官的英式培训和英国海军军官的常年在场,所有军舰上的规制都是完全依据英国的样板建立,指挥语言也是英语。根据阿灵敦的描述,只有重型炮兵的操练是用德语并

---

① BArch Berlin R 9208/477, 153 Disposition [Vorschläge Sebelins für die Marine], o. D.
② BArch Berlin R 9208/477, 142 – 147 Sebelin an von Brandt 9.7.1886.
③ 《请设海部兼筹海军》(光绪十年二月十三日),吴汝纶编《李文忠公(鸿章)全集》(5),第385页;姜鸣编著《中国近代海军史事日志(1860—1911)》,第98~99、105、129、132页;Ratenhof, Die Chinapolitik des Deutschen Reiches 1871 bis 1945, S. 101 – 102;Spector, Li Hung-chang and the Huai Army, pp. 186 – 188, 189 – 190, 191;Rawlinson, China's Struggle for Naval Development, pp. 129 – 132.

按照德国规制进行的，这一点与克虏伯在大口径舰炮方面的优势有密切关系。① 此时，式百龄设计了新的德国规制。但因他一直忙于其他事务，几乎无暇关注日常操练，所以指挥官很快就放弃了德国规制，重新回到了英国规制。② 应当看到，式百龄的建议并非都是非理性或不合理的。只是他总是对谁也不想改造或根本无法改造的整个系统的基础提出质疑。于是，他批评军舰上的指挥官都忙于捞取额外收入，不能专心致志搞业务。他也要求改善军官的社会地位，提高他们的薪水。③ 实际上，1895年以后这些变革才被真正提上议事日程。不仅如此，式百龄在公布他的建议时还缺乏礼节意识，他只是一味地抱怨舰队的现有状况，让自己成了中国军官和英国教官的敌人。结果，他们都极力抹黑式百龄。而在中国，当人们最终发现式百龄从未上过军事院校时，指挥官都失去了对他的最后一点尊重，李鸿章也是如此。于是，在1885年夏天，李鸿章决定不再派遣式百龄到德国接运铁甲舰了。

式百龄虽曾在德管驾小船，实非学堂出身。来津数月，闽厂管带员弁皆有后言，若照约委带镇远，未卜能否得力。丹崖误听人言，妄加推许，即所雇各德弁，亦不尽

---

① Rawlinson, *China's Struggle for Naval Development*, p. 122.
② BArch Berlin R 9208/493, 27 – 30 Pelldram, Tianjin, an Reichskanzler, Nr. 14. 4. 3. 1885.
③ BArch Berlin R 9208/477, 153 – 170 Fundamental idesa sketched out according to the present state of the Peyang squadron to insure its progress and greater efficiency.

有真实本领。但尚可节取，不似式百龄之夜郎自大耳。①

9月末，与英国海军部进行的关于重新聘用琅威理担任北洋水师总查的谈判在伦敦开始。② 10月和11月，在德国订购的铁甲舰定远号（10月10日）、镇远号（10月4日）和济远号（11月3日）抵达大沽口外。③ 11月12日，正如式百龄大概感觉到的那样，李鸿章给予式百龄一记重击，彻底毁灭了他在中国的地位。式百龄从他如前所示、在措辞表述方面充满矛盾的工作合同中看出，他原本应为一支舰队的总指挥和定远号上的唯一指挥。此时，李鸿章发布命令，仅仅让他同中国海军军官（定远号管带）刘步蟾一起担任某艘军舰的联合指挥官。刘步蟾是与林泰曾、邓世昌同级的福州船政学堂毕业生。他还曾留学英国，对由伏尔铿造船厂推荐人员进行的运送定远号事宜进行过监督。李鸿章的指令讲出了许多人对式百龄的看法。

式百龄作为联合指挥官之一，必须与刘少校［刘步蟾］真诚合作，尽其所能，并在协商后采取行动，绝不容许再犯刚愎自用或固执己见的错误，否则的话，必将受

---

① 《复许竹筠星使》（光绪十一年五月初四日），吴汝纶编《李文忠公（鸿章）全集》（4），第463页。
② 《寄伦敦曾侯》（光绪十一年九月初一日），顾廷龙、叶亚廉主编《李鸿章全集》（1），电稿一，第560页；姜鸣编著《中国近代海军史事日志（1860—1911）》，第130页附录光绪十一年八月二十一日奏折。
③ BArch Berlin R 901/22589, 75 - 88 Pelldram, Tianjin, an Reichskanzler, Nr. 53, 24.11.1885. 吃水深的军舰是无法驶入大沽口的，因为在这个海港城市前沿有一片沙洲（"栅栏"）与陆地相连。上下船人员和货物需用小型船只运送。

到严厉惩罚。①

式百龄拒绝担任这样一种并列指挥官职务，因为这种安排与他的工作合同不符。他离开了军舰，并以下列理由为据提出抗议："现今的指挥系统只会导致若干令人无法容忍的不便，因为还没有听说过，两个在所受教育和世界观方面完全不一样的人能够在同一艘军舰上，在所有需要下达迅速敏捷命令的事务上保持和谐一致，并以确保取得既好又有用处结果的方式。"②此刻，式百龄的名声甚至差到这种程度了，即声称式百龄只下过定远号的甲板，因为刘步蟾得到了更大的舱房。③此后，式百龄无所事事地待在天津。1886年早春，琅威理被重新招聘到北洋水师。李鸿章通过德璀琳向式百龄提议，到一所为计划建造威海卫军港而创办的水师学堂担任总办。式百龄拒绝了这个提议，理由是：他不愿成为一位英国人（指琅威理）的下属，而根据合同，他也没有这个义务。④

最终对峙变得如此尖锐，以至于双方都只想以尽可能小的损失实现相互分离。1886年5月末，式百龄要求解除他的合

---

① BArch Berlin R 901/33640, 93 Erlass Sr. Exzellenz des Chefs der Küstenverteidigung Nordchinas, Handelssuperintendenten, Generalgouverneur von Zhili, Staatsminister usw. Grafen Li, 光绪十一年十月六日（1885年11月12日，馆藏翻译件）。

② BArch Berlin R 901/33640, 94 Sebelin an Li Jongzhang 23.11.1895.

③ BArch Berlin R 9208/493, 69 - 71 von Brandt an Reichskanzler, A.123, 5.6.1886.

④ BArch Berlin R 901/33640, 75 - 88 Sebelin an Reichskanzler 20.7.1886; BArch Berlin R 9208/493, 69 - 71 von Brandt an Reichskanzler, A.123, 5.6.1886；姜鸣编著《中国近代海军史事日志（1860—1911）》，第136页。

同。① 关于退约条件和补偿金数额的谈判却持续了将近两个月，并且几乎所有在天津拥有一定影响力的德国人都参与了此事，其中包括汉纳根、翻译和领事馆代理官员连梓（Phillip Lenz）、驻北京的德国公使巴兰德、津海关税务司德璀琳和伏尔铿造船厂在中国的代理商新载生洋行（Schmidt & Co.）的伯迈斯特（Burmeister）等人。但所有人都怀有与李鸿章一样的愿望，都想尽可能快地将那个臭名昭著的麻烦制造者赶走。中国海军不再需要式百龄了，琅威理重新承担起了主持培训工作之责，并因此受到海军衙门新任总理醇亲王奕譞的嘉奖。此次嘉奖就发生在奕譞巡游视察海岸防御设施之时。② 也有足够的德国教官伴随 3 艘德国造铁甲舰来到中国，以便指导中国海军军官和水兵学习船上各种机械设备和火炮的操作。③ 德璀琳和汉纳根担心他们的名声会被诸如式百龄这样的人搞臭。商人和德国驻华官方机构则主要关心当时正处于极佳状态的德国对华贸易。德国公使巴兰德曾在一份长篇报告中向俾斯麦解释说，赶走式百龄事关德国国家利益，因为"退役海军少校式百龄的失败，其违逆行为和全部做派不仅给李鸿章和中国人，而且给所有德国商人和其他国家的外国商人留下了非常不好的印象，需要花很长的时间并付出许多努力才能消除这一印象，重新为德国海军军官赢得他们在海军上尉哈孙克来

---

① BArch Berlin R 9208/477, 135 - 136 Sebelin an Li Hongzhang 32. 5. 1886.
② 《奕劻奏折》（光绪十二年五月初一日），《军机处录副奏折》胶片 673，第 2373 号，中国第一历史档案馆藏。
③ BArch Berlin R 9208/493, 69 - 71 von Brandt an Reichskanzler, A. 123, 5. 6. 1886.

伐来华工作之后所享有的尊重"。①

  导致式百龄在中国折戟沉沙、一败涂地的原因不在于他业务上的无能,也不在于他没有上过海军学院。他在德国的皇家海军中有着虽然说不上光彩照人但也非常体面的职业生涯,是由海军部和位于斯德丁的伏尔铿造船厂两方面向中国举荐的。他也不缺乏做一番大事业的良好意愿。

  阻碍式百龄在中国施展其抱负的首先是他在顺应外国现实状况,做出哪怕是极小的让步方面的完全无能。对此,驻柏林中国公使的态度和错误的许诺自然也负有一定的连带责任,因为它们激发了一些实际上根本无法实现的期望。但是式百龄也未表现出任何减少曾经许诺给他的条件的意愿。对于他来说,具有决定意义的只是那些写在合同中的条款。②总是想要大刀阔斧地进行而不是逐步开展的过度强烈的改革热情,以及浮夸习性、暴躁脾气和傲慢姿态为他树立了很多敌人。他试图将已经搭建起来的带有英国特色的规制彻底推翻,这最终给他带来了灭顶之灾。式百龄没有在所有事情上都按照其前任琅威理的方式去做,这就使得舰队指挥官形成了新来之人领导下的舰队不像以前那样得心应手的印象。中法战争刚结束,为了让琅威理重新担任旧职而与之进行的谈判就开始了,这就在实际上注定了式百龄在中国的命运。甚至英国报纸《泰晤士报》也得出了这样的判断:"对于海军少校式百龄,客观公正地说,据

---

① BArch Berlin R 9208/477, 121 – 128RS von Brandt an Reichskanzler, A. 143, 16.7.1886.
② BArch Berlin R 9208/493, 992 – 93 Bumeister, Schmidt & Co., Shanghai (Vertreter der „ Vulcan "), an Gesellschaft „ Vulcan " in London und Stettin 1.7.1886; BArch Berlin R 9208/477, 129 – 130 von Hanneken an von Brandt 17.6.1886.

报道，他在其工作中展现出了许多活力。但是中国人相信，在其他方面，联系到他们的海军，他们有严肃的理由对德国人表示不满。"①

然而，琅威理后来的失败也表明，不确定性的产生有更深层的原因，式百龄的个性只是使这种不确定性较早发作了而已。在供职于中国海军3年多后，琅威理也在1890年6月提前辞职了，其直接缘由是所谓的"旗帜事件"。当北洋舰队在3月到香港越冬时，丁汝昌乘坐镇远号，带领其他3艘军舰到中国南方水域进行了一次远游。而在丁汝昌不在定远号上的时候，琅威理坚持让人悬挂将军旗（提督旗），因为他自视为中国海军的副提督（相当于德国海军中将）。这一举措受到中国指挥官刘步蟾的坚决反对。李鸿章后来断定刘步蟾的意见是正确的。在北洋舰队中，琅威理与中国指挥官之间的矛盾由来已久。当琅威理眼见李鸿章也不再支持自己时，他只剩下宣布辞职这一选择了。②

这个事件揭示了聘用外国人到中国工作的两个基本问题。第一，中国社会的等级（军阶）结构不合理，与西方军人的理解不一致。中国人大手大脚地颁授一些与实际权力不完全对等的荣誉军衔，使得大多数外国人产生了错误理解。在授予供职于中国的外国人某种军衔时，中国人主要是从友好款待方面理解的，或者是出于一定的外交压力。当某个外国政府在工作合同谈判中为其军官，例如琅威理要求像"北洋舰队副总司令"之类的官职，以便对中国海军产生更大影响时，中国方

---

① "Germans in the Chinese Navy," *The Times*, Feb. 9, 1886.
② 王家俭：《"借将练兵"惹来的麻烦：从李鸿章向英借琅威理（William M. Lang）说起》，《历史月刊》第71期，1994年4月。

面一般都会不加深思地予以应许,却不想让这个外国人真的掌握如此重要的实权。在由琅威理丑闻激起的媒体喧嚣中,也有一位匿名作者在《北华捷报》(The North-China Herald)发文表达自己的意见。据推测,这个人应当是李鸿章的代表。他极力辩解说,加封琅威理为副提督仅仅是出于"礼貌",实际上他只是一位"海军顾问",其军阶相当于副将(类似于英国海军的 brigadier-general,德国海军的 Oberst)。① 然而,无论英国的观察家还是德国的观察家都不认可这个观点。在广东工作的鱼雷专家马驷非常敏锐地认识到,虽然琅威理自诩"副提督",但在实际上他只拥有二品顶戴的荣誉军阶(马驷本人则属于四品),根本无权发号施令。然而,这类正确判断仅是个例外。②

外国人在中国遇到的第二个困难是人际关系的处理。如果他们想要避免冲突,就必须密切关注中国社会的关系网。北洋水师的指挥官全都来自福建,也都是福州船政学堂的毕业生,大多数还是属于同一个班级。他们绝对以自己的利益为重,也经常与他们的最高指挥官丁汝昌相对抗;丁汝昌没有受过海军学院教育,而是出自李鸿章淮军的陆军将领。一般说来,丁汝昌与效力于北洋水师的外国职员相处较好。为了抗衡福建集团,他也在相当程度上倚重这些外国职员。③ 式百龄自始至终

---

① The North-China Herald, Aug. 15, 1890;姜鸣编著《中国近代海军史事日志(1860—1911)》,第 173 页;BArch Berlin R 9208/495, 63 - 66 von Brandt an Reichskanzler, A. 225, 27. 8. 1890. 关于军衔称谓的翻译,可参见本书第一章。
② BArch Berlin R 9208/495, 57 - 59 Aufsatz Kretschmar 8. 6. 1890.
③ 瑞乃尔后来在一篇文章中称丁汝昌为"最懂外国人的中国人",参见 Theodor Schnell, "The Siege of Weihaiwei," The Peking & Tientsin Times, Feb. 29, 1896.

都未与丁汝昌搞好关系，这肯定是他的一大失误。式百龄虽然深知结交丁汝昌的重要性，却"以公开的方式"向驻天津的德国领事抱怨"舰队指挥官和军官对待他的失礼行为和置身类似处境的每一个外国人所面临的困难"。① 对琅威理事件颇有研究的军事史学者王家俭因此得出结论，对于北洋水师失去了像琅威理这样一位能干的总查一事，李鸿章在协调海军中人事关系方面的失败并非无关紧要，恰恰相反，这是最为关键的。这种失当也为该水师在甲午战争的覆灭埋下了祸根。②

因此，式百龄为其行动的辩解并非凭空捏造、毫无道理。

在［李鸿章的］衙门里，人们起初或许还相信，英国海军上校琅威理幸运地在与先前完全相同的条件下重新担任了他原有的职务。没有人想到，此人会据说"因为舰队官兵目无法纪，恣意妄为"而放弃这一职务。在无条件地要求有充分保障的重要权力的英国海军上校琅威理到来后，人们原先曾经设过的骗局再次暴露了。现在，总督李鸿章开始担心权力从他手中滑落了。他大概是害怕他的海军会逐渐地以某种方式与外国人的海关融为一体。如果真的发生了这种情况，对于国家来说不啻一桩好事。在某些方面，海军的价值更为突出了。总督李鸿章或许只是从他本人的立场出发对海军中权力问题的暂时解决办法不十分满意，至于这一解决办法是否能够增强海军的战斗力

---

① BArch Berlin R 9208/495, 54 – 55 Frhr. Von Seckendorff an Reichskanzler, Nr. 42, 20. 6. 1890.
② 王家俭：《"借将练兵"惹来的麻烦：从李鸿章向英借琅威理（William M. Lang）说起》，《历史月刊》第 71 期，1994 年 4 月，第 78 页。

并不重要。我敢推测，他应当认为，如果我能继续留下来积极工作更好，他的愤怒或许因为下列情况而达到极致，这就是我不懂得协调中国的人情世故，以便保护自己，避免敌意。在此，他完全忘记了，他并未给予我足够的支持，他也没有兑现合同承诺，没有任命我担任铁甲舰定远号的指挥官。他本人对于一系列事件的恶性发展负有大部分责任，虽然他极力把责任推到我身上。①

式百龄事件揭示了洋务运动时期外国专家工作的两个特点。其一，为了能够以教官身份在中国这个陌生的文化环境中发挥作用，个性很重要。骄傲，固守个人的先入之见和期待，激越狂热，追求符合西方标准的完美性，自尊自大和满怀产生影响、获得地位和权力的欲望等做法，有碍于卓有成效的合作。中国雇主想要得到的首先是忠诚和听命的职员，也将这些职员视为由其自主进行的改革事业的辅助力量。对于想要留下来长期在中国工作的外国人来说，重要的是保有耐心，赢得中国官员和指挥官的信任，尽可能地融入主流社会，即使这样做并不能取得如个人野心所希望的那种完美结果。激进的改革只能来自内部，没有任何外国教官处于一种可将这些改革付诸行动的地位。

其二，对于自强改革来说，各种西方模式也处于竞争态势，此处涉及的主要是英国模式与德国模式之间的竞争。用德国的规制替代英国规制的尝试，在式百龄个人那里未能成功，但是这一失败不会是仅有的一次。关键在于，英国的影响早已

---

① BArch Berlin R 9208/477, 142－147 Sebelin an von Brandt 9.7.1886.

在培养海军学员方面发挥作用了。在此期间晋升为舰长的中国海军指挥官不想也不能否定他们所受的教育。因为缺少可使海军部队在其中占据一个确切地位的全社会性改革理念，中国军官似乎认为，自上而下强制推行转向德国规制的改革是毫无理由和意义的。他们奋起反对这种改革，坚持他们早已十分熟悉且运用自如的形式和方法。

第五章 "面包师将军"：李宝少校与天津武备学堂

退役少校李宝（Carl Friedrich Heinrich Pauli）因为其充满激情、如痴如狂的言行举止和其不成功地参与一家天津面包店经营的活动而在天津获得了"面包师将军"（General Boulanger）的绰号。他也与海军少校式百龄一样，以其行为举止损害了德国在华利益的人物形象被写入来华德国军事教官的历史。[①] 但与怨恨中国工作人员和上司的式百龄相比，李宝的情况更为复杂一些。尽管在开始的时候遇到诸多困难，其在中国显露出来的性格也十分独特，但他还是有较高技能的，也懂得平心静气地与其中国雇主进行交涉。中国雇主则看重他在天津武备学堂中作为实际教务领导的工作能力，容忍他的缺点。与之相反，他的德国同事、外交部及其驻华机构中人却联合侨居天津的外国精英，尤其是津海关税务司德璀琳及其门生汉纳根，不惜代价要将他赶走。

① Stoecker, Deutschland und China im 19. Jh., S. 225–226.

迄今为止尚未得到充分研究的天津武备学堂的历史，深刻展现了由李鸿章发起并推进的一个至关重要的现代化项目是如何因为内部的抵制，也因为外部的干预而受到阻碍的。与此同时，德国在1880年代尚不成体系、很大程度上带有个体化特征的干预中国事务的做法也在这里显现出来。对于李鸿章来说，他在顺从德国公使巴兰德的压力时，大概也考虑到了炮舰外交的危害，只是这一点从未公开。相反，决定德国外交官和中国官员行动的主要是通商口岸商业社会的经济利益。

一　李宝少校与天津武备学堂的创办

天津武备学堂的创办在两个方面得益于中法战争这一特别时机。一方面，1883～1884年的海防经费总额达到了4223710两白银，是海军经费最充裕的年度。[①] 此外，还有新开发的收入来源。李鸿章获得了将部分外交经费用于战争目的的许可。同样，通过出卖官职所得的部分钱款（捐纳）也被用于战争。[②] 另一方面，李鸿章在1884年8月不仅从慈禧太后那里获得了从德国招募军官的许可，他还可以按照自己的鉴别评估对这些军官加以安排利用。[③] 中法战争结束后，在德国人的工作合同尚未到期，也不再继续大批量招募德国教官的时候，李鸿

[①] 《海防经费报销折》（光绪十三年十一月二十六日），吴汝纶编《李文忠公（鸿章）全集》(3)，第217～233页。

[②] 《借款购备枪炮折》（光绪十年正月十七日），吴汝纶编《李文忠公（鸿章）全集》(2)，第747页；《钦定户部海防郑工新例章程》，成文出版社1968年影印。

[③] 《寄驻德李使》（光绪十年七月初二日辰刻），顾廷龙、叶亚廉主编《李鸿章全集》(1)，电稿一，第245～246页。

第五章 "面包师将军"：李宝少校与天津武备学堂 / 139

章便决定创办天津武备学堂了。李鸿章把组织筹划工作交给津海关道周馥，后者也为他起草了一份准备上奏朝廷的关于学堂创办事宜的报告。①

在中国军事史上，这第一所军事学校的创办意味着革命性的进步。虽然自 1860 年代起，在中国官僚集团当中下列认识已经逐渐传播开来，即若无系统学习的专业性，创建能够应对战争的现代海军是无法得到保障的。李鸿章本人也于 1880 年在天津创办了一所海军学校，即天津水师学堂。② 但在陆军方面，克服淮军指挥官的骄横和满人保守派的作战传统却很难。李鸿章和其他改革家多年以前就致力于在中国官僚集团中宣扬并贯彻他们所持的这样一种观点了，即现代战争主要是通过"技艺"而非单凭"胆气"就可取胜。早在其现在已经非常著名、写于 1874 年论海防之争的奏折中，李鸿章就大力呼吁实行武举的现代化，大幅提升中国现代学校的地位。③ 在所有中国高级官员中，李鸿章是最重视与外国建立并保持密切联系者。而从外国人方面，按照西方模式创办以培育军官为主旨的军事院校的建议也纷至沓来。早在 1876 年，李鸿章就向总理衙门报告说，美国将军额伯敦（Emory Upton）已交给他一份有关美国军事教育机构规章制度的报告。然而李鸿章又解释说，

---

① 《代李文忠公拟奏报开设武备学堂折》（光绪十一年五月初五日），周馥：《秋浦周尚书（玉山）全集》（2），文海出版社，1967，第 619~623 页；《年谱》，周馥：《秋浦周尚书（玉山）全集》（6），第 5689 页；周文彬：《周馥与天津武备学堂》，《天津史志》1988 年第 3 期，第 37~38 页。

② Biggerstaff, *The Earliest Modern Government Schools in China*, pp. 39 - 41, 43, 50 - 54; Rawlinson, *China's Struggle for Naval Development*, pp. 49 - 50, 84, 90 - 93.

③ 《筹议海防折》（同治十三年十一月初二日），吴汝纶编《李文忠公（鸿章）全集》（2），第 97~98 页。

举办这类机构需要花费巨额资金,难以承受。但对新任德国公使巴兰德(自 1875 年起驻中国)的建议和帮助,李鸿章抱有一些希望。据此,他将 7 位年轻的淮军军官派往德国学习。①与此同时,也有几位年轻的中国人进入了奥地利的军队,其中之一就是后来担任天津武备学堂总办的荫昌。② 在袁雨春、刘芳圃和查连标从德国返回之际,李鸿章再次上奏朝廷,竭力陈述创办军事院校的必要性。

> 臣维中、西用兵之法大略相同,惟中国选将必临敌而后得,西国选将以学堂为根基;中国军械不求甚精,操练不必甚严,西国则一以精严为主。取彼之长,救我之短,不妨参观互证,期有进益。③

但在当时,他还没有胆量采取创办军事学校的具体行动。取而代之,他只是把从国外回来的留学生安排到他的亲兵营(督标),组建了一个教习连。汉纳根承担了领导组建这个教习连的任务,他也向李鸿章提出过创办——最好由他来领导——军官学校的建议。但在实际上,汉纳根对这类学校的发展前景持相当悲观的态度。他在 1880 年写信给其父时说:"这些事情是否能够取得预期的成功,或者,他[李鸿章]是否信任我所说的话,我必须耐心等待,因为中国人是徜徉在地球

---

① 《议派弁赴德学习》(光绪二年三月初四日),吴汝纶编《李文忠公(鸿章)全集》(5),第 109 页。
② 山田辰雄编『近代中国人名辞典』霞山会、1959、1052 - 1053 頁。
③ 《武弁回华教练折》(光绪五年十月二十八日),吴汝纶编《李文忠公(鸿章)全集》(2),第 390~391 页。

上最自负高傲的民族,就是总督〔李鸿章〕也不能随心所欲,因为此事干系重大,他必须征求朝廷的意见。"① 事实上,李鸿章的确早就认识到了军事学校的用处,只是普遍的态度和帝国糟糕的财政状况使得这样一所机构难以较早地创办。在1880年以前,海防经费还是极其有限的。购买两艘在英国建造的超勇号和扬威号巡洋舰、在大沽建造船坞、在旅顺口建造黄金山炮台群及创办北洋水师学堂,几乎耗尽了所有的经费。

因此,当李鸿章1885年6月向朝廷呈交酝酿已久的创办军事学校的报告时,慈禧太后的态度也不是赞同的。朱批宣称:

> 兵法以致死为先,故技艺可学而胆气难学。夫胆气者,致死之谓也。武备学堂之设,不过练习技艺而已。至于两军相见,肉薄〔搏〕血战,中国自有敢死之士,非洋人所能教习也。该督务当挑选将才,毋得专用西法。②

这样的答复表明了一种坚决反对诸如李鸿章等改革派官员创办军官学校的抵制态度。不仅这样的朱批过于详细(一般的批复应该是"该衙门知道"或"知道了"),而且其中对个人勇敢在战斗中意义的强调直接针对李鸿章多年来一直的努力。这就是要使朝廷明白,人们并非只是在战争结束后才能知道谁是合适的军队首领。还是在这份奏折中,李鸿章解释说:

---

① Constantin von Hanneken an seine Eltern, 24. 11. 1880, in: Falkenberg, Briefe aus China 1879 – 1886, S. 113.
② 中国第一历史档案馆编《光绪朝朱批奏折》第52辑,中华书局,1996,第362页。

"若仅凭血气之勇,粗疏之才,以与强敌从事,终恐难操胜算。"①

然而,李鸿章成功赢得了直隶一些高级军官,如天津镇总兵周盛传和直隶提督李长乐等人对于创办军事学校计划的支持。正如在另一个地方已经提到的那样,德国教官博朗也曾在其巡视军队期间向周盛传推荐,在让军队进行西式操练之前,首先要让军官得到培训。周盛传虽然担心让军官参加学习班会对其部队的日常生活造成一些麻烦,却同意在天津的租界为年轻士兵创办一所学校。以后,其部队可由这所学校的毕业生来训练。这样一来,在比较短的时间里就可以培养出一些教官,他们正如查连标已经非常成功地做的那样,再来培训军队,"以期成就将才,为异日自强之本"。②

与此同时,周盛传用这种方式将正待在其部队中的教官恭请到天津。而后来以翻译英国人赫胥黎(Aldous Huxley)的《进化论与伦理学》(*Evolution and Ethics*)出名的严复甚至推测说,创办军事学校的目的不是别的,只是要为外国教官找点事干,因为军队指挥官想要把他们悉数赶走。③ 严复此时正在天津水师学堂所属驾驶学堂担任"洋文正教习"。他的这一说法也反映了在驻天津的外国领事和商人中间广为流传的一种见解,例如德国副领事樊德礼(Chr. Feindel)后来就写道:

---

① 《创设武备学堂折》(光绪十一年五月初五日),吴汝纶编《李文忠公(鸿章)全集》(3),第22页。
② 《洋操情形禀》,周家驹编《周武壮公(盛传)遗书》(1),第553页。
③ 严复:《救亡绝论》(1895),卢云昆编选《社会剧变与规范重建:严复文选》,上海远东出版社,1996,第52页;王家俭:《北洋武备学堂的创设及其影响》,《台湾师范大学历史学报》1976年第4期,第339页。

第五章　"面包师将军"：李宝少校与天津武备学堂　/　143

因此，必须把这个开始看作不成熟和未经过深思熟虑。在通过1885年的天津条约处理完中法冲突后，总督［李鸿章］下达了一个对于建立军事学校非常必要的命令，并且相信可以在大量先前为了恐吓法国人而招募来的德国军官中为办学找到必需的教员，这些人的合同尚未到期，人们也没有想好指派他们干什么样的其他工作。①

事实上，李鸿章是按照周盛传的设想，将天津武备学堂建成培训年轻军官和战士的学校，而这些年轻军官和战士均由其所在部队的指挥官派遣并提供资助。驻扎直隶的淮军和练军指挥官以及驻守旅顺的宋庆总共派遣了大约125人。部分是年轻军官，但在他们当中，有许多人属于文职人员。随着位于海河东岸、与租界相对地方一座综合楼的建造，办学事宜就正式开始了。而在新校舍建成前，该校暂时借用天津海军衙门的房屋，直接由水师营务处道员罗丰禄看管，后来一度迁至天津机器局（东局子），该局位于天津郊区水师学堂的东边。李宝、密次藩（崔发禄）、哲宁、那珀、博朗和军士坤士被指定为军事学校教师；李宝少校还受命负责教学事务。②

关于该校第一年的工作，只有少量信息留存。③ 教学工作

---

① BArch Berlin R 901/29894 Feindel, Tianjin, an Reichskanzler, Nr. 38, 18.4.1889.
② 《创设武备学堂折》（光绪十一年五月初五日），吴汝纶编《李文忠公（鸿章）全集》（3），第22页；光绪《重修天津府志》，第2012~2013页。
③ 就连迄今为止对天津武备学堂研究最全面的王家俭也没有引用任何1887年以前的史料，参见王家俭《北洋武备学堂的创设及其影响》，《台湾师范大学历史学报》1976年第4期。

开始于 1885 年 3 月。在选取教学材料方面，李宝似乎有完全的自由。与其怀有的雄心壮志相对应，他以普鲁士军事学院的教学内容为制定课程表的主要依据，并不特别考虑中国学生的前期教育状况。表 5-1 课程表所列大部分科目与较高级的军事科学和作战理论相关。

表 5-1 李宝制定的课程表

星期一	星期二	星期三	星期四	星期五	星期六
上午					
野战学	战术	沿海战	野战学	战术	堡垒战
武器学	数学	防御工事构筑技术	武器学	数学	防御工事构筑技术
测绘学	物理学	地形学	天文学	测绘学	化学
下午					
绘图学	图上演习	数学	图上演习	图上演习	数学

资料来源：BArch Berlin R 901/29894 Feindel an Reichskanzler Nr. 38 18.4.1889.

外堂课（实操课）由炮兵和步兵操练及工兵勤务构成。除此之外，每天还有讲授中国经典著作和历史著作的课程。① 李鸿章在奏折中写道："一月之中，每间三五日，由教师督率学生，赴营演试枪炮阵式及造筑台垒之法，劳其筋骨，验其所学。"李鸿章则派员每两个月就到学校进行一次考试，分别赏罚。② 李宝还在初夏季节带领他的学生到山海关练习实地测

---

① 《北洋武备学堂学规》。
② 《创设武备学堂折》（光绪十一年五月初五日），吴汝纶编《李文忠公（鸿章）全集》（3），第 22 页。

绘，这也是他最擅长的专业领域。① 因为许多来自各营的士兵是半文盲，跟不上这一相当高深的教学计划，所以又在1885年6月设立了一个预备班。② 还为德语课聘请了一位名叫迈耶尔（Meyer）的博士候选人。③

1885年年中，在天津武备学堂开学3个月后，天津的当政者对于李宝少校的工作深感满意。李鸿章得出结论说，与聘用式百龄相反，遴选李宝少校没有任何过错。他还写信给驻柏林的中国公使说：

> 包烈［李宝］现充武备学堂教习，性情间有出入，兵法颇知根柢。④

为了建造校舍，李鸿章在租界对面的海河北岸购买了一块地皮。还购置了适宜印刷石版和金属版图文的印刷机、测绘仪器、图书、图画材料等，从德国招聘了一位名叫来欣克（Reisinger）的印刷工。⑤

在中国的现代化者看来，要想说服同胞赞成从军事学校中培养选拔军官，李宝的职业生涯必须像一个很理想的榜样。李

---

① 《海防用款立案折》（光绪十四年八月二十日），吴汝纶编《李文忠公（鸿章）全集》（3），第280~285页。
② BArch Berlin R 9208/449, 276-278 von Glasenapp, Hecht, Kuntzsch an von Brandt 29. 7. 1886.
③ BArch Berlin R 901/29894 Feindel, Tianjin, an Reichskanzler, Nr. 38, 18. 4. 1889.
④ 《复许竹筼星使》（光绪十一年五月初四日），吴汝纶编《李文忠公（鸿章）全集》（4），第463页。
⑤ 《海防收支清册折》（光绪十五年正月二十一日），吴汝纶编《李文忠公（鸿章）全集》（3），第317~330页。

宝出生于柏林，拥有文科中学毕业证书，曾读了一年军事学院，1863~1865年就读于炮兵和工程兵学校，并在那里通过了炮兵军官考试。他在普奥战争和著名的普法战争中，总共参加过两次攻城战、16次战役。除此之外，他还在3年培训结束后获得了总参谋部学校的结业证书。除了拥有野战炮兵和堡垒炮兵的经历，他还在总参谋部的地形勘测部工作过两年，另有两年在安克拉姆（Anklam）军事学院担任教师。① 总之，李宝拥有炮兵、野战测绘学知识和其他重要技能（他能讲英语、法语和俄语），并且当过教师。

然而，和谐没能维持太久，严重的分歧在德国教官中突然爆发。也是在1885年，学校在组织方面遇到了一些困难。正当李鸿章对李宝做出比较好的评价之际，李宝本人却由于其不检点的行为和充满丑闻的婚姻生活招致侨居天津的其他德国人的强烈不满。在此期间，李宝已经把家属接到了天津，住在德国人开的利顺德大饭店。他的夫人多次为了躲避他的家暴而逃到饭店老板里特尔（Ritter）的妻子那里。② 因为其他德国军官拒绝服从李宝的最高指挥，所以李宝的这一职权便在1885年5月被解除了。李宝断言德璀琳是所有阴谋诡计的幕后策划者和支持者，这一断言并非毫无根据。正如前面已经谈到的那样，对于德璀琳的门生汉纳根的职位来说，另一位德国军人的较高地位便意味着严重威胁。③ 哲宁和密次藩在1885年辞职离校，返回德国。为了替补工程军官哲宁，先前曾在

---

① BArch Berlin R 9208/493, 68 Lebenslauf Paulis [1881].
② BArch Berlin R 9208/493, 175–182 von Brandt an Reichskanzler, Nr. 111, 10.5.1888.
③ BArch Berlin R 9208/493, 54–58 Pauli an von Brandt 21.4.1886.

大沽参与建造防御工事的铁道兵军团退役少尉巴恩士来到了学校。但是天津当局拒绝与他签订新的合同，也没有在形式上延长其旧的、为期一年的合同。巴恩士只能悄无声息地遵循先前约定的条件继续工作下去。①

与此同时，学校的纪律问题也没有得到妥善处理。学生都是由各支部队的军事指挥官派遣来的，也由他们提供资助。对学生的任何警告和惩处，都会害怕得罪相关的指挥官。这种棘手境况可从学校章程中看得十分清楚。虽然设有中国传统的功过簿，警告和表扬都被记录在案（学生一旦受到3次警告，就面临被勒令退回其营队的危险；但若受到3次表扬，则会获得奖励。警告也会导致考试分数的降低），然而，记录在案的警告也可以通过罚款来抵消，所收款项由稽核部保管，如果学生后来变好了就予以退回。② 这样一来，惩罚就很容易规避了。况且学校的最初几位领导，如马翰卿、柯铭等人又都是人微言轻的官员，根本约束不了不服管教的学生。③ 马翰卿还在1885年因为学生罢课而被迫提出辞职，那珀也曾经请求换一份工作，但最终还是留在了学校。④

为了平息争执，李鸿章在1885年底任命杨宗濂为学校的监督。杨宗濂出生于江苏金匮（今属无锡），是一位与李鸿章同年参加会试的文人之子。他自称李鸿章的学生，但没有获得

---

① BArch Berlin R 9208/493, 116 – 118 Von Ketteler, Tianjin, an von Brandt 8. 10. 1887.
② 《北洋武备学堂学规》。
③ 王家俭：《北洋武备学堂的创设及其影响》，《台湾师范大学历史学报》1976年第4期，第320~322、340页。
④ 山阴述戡手稿《论武备学堂总办教习辞职事》，《申报》光绪十一年十一月念七日。这篇文章是由安德里亚·扬库提供的，在此谨表谢忱。

任何科举功名，仅仅拥有一个花钱买来的监生身份（在科举功名当中属于最低档次）。在镇压太平天国和捻军的战争中，他表现出了杰出的军事组织才能。1860年，为了抗击太平军，杨宗濂在江阴募集了一支地方民兵队伍，称"白头局"。"白头局"解散后，他和他的弟弟杨宗瀚一起于1862年避走上海，进入李鸿章幕府。在1864年进攻无锡、江阴、常州的军事行动中，杨宗濂率领新招募的军队参加战斗。该部队用他名字的第三个字为号，称"濂字营"。打败太平军之后，杨宗濂在李鸿章的幕下总理营务处，负责与捻军作战部队的后勤供应。他的一项最突出贡献是创立车营，军队需要车辆时，可从该营借用，因为征用民众的车辆会徒增困扰。这一做法深受欢迎，后为其他各军效仿。杨宗濂的文官生涯开始于在湖北担任荆宜施道道台，1882年李鸿章的哥哥、湖广总督李瀚章成为他的上司。

李瀚章因为贪污腐败和任人唯亲被一位给事中奏参。两广总督左宗棠受命审查该案，并力主予以严厉惩罚。然而，这一湖北丑闻最终还是不了了之。李瀚章只被暂时革职，其品级和家产均得以保留。杨宗濂为了替李瀚章顶罪，丢掉了官职及其他奖赏（顶戴、花翎等），只是没有像左宗棠所主张的那样发配军台效力赎罪。[①] 李鸿章感念其对李家的救助之恩，在北洋军械所为他提供了一个肥差，负责所有购买武器事宜；1885年底，李鸿章又任命他为天津武备学堂的监督。

杨宗濂曾经是淮军一支部队的指挥官，拥有丰富的战争经历，也有道台的官阶，属于四品官（他在湖北只是丢掉了官

[①] 马昌华主编《淮系人物列传：文职·北洋海军·洋员》，第82~85页；《复张黄斋署副宪》（光绪八年十二月十八日），吴汝纶编《李文忠公（鸿章）全集》（4），第452页。

职,作为道台的官阶却没有丧失)。因此,他与那些派遣学生到天津的指挥官是平级的。① 正如后来经常得到证明的那样,在对待外国人方面,他是一位态度强硬者。在湖北担任道台时,他曾主管过汉口海关事务,并且在当时就因为态度强硬而被海关怨恨。② 而在北洋军械所工作时,杨宗濂也参与了武备学堂的创办。他曾与周馥一起为该学堂编制了经费预算。李鸿章希望通过对他的任命,改善学堂的现状。

> 所募德国兵官分充教师,性情不一,勤惰各殊,必须威信素孚之员督率驾驭,方可收驯习之效。查有已革职湖北简用道杨宗濂,心细才长,器识深稳,自同治初年随臣剿办粤捻,久在前敌总理营务,劳勚卓著,深得兵心,历年随办交涉,操纵有方。以之总理学堂事宜,弁兵心悦诚服,如父兄诏勉子弟,自能日起有功,即西洋教习各弁亦能谨受约束。③

然而,李宝少校只感到自己的荣誉受到了伤害,却根本不知总督的良苦用心,故而开始闹情绪了。原先的领导比较软弱,恰好有利于他在学校中发挥自己的作用。他一度竟然相信,自己才是天津武备学堂的真正主管人。但从理论上说,他从来就不是主管人,因为学校的领导班子是按照福州船政学堂

---

① 王家俭:《北洋武备学堂的创设及其影响》,《台湾师范大学历史学报》1976年第4期,第320页。
② 马昌华主编《淮系人物列传:文职·北洋海军·洋员》,第82~85页。
③ 李鸿章:《札调杨宗濂总理武备学堂片》(光绪十一年十二月十三日),高时良编《洋务运动时期教育》,上海教育出版社,1992,第496页。

的体系组建的,由总办、会办(也称帮办)、监督和提调组成。按照章程,监督和提调负责日常行政管理和教学事务,包括学生宿舍的料理。相对于中国教师,外国教官形式上享有的唯一特权在于他们有权直接面见总办,表达己见。①

更令李宝对此时这种新的隶属关系感到不满的是,杨宗濂因为曾经遭到降级处分而口碑不佳,被视为一位腐败分子。此外,李鸿章没有让人向李宝明示,与新来的总办相比,他处于何种地位。对于这位十分看重形式和名号礼仪的普鲁士人来说,这一切均是莫大的羞辱。李宝以等待指示为由,暂停了他在学校的工作。天津官员将这个举动视为狂妄自大,并且较长时间对他置之不理。不幸的是,式百龄此时也处在只拿高额薪金而不工作的状态,这就让李鸿章和其他主管官员更加恼火了。李凤苞"军事使团"中两位最高级别的军官——按照中国前公使的设想,他们应当分别担任北洋陆军和北洋海军的总指挥——一起罢工了,他们深受在中国所遭遇的实际情况的伤害,正如李宝写信给巴兰德所说的那样。

> 前公使李凤苞以最绚丽华美的许诺诱骗了我,使我离开德国陆军而以军事顾问和组织者的身份供职于中国。所有的许诺都没有兑现,正如李凤苞的所有口头许诺均被人以嘲弄的口吻所否定的那样。②

同一时间,即1885年11月22日,那位将他们招募到中

---

① 《北洋武备学堂学规》。
② BArch Berlin R 9208/493, 54-58 Pauli an von Brandt 21.4.1886.

国来的人也因受到贪污腐败的指控而被上谕革除了所有官职和禄位。① 博朗则在1885年底提出了辞呈。② 按照李宝本人的说法,他等待李鸿章的答复,但过了将近两个月也不见动静。后来他又要求分派其他工作,想要承担测量黄河以疏阔其河道的任务。水师营务处道员罗丰禄的答复清楚地表明,中国雇主认为李宝的要求超出了他的职权范围。

1、你必须耐心等待签署杨道台现正为你准备的一份文件;2、在你效力于总督期间,你必须事事服从总督的命令,绝不容许妄自尊大地提出任何非分要求。因此,你必须因为你任意妄为地提出测量黄河等建议的方式而受到斥责。③

期待已久的文件终于在1886年2月8日下发了,但该文件只是非常一般地对总办与教员之间的关系做了一些规定。据此,所有教员都必须听从总办的命令,并且每个星期都要向他汇报工作。④ 李宝拒绝这个解决办法。他强调自己曾为德国参谋部军官,理应与总办平起平坐。他要求独自掌握制订和实施教学计划的权力及对由他带来的军士——其中艾德和坤士都在武备学堂任教——的命令权。至于其他本来就不想隶属于李宝的德国教官,总办可以自行调度。另外,李宝还想为自己争取

---

① Hausotter, Li Fengbao, der zweite chinesische Gesandte in Berlin (1878 - 1884), S. 81 - 83.
② BArch Berlin R 901/22589, 93 The London and China Express 12. 1. 1886.
③ BArch Berlin R 9208/493, 54 - 58 Pauli an Brandt 21. 4. 1886.
④ BArch Berlin R 9208/493, Anlage 1.

从德国招聘新教员的权力。对于李鸿章来说，这些建议是完全不可接受的。① 他只想将现有的外国人控制住，绝不愿再为总办与教官之间的职权之争制造新的事端。

1886年4月，李宝继续自由闲散地待在天津。他不再去教学，却与一位落魄冒险家合伙做起了生意，而在当时中国的通商口岸，此类冒险家不在少数。"弗兰岑巴赫丑闻"（Franzenbach-Affäre）使得李宝后来获得了"面包师将军"（法文：General Boulanger；德文：General Bäckermeister）的绰号，并且被剥夺了穿普鲁士军装的权利。对于他的普鲁士军装，李宝一向充满自豪，因为他的祖父和父亲都曾在普鲁士炮兵部队服过役。② 出生于莱茵河畔科伦的洛伦茨·弗兰岑巴赫（Lorenz Franzenbach）1870年代初就来到了中国，曾经在同文馆工作过一段时间，因为不能胜任而在1875年被解雇。1884年春，弗兰岑巴赫来到天津，先是以冶金学家身份为直隶北部的一家中国矿务公司工作，但未过几个月又回到了天津。"正如只是在中国沿海地区不健康的个人信贷关系中才有可能出现的情况那样"，他在这里债台高筑。因为会说官话，他在中法战争期间被聘为翻译，专门服务于这些原德国军官。而在被中国政府出于不明原因解聘后，李宝以每月15墨西哥元（50马克！）雇他担任自己的私人翻译。1886年，弗兰岑巴赫接手了一家名为"吉根恩兄弟"（Genien frères）的法国公司，即一家面包店，其主要业务是为每年都在这里

---

① BArch Berlin R 9208/493，Anlage 1.
② BArch Berlin R 901/33640，133－134 Immediatsgesuch Pauli 30.12.1887；BArch Berlin R 9208/493，138－141 von Ketteler, Tianjin, an von Brandt, Nr. 80，12.12.1887.

越冬的军舰提供补给。李宝为订购货物和租赁房屋提供担保,弗兰岑巴赫则有义务每年分给李宝 1/5 的利润。李宝少校虽然还算是一位说得过去的军事教官,但绝非精明的生意人。该公司在 1886 年底破产了,而此项经营活动则在弗兰岑巴赫、李宝和吉根恩兄弟公司之间不名誉的争执中告终。此事大大激怒了负责处理司法争端的德国领事,并且在整个天津成为人们的谈资。①

尽管如此,李宝还是获得了再次回到天津武备学堂工作的机会。1886 年 7 月,在式百龄被解雇后,李宝最终屈服于学校章程和新任总办的领导了。在此期间,后者也的确成功地改善了学校风貌。新校舍建成了,并在 9 月初投入使用。坐落在海河东岸的校区类似于中国衙门和要塞两种建筑风格的混合;从租界出发,只有借助轮渡才能到达。由高墙围起来的长方形土城下方有一条挖壕堑引水形成的护城河,在其上方架设了多座通向学堂大门的桥梁。在用砖牢固地砌成的主门后面是一个巨大的练兵场。两个中央大殿有数间小厅被用作礼堂。然后是几个院落,厢房是校舍,所有校舍都是木结构建筑,也都是平房。其中包括多间教室、一个体操房、一个图书馆、一间绘图室、一间实验室、一个印刷所及一些办公室和教官宿舍。4 位外国教官的宿舍也早有预留。在校区的后一部分(朝北方向)建有学生宿舍,每 2~4 个住校生合住一间,并且只有出示通行证方被准许离开这一地带。此外,还建有仆人住所、厨房、

---

① BArch Berlin R 901/33640, 180 – 187 Feindel, Tianjin, an Reichskanzler, Nr. 39, 1.5.1888.

马厩等建筑。校外的海河岸边另有一个操练场。射击场还在建造。①

学生的前期教育和纪律仍有许多欠缺,但是那珀、巴恩士、坤士等留在学堂工作的教官已经比较安于现状了。李鸿章也向他们许诺,将努力改善状况。他也确实颁布了学校章程的补充条款,向指挥官强调,只派遣能读会写的学生,学生则被要求严格遵守纪律。②

李宝与其他德国教官的区别也得到了解决。学校交给李宝一个由 25 个优良学生组成的所谓总参班(Generalstabklasse),并且只让他一人为该班上课。这样一来,他不再与其他教官接触,可以讲授较高程度的军事科学知识。③ 此外,李鸿章也接受了李宝提出的创办教导队的建议。1887 年,为教导骑兵购买了 30 匹马,李宝也获准再次带领他的学生外出考察,此次去的是旅顺口。④ 而当德国教员迈耶尔因为与总办杨宗濂发生合同之争而提出辞呈时,李宝又雇用了由他带来的军士艾德,后者在学校承担了德语教学任务。⑤

如同发生了奇迹似的,总办杨宗濂与少校李宝之间的关系

---

① BArch Berlin R 9208/493, 81 - 82 von Brandt an Reichskanzler, A. 153, 19. 7. 1886;《北洋武备学堂学规》; Goldmann, Ein Sommer in China, Bd. 2, S. 152; 王家俭:《北洋武备学堂的创设及其影响》,《台湾师范大学历史学报》1976 年第 4 期,第 320 页。
② 《光绪十二年六月北洋大臣李批准续定章程五条》,中国社会科学院近代史研究所档案馆藏。
③ BArch Berlin R 9208/493, 81 - 82 von Brandt an Reichskanzler, A. 153, 19. 7. 1886.
④ 《海防报销折》(光绪十七年二月十六日),吴汝纶编《李文忠公(鸿章)全集》(3),第 472~480 页。
⑤ BArch Berlin R 901/29894 Feindel, Tianjin, an Reichskanzler, Nr. 38, 18. 4. 1889.

逐渐变好。而中国官员对李宝的普遍看法是,他只是"有点疯"。除此之外,他们在此期间都对他保持了友好的宽容态度。① 第二年,学堂中没有再发生值得一提的纷扰。学生数量增加到200多人,学制由一年制延长到两年制。② 10月,从法国购买了一个系留气球(Fesselballon)。为了该气球的安装和保养,法国技术员皮拉斯·帕尼斯(Pillas Panis)随同而来,还有一个中国少尉和10名士兵受其调度。由26名学生组成的学堂特选班(Selekta-Klasse)开始接受专门培训(自春天起,下午1~3时,每星期4次),所学科目有空中航行史、从军事角度使用气球、气球部件的技术名称、气球使用技巧等。1887年10月3日,系留气球首次在中国升空。③

在式百龄离开中国后,德国外交部曾经指示巴兰德也让李宝离开中国。巴兰德在1886年11月初接到这一命令,但是事态已发生了很大变化。巴兰德回复说,他暂时不能采取行动,因为现在没有人再抱怨李宝了。④

---

① BArch Berlin R 901/33640, 172 – 174. Von Ketteler, Tianjin, an von Brandt 2.11.1887; ebd., 149 – 152 Von Ketteler, Tianjin, an von Brandt 5.5.1888; zur Haltung chinesischer Beamter gegenüber Pauli: ebd., 180 – 187 Feindel an Reichskanzler, Nr. 39, 1.5.1888.
② *The Chinese Times*, April 23, 1887, 转引自王家俭《北洋武备学堂的创设及其影响》,《台湾师范大学历史学报》1976年第4期,第320页。
③ BArch Berlin R 9208/450, 113 – 125 von Ketteler, Tianjin, an Reichskanzler 17.10.1887.
④ BArch Berlin R 9208/493, 90 – 91 Auswärtiges Amt an Brandt, Erlass Nr. 78, 19.9.1886; ebd., 122 – 123 von Brandt an Reichskanler, A.312, 6.11.1886. 德国外交部后来却重申其指令,力图迫使李宝远离中国,参见 BArch Berlin R 901/33640, 123 Hellwig, Auswärtiges Amt, an von Brandt 13.6.1887.

二　外交攻势：巴兰德反对李宝和穆麟德

尽管如此，学堂并没有趋于平静，而新的纠纷是由在华德国外交官1886年底掀起反对李宝在天津武备学堂任教，支持任用德国官方派来的军事教官的宣传战引起的。必须从天津特有的权力关系和通商口岸的德国精英，尤其是海关税务司德璀琳和以从事"政府贸易"（大部分为武器和机器贸易）为主业的大公司在其中发挥的作用这个背景来理解这一宣传战。

1885～1890年，天津是一个政治斗争激烈的地方。在这里，直隶官府与不同国家的外交官及各种私人之间的利益冲突相互掺杂。如果说在两种文化之间的切面上可以形成一个稳定的社会体系，[①]那么天津就必须被当作一个参考示例而受到关注。虽然香港和上海作为在华外国人的共同体比天津重要得多，但就中国人与外国人的关系而言，没有一个地方像在天津那样紧密，也没有任何地方有那么多外国人讲中国话。[②]没有一个地方像天津那样，贸易与政治紧密纠结在一起；也没有其他任何地方的党派团体能涉及这么多国家。因为在天津的外国

[①] Fred E. Schrader,„Kulturtransfer zwischen sich überschneidenden Zivilisationen: Europa und Ostasien ", *Comparativ* 9. Jg., Heft 4, 1999, S. 101 – 106.

[②] Tagebuch Georg Baur, Bd. 1, Eintrag vom 3. November 1890。"越往北走，能听懂中国话的欧洲人就越多。在香港没有人学习这种枯燥无味的语言，在上海只有个别人，在天津则几乎所有人，特别是德国人学习官话。在北方，欧洲人与中国人在生活方面的联系要紧密得多，即使只有极少数中国人能够适应欧洲人的习性。"参见 Goldmann, Ein Sommer in China, Bd. 2, S. 123 – 124.

人圈子非常小，德国军事教官在德国侨民中占有相当的比重，所以他们很快就以这样或那样的方式陷入了冲突。

而在1880年代中期，这个城市的政治权力关系还是相对稳定的。在外国人圈子中，德璀琳占据首位，他对天津的发展趋向所产生的影响比其他海关税务司相对于其所在中国港口城市发挥的作用都要大。① 中国方面，1882~1888年站在他对面的是津海关道周馥。作为"津海关道台"，他的职位在中国官僚体系中是独一无二的。在天津，他是位居李鸿章之下的第二号人物。但当直隶总督在冬季回到真正的省城保定时，他便是当地最高级别的官员了，与天津道台并列，但后者并不与外国人打交道。② 海关税务司和海关道台这两位天津官员的职权在许多方面相互交叉，并且不只限于海关事务。因此，在天津围绕权力和利益展开的角逐中，这两个人成了最主要的对手。德璀琳和汉纳根对李宝少校的厌恶，我们在前面已经多次提到，周馥却十分包容李宝。作为海关道台，周馥对武备学堂的前途命运有着至关重要的影响力。但是他与德璀琳这位同样影响卓著的外国人的冲突，势必也会对李宝产生影响。

驻中国的德国外交机构在1880年代重新把通过与中国的"政府贸易"尽可能多地输出德国产品视为自己的主要任务。因为克虏伯铸钢厂、伏尔铿造船厂等德国企业都属于德国重工业当中最重要的对华出口商，所以他们肯定会要求德国外交官给予支持。而之所以会出现上面提到的德国外交部针对李宝下达的命令，恰恰是因为两家公司的驻中国代理商伯迈斯特

---

① 尚作湖：《德璀琳在天津》，《天津史志》1990年第2期。
② 梁元生：《清末的海关道与天津道》，《中央研究院近代史研究集刊》第25期，1996年6月。

(新载生洋行）曾对海军少校式百龄1886年7月有损于德国商业贸易的行为提出过控告。而在这份控告信的一个从句中，李宝也受到了指责。① 李宝因为提出勘测黄河的建议触动了该公司的利益。当时，受克虏伯和德国银行联合财团委托驻天津的政府营造师贝德格（Bethge）同样有这一要求，其目的是为德国经济界招揽订单。伏尔铿造船厂也制造了可供疏通河道之用的挖泥船。② 由于邮途遥远，德国外交部的反应迟至当年11月才到达中国。而在这时，巴兰德7月亲赴天津的调解之旅已经结束，他曾在调解中极为热忱地请求李鸿章留任李宝。事后，巴兰德向德国上级部门辩解说，李宝是年龄最大的德国军官。巴兰德还担心，如果迫使李宝离职，他的职位会被其他国家的军官占据。③

尽管如此，对于德国公使巴兰德来说，改变对李宝的政策并不特别困难，因为除了他对外交部和德国工业界的义务，李宝本人也做了一些在巴兰德看来大错特错的事情。那就是李宝与巴兰德的仇敌穆麟德掺和在了一起。穆麟德曾在1874～1882年就职于德国驻华使领馆。1879～1881年，他代理天津领事，并在这个时期与天津当地的一些重要官员交往

① BArch Berlin R 992 – 993 Burmeister, Svhmidt & Co., Shanghai (Vertreter der „ Vulcan "), an Gesellschaft „ Vulcan " in London und Stettin 1. 7. 1886.
② 贝德格在1887年免费承担了测量工作，只是此项委托后来转让给了法国财团。贝德格为此获得了一枚三等第三宝星。Stoecker, Deutshland und China im 19. Jh., S. 197；李鸿章：《贝德格勘河请奖片》（光绪十三年闰四月初八日），吴汝纶编《李文忠公（鸿章）全集》（3），第187页。
③ BArch Berlin R 9208/493, 174 – 182 von Brandt an Reichskanzler, Nr. 111, 10. 5. 1888; John King Fairbank, et al., eds., *The I. G. in Peking: Letters of Robert Hart, Chinese Maritime Customs, 1868 – 1907*. Cambridge, MA: Belknap Press of Harvard University Press, 1975, "Introduction," pp. 3 – 4.

甚密，其中特别包括刘含芳、周馥等人。刘含芳在 1875 ~ 1883 年为北洋军械所负责人；周馥则在管理海防经费的海防支应局任职。穆麟德深知李宝期望人们按照其能力和其真正级别加以任用的心情，也自觉自己是被德国政府而非中国政府错待了。尽管他先前曾在海关工作，并且将丰富的中文知识（包括书面语言知识）带入了领事馆，但公使巴兰德总像对待一位普通译员那样对待他。穆麟德没有接受过公使馆的培训，不得不担任这样的译员长达 10 年之久。对于他来说，通往高级外交官的道路并不顺遂。正当穆麟德在 1882 年被不情愿地调到上海，并在那里受一位比他年轻的同事领导时，周馥升任津海关道台了。穆麟德遂利用这个机会回到天津，以私人秘书身份效力于周馥。巴兰德从此视他为一个背叛者，千方百计给他的生活制造麻烦。①

相反，中国官员却十分信任穆麟德。自行开放的朝鲜早在 1882 年底就在寻求一位协助处理外国事务的顾问和管理即将设立的海关的税务司。周馥推荐了穆麟德。周馥在所有涉及外国事务方面都能够代表李鸿章，因此也拥有处理朝鲜事务的权力。人们相信穆麟德是忠诚可靠的。此外，他拥有海关工作的经验，能够用中文写作，而后一点对于与朝鲜人进行沟通又是绝对需要的。从 1882 年 12 月到 1885 年 9 月，穆麟德在朝鲜担任海关总税务司，一段时间甚至出任协办统理衙门事务。1885 年底，他回到天津。他因为过度强调（他自以为的）朝鲜利益和倾向接近俄国而

---

① Rosalie von Möllendorff, P. G. von Möllendorff: Ein Lebensbild. Leipzig: Harrassowitz, 1930.

受到指责。① 李鸿章是那些主张将穆麟德从朝鲜召回的官员之一，因为穆氏采取的是一种完全自主的政策，绝非总是按照李鸿章的旨意办事。然而李鸿章也知道他终究还是能够抓住穆麟德的，因为穆麟德与德国公使的纠葛而不得不任职于中国。于是，李鸿章在就召回穆麟德一事向总理衙门汇报时说："届时或再调穆麟德来津差遣，即彼不肯来亦无可容身之地矣。"② 穆麟德的确在 1885 年 12 月返回了天津，重新在周馥那里工作，形式上是在天津武备学堂做翻译。③

1886 年底，巴兰德开始了对李宝和穆麟德两人的讨伐。从那时起，他和天津领事馆的代理领事克林德利用每一次与李鸿章谈话的机会，公开表达反对这两人在天津武备学堂任职的意见。而当李鸿章在 1886 年 11 月提到想要请求普鲁士陆军部提供支持，帮助招聘新的教官的想法时，克林德立即提请他注意李宝长时间在天津武备学堂任教产生的不良后果。李鸿章保证说，将在合同到期时无条件地解除李宝在中国的职务。④ 1887 年 1 月，巴兰德寄给李鸿章和杨宗濂一份"关于武备学堂的备忘录"，并在其中暗示李宝的教学方法不合适，必须降

---

① Möllendorff, P. G. von Möllendorff; Lee, *West Goes East*; Walter Leifer, Paul Georg von Möllendorff: ein deutscher Staatsmann in Korea. Saarbrücken: Homo et Religio, 1988.
② 《筹换穆琳德》（光绪十一年七月十二日），吴汝纶编《李文忠公（鸿章）全集》（5），第 442 页。
③ Möllendorff, P. G. von Möllendorff, S. 88 – 89; BArch Berlin R 9208/493, 54 – 58 Pauli an von Brandt 21.4.1886; ebd., 138 – 141 von Ketteler, Tianjin, an von Brandt, Nr. 80, 12.12.1887.
④ BArch Berlin R 9208/493, 122 – 123 von Brandt an Reichskanzler, A. 312, 6.11.1886.

低课堂教学要求,把重点放到实践方面而不是理论方面。① 同样收到了备忘录的杨宗濂却直接否定了对学堂教官的批评意见,即便使用的是外交辞令。

> 李宝先生在9月开课以来的数月中以非凡的热情投入工作,毫不畏惧任何艰辛和劳苦;或许他讲授的课程涉及大量的多方面题材,导致一些天赋资质较低的学生不能跟得上。那珀和巴恩士先生同样为完成其任务付出了一定的努力。②

与此同时,巴兰德以穆麟德没有履行其为期10年的合同义务为由,刻薄地强迫穆麟德向德国国库缴纳赔偿金。这笔债务累计总额2569.7马克,其中1200马克属于公共设施费,967.9马克属于旅行和伙食费,401.8马克为电报费。③ 穆麟德的财务状况一直十分拮据,他坚决拒绝还债,并且为了逃避领事裁判权的迫害,在1887年年中提出放弃普鲁士和德意志帝国国籍申请,但巴兰德不依不饶,提出了更多要求。④

> 穆麟德已经通过其行为使得任何宽恕赦免都毫无价值

---

① BArch Berlin R 9208/450, 1 von Brandt an Li Hongzhang 4.1.1887; BArch Berlin R 9208/449, 297-303 Memorandum über Kriegsschulen Ⅱ; BArch Berlin R 9208/450, 9-10 Li Hongzhang an von Brandt 7.1.1887.
② BArch Berlin R 9208/450, 14 Yang Zonglian an von Brandt 14.1.1887.
③ BArch Berlin R 901/31765, Notiz zu: ebd. Regierungs-Präsident Siegnitz an Reichskanzler 24.4.1888.
④ BArch Berlin R 901/31765, Rettich, Tianjin, an Reichskanzler, B.21, 31.1.1888.

了，他根本没有利用我提供的机会，心怀感恩地承担他遗留下的债务，而是一味地违抗，好像他的债务不能由法院来裁定似的，因此有必要进一步建议对他实行严厉惩罚。①

诋毁攻击李宝和穆麟德的宣传战首先是由在1887年夏天代理天津领事馆领事的公使馆参赞克林德发起的。克林德与汉纳根、德璀琳交往甚密，而后两人从一开始就对李宝不怀好意。德璀琳与穆麟德之间的关系同样很差。穆麟德受津海关道周馥的保护，而周馥又十分厌恶德璀琳，并且在一位同时代的观察者看来，周馥与德璀琳关系的紧张程度几乎达到了私人决斗的程度。② 克林德极力劝说李鸿章疏远李宝和穆麟德，其行为并非没有个人原因。

李宝为期三年的合同到1887年底即将期满，事实上，是年夏天克林德已经成功说服了李鸿章，指示驻柏林的中国公使许景澄向德国外交部提出推荐军官的请求。③ 1887年7月底，许景澄照会德国外交部，请求推荐3位刚刚退役的军官。④ 然而，外交部尽管已经就向中国派遣军官事为陆军部开了绿灯，后者却拒绝提名其他的在役军官。在征得李鸿章的同意后，许

---

① BArch Berlin R 901/31765, von Brandt an Reichskanzler, B. 21, 31. 1. 1888.
② BArch Berlin R 9208/505, 19 – 23 Feidel, Tianjin, an Reichskanzler, Nr. 74, 25. 9. 1888; BArch Berlin R 9208/493, 72 – 74 von Brandt an Reichskanzler, A. 124, 6. 6. 1886; Constantin von Hanneken an seinen Vater 23. 5. 1883, in: Falkenberg, Briefe aus China 1879 – 1886, S. 199; 罗澍伟主编《近代天津城市史》，中国社会科学出版社，1993，第277页。
③ BArch Berlin R 9208/493, 107 von Brandt an Reichskanzler, A. 236, 24. 8. 1887.
④ BArch Berlin R 901/29893, Auswärtiges Amt Notiz 26. 7. 1887.

第五章 "面包师将军"：李宝少校与天津武备学堂 / 163

景澄做出了让步。1887 年 10 月 23 日，与李宝一样出自陆军炮兵军团的炮兵军官李喜脱（Max Richter）上尉、步兵军官敖耳（Dietrich von Auer）中尉和骑兵军官裴克孙汉各签了一份合同。①

这样，巴兰德和克林德终于找到使李宝和穆麟德远离天津武备学堂的借口了，而巴兰德早在 1886 年底就指出了拥有这一借口的必要性。② 克林德向李鸿章解释说，在他求助于普鲁士陆军部之后，"我们不只关心把学堂办好，而且承担了一定的可使其富有成效的责任。我们因此可以要求，清除一切至今都在阻碍学堂顺利发展的因素，并且在将来也要无条件地这样做"。③ 克林德每个月都要拜访李鸿章一次，而在每次拜访时都会重新指出，以穆麟德和李宝为一方面，以 3 位新来的军官为另一方面，这两方面的合作是根本不可能的。④

按照克林德的报告，李鸿章已经明确表示屈服于德国外交

---

① BArch Berlin R 901/29893, Kriegsministerium an Reichskanzler 14.10.1887; ebd., Xu Jingcheng an Grafen von Bismarck-Schönhausen 24.10.1887; BArch Berlin R 9208/493, 129 – 130 Auswärtiges Amt an von Brandt, Erlass Nr. 123, 26.10.1887.
② BArch Berlin R 9208/493, 122 – 123 von Brandt an Reichskanzler, A.312, 6.11.1886.
③ BArch Berlin R 9208/493, 138 – 141 von Ketteler, Tianjin, an von Brandt, Nr. 80, 12.12.1887.
④ BArch Berlin R 901/33640, 153 – 156 von Ketteler, Tianjin, an von Brandt 9.9.1887; ebd., 157 – 163 von Ketteler, Tianjin, an von Brandt 10.10.1887; ebd., 172 – 174 von Ketteler, Tianjin, an von Brandt 2.11.1887; BArch Berlin R 9208/493, 138 – 141 von Ketteler, Tianjin, an von Brandt, Nr. 80, 12.12.1887; BArch Berlin R 901/33640, 149 – 152 von Ketteler, Tianjin, an von Brandt 5.5.1888.

官的压力了。只是他在此遇到了当地官员，即周馥和杨宗濂的抵制。就李宝而言，李鸿章还是很有把握可对其任意处置，因为李宝主要依靠杨宗濂的支持，与海关道台并无多少交情，后者虽然宽容李宝，但并不予以保护。相反，穆麟德是受周馥保护的，对于此人，李鸿章并不方便任意处置。①

  杨宗濂并非一个很好的靠山，因为他在1887年12月受到了来自其他方面的严厉批评，并且为了躲避批评者的风头，他不得不告假回原籍了。② 这一丑闻同样与侨居天津的德国人有关。1886年冬天，杨宗濂、吴懋鼎（汇丰银行和仁记洋行买办）与穆麟德共同创办了天津自来火公司。在此期间，德国教官李曼被北洋军械所解雇了，而杨宗濂则聘他为该工厂的技术领导，没有薪水，只可期待年底分红。③ 克林德一度十分看好李曼，曾经把在德国人主持下重新组建中国军队的希望寄托在他身上，但他后来供职于从事政府采购武器和战备物资业务的北洋军械所。李曼购买机器，招募德国工匠，并且建好了火柴厂，该工厂距离天津租界大约3千米，是一个简陋的木结构棚屋。李鸿章授予该公司在直隶营销火柴15年的专利。但是中国的董事并不准许李曼查看公司账目，也不让他参与与公司有关的交易活动，他只负责监督劳动。李曼因此心生疑窦、执意

---

① BArch Berlin R 901/29894, 180 – 187 Feindel an Reichskanzler, Nr. 39, 1.5.1888.
② BArch Berlin R 9208/493, 138 – 141 von Ketteler, Tianjin, an von Brandt, Nr. 80, 12.12.1887.
③ BArch Berlin R 9208/440, 145 von Ketteler: Bericht über die Artilerie (Anlage zu: ebd., 116 von Brandt an Reichskanzler, A.120, 27.5.1885); BArch Berlin R 9208/493, 72 – 74 von Brandt an Reichskanzler, A.124, 6.6.1886.

要求平等参与公司经营。杨宗濂虽然应允李曼到天津武备学堂授课了，因为他除此之外，别无其他薪金，但这一收入极低。到了夏天，杨宗濂与外国工人之间的紧张关系陡然升级，因为工人们觉得受到了杨宗濂的不公正对待。李曼和两个德国技术员在 1887 年夏天将杨宗濂告上了德国领事法庭。穆麟德随后撤走了他的股份。德国领事无力平息这一争端，于是便移咨海关道台周馥协助审理。通过荷兰领事馆副领事、迈耶尔公司（Firma Meyer & Co.）卡尔·伦普（Carl Rump）的调解，天津自来火公司最终接受了处罚，支付李曼 500 两白银，支付两位德国技术员各数百两白银。杨宗濂和吴懋鼎复约盛字营指挥官、周盛传的兄长周盛波（在此期间去世）合股 18000 两，继续经营该公司。①

12 月，李鸿章通过上奏从朝廷申请来的每隔两年天津武备学堂举行一次表彰活动开始了。② 与杨宗濂私人关系极好的李鸿章准备利用这个机会保举杨，为他请求恢复名誉。在表彰活动结束后不久，他也实际这样做了。李鸿章声称，杨宗濂在领导武备学堂两年的时间里，与学员们一起同心协力，取得了显著成绩，各营的指挥官深表满意。就是在"驾驭西洋教习"方面，他也非常娴熟，应付自如。李鸿章写道："督率肄业兵弁，惩劝多方，同有进境，各营统领无不心服。其驾驭西洋教

---

① 屠仁守：《奏参举贡夤缘进用盘踞要津疏》（光绪十三年十二月初十日），孙毓棠编《中国近代工业史资料》第一辑（1840—1895 年）下册，科学出版社，1957，第 988~989 页；罗澍伟主编《近代天津城市史》，第 257 页。
② 《武备学堂请奖折》（光绪十三年十月二十五日），吴汝纶编《李文忠公（鸿章）全集》(3)，第 209 页。

习,亦颇得法。"① 归还其顶戴、花翎和布政使官职的申请得到了恩准。一位御史完全不同的评判也没有带来丝毫改变,该御史在 1888 年 1 月写道:

> 窃思杨宗濂本一声名恶劣之革员,蒙天恩曲宥,膺此重任,乃更胆大势张,惟利是图,官府其身而市侩其行,见轻外国,取侮匠师,迭起讼端,输银受罚,则其总理武备学堂,无以服众,不闻可知。②

但是,即使缺少了杨宗濂的积极支持,李宝在其合同结束之际的 1887 年 12 月也没有像德国政府希望看到的那样被解雇。相反,他的工作合同获得了为期半年,即到 1888 年 5 月的延长。面对克林德的施压,李鸿章辩解说,他曾经预付给李宝许多钱,这笔债务将通过减扣薪金来偿还,并且所有欠款直到 1888 年春天才能还完。③

李宝对于延长其合同的缘由却有另一种说法。他声称,李鸿章曾经委托他为大连湾、芝罘(今烟台)、威海卫和胶州的海岸防御工事制订详细的计划,也准备签署一份为期 5 年的工作合同,聘他担任工事建造顾问。只是因为生病,制订计划的

---

① 《李鸿章请奖杨宗濂片》(光绪十三年十一月十二日),《京报》。另见 BArch Berlin R 901/29893 von Brandt an Reichskanzler, A. 362, 26. 12. 1887. 这一文献未被收入李鸿章全集。王家俭同样是从军机处卷宗中引用的。王家俭:《北洋武备学堂的创设及其影响》,《台湾师范大学历史学报》1976 年第 4 期,第 5 页。
② 屠仁守:《奏参举贡衔选用盘踞要津疏》(光绪十三年十二月初十日),孙毓棠编《中国近代工业史资料》第一辑(1840—1895 年)下册,第 989 页。
③ BArch Berlin R 9208/493, 138 – 141 von Ketteler, Tianjin, an von Brandt, Nr. 80, 12. 12. 1887.

第五章　"面包师将军"：李宝少校与天津武备学堂 / 167

工作被耽误了一段时间。而正是在这个时候，克林德跑到李鸿章那里，要求剥夺他在中国的任职资格，并且使他在李鸿章那里名誉尽失。完全因为克林德的阴谋，他的合同没有延长5年，而仅仅是6个月。① 接着，李宝威胁说，他要上呈德国最高当局一份诉状，控告极力阻挠他在中国任职的德国公使馆。克林德在与李鸿章的一次谈话中再次抱怨："肯定出自他周围之人的这类轻率冒失行为，是不适宜促进官方交往、建立更适意关系的。"②

在这一事件中，李鸿章的意图或许是这样的，即尽最大可能对隶属于他，并且他也为此付出了高额代价的李宝加以利用。与此同时，他也想对天津当时错综复杂、矛盾重重的中外利益加以操纵利用，以便巩固他本人在其中的地位。对于李鸿章来说，德国政府的不断施压无疑是令人厌烦的。早在前一年，李鸿章就向总理衙门进言，驳斥了巴兰德对于解雇北洋水师舰船上德国船员一事的抱怨。这些相关人员包括与式百龄一起来中国但在式百龄离开后继续留在中国工作的金美、亨式尔、温得力希三人及1885年随德国铁甲舰一起来中国的海军军官。他们之所以被解雇，不是因为没有能力，而是因为其合同已经过期。招聘还是解雇，完全属于"中国自主之权，非他人所得干预"。③ 尽管如此，他在李宝案中也不想或者说不能公然忽略克林德的施压，况且克林德还与最接近李鸿章的

---

① BArch Berlin R 901/33640, 133 – 134 Immediatsgesuch Pauli 30. 12. 1887.
② BArch Berlin R 9208/493, 139 RS von Ketteler, Tianjin, an von Brandt, Nr. 80, 12. 12. 1887.
③ 《论京津铁路并进退德法人员》（光绪十二年十一月初八日），吴汝纶编《李文忠公（鸿章）全集》(5)，第476页。

德国顾问德璀琳及其门生汉纳根站在同一阵线上，后两人一直将李宝视为竞争对手。

1886年底，李鸿章与德璀琳之间的关系开始紧张起来，因为李鸿章和周馥意见一致地把建造旅顺口船坞工程交给了高级工程师德威尼（Thévenet）主管的法国辛迪加驻天津技术局，而没有照顾德璀琳优先选择的英国怡和洋行（Jardine, Matheson & Co.）。

> 当合同甫定时，德璀琳怨谤形于词色，写入时报，欲引起都中浮议而振撼之。鸿章置之不理，彼亦无可如何。至北堂事则又由德税司从中撮合，只可用其所长，弃其所短耳。①

为了打击德璀琳-汉纳根团伙，李鸿章对李宝想要参与海岸防御工事建设的意愿加以利用，这并不是完全不可能的。还在1887年9月初的时候，李鸿章就在有关赔偿工程师善威和转包旅顺口工程问题上与德璀琳发生了争执。② 到了夏天，李宝的确被派往大连湾、芝罘、威海卫和胶州考察，以便对那些地方的防御工事和武器装备工作做出评估。这原本是汉纳根在成功地完成了旅顺口的工作之后，一直在争取的活计。后来，在围绕旅顺口炮台建造工程产生的争执得到平息，为怡和洋行

---

① 《论京津铁路并进退德法人员》（光绪十二年十一月初八日），吴汝纶编《李文忠公（鸿章）全集》（5），第476页。关于旅顺，参见 Stoecker, Deutshland und China im 19. Jh., S. 188-189. 但是，施丢克尔错误地认为，法国辛迪加接管了汉纳根负责的防御工事建造工程，这个观点是不对的。实际上，德威尼是被委托建造一个船坞，而德璀琳想让德国工程师善威（Ernst Samwer）负责，由英国怡和洋行提供机械设备。

② BArch Berlin R 901/33640, 153-156 von Ketteler, Tianjin, an von Brandt 9.9.1887.

工作的满德（Hermann Mandl）获得了为其他海岸防御工事供应克虏伯火炮的口头许诺。汉纳根却未敢奢望承担海岸防御工事建设工作，而是想要到作为克虏伯新代理商而成立的信义洋行（Mandl & Co.）中寻求一个职位。① 直到10月末，与汉纳根签订一份为期4年的合同，聘他为威海卫和大连湾建设工程顾问（但不负责具体施工事宜）的决定才被做出。②

也就是说，在与德璀琳的争执中，李宝只是扮演了一个小丑的角色。李鸿章曾经当着克林德的面，断然否认自己真的有意让李宝负责海岸防御工事建设一事。③ 具有决定意义的是，清政府原本是想在不雇用外国职员的情况下，自主建造海岸防御工事。为此，相关人员想要以尽可能多的和以尽可能廉价的方式获得专业知识，以便以此为依据制订建设计划。汉纳根之所以得到任用，或许只是李鸿章出于向德璀琳表示某种优惠待遇的考虑而行的权宜之计。在建造过程中，很少以汉纳根的规划为限。例如在建设威海卫时，哈孙克来伐、汉纳根、克虏伯的代理商贝德格和福合尔及其他人都提交过设计方案。④ 周馥就认真研究过汉纳根、李宝和阿姆斯特朗代理商明德（Minder）的方案，但没有任何方案占据绝对优势地

---

① BArch Berlin R 9208/471, 14 – 22 von Ketteler, Tianjin, an Reichskanzler, Nr. 86, 16. 9. 1887.
② BArch Berlin R 901/33640, 172 – 174 von Ketteler, Tianjin, an von Brandt 2. 11. 1887.
③ BArch Berlin R 901/33640, 172 – 174 von Ketteler, Tianjin, an von Brandt 2. 11. 1887.
④ 贝德格也希望清政府将这一工程委托给他，参见 „Aus Nordchina", *Der Ostasiatische Lloyd* 3. 8. 1888；BArch Berlin R 9208/450, 174 – 175 Feindel, Tianjin, an Reichskanzler, Nr. 75, 26. 9. 1888；BArch Berlin R 9208/471, 99 – 104 Hanneken an von Brandt 22. 1. 1891.

位,被全盘照搬。此外,克虏伯代理商福合尔也提供了一个经过综合加工的方案。①

对于这些内幕情况,李宝少校几乎毫无所知。他仅仅感觉到自己遇到了一些阻碍,并在一份上呈德国政府的陈情书中十分难过地抱怨来自德国政府驻华机构方面的虐待。② 很显然,他对实际情况缺乏认识,以至于后来他在其出版物中毫无顾忌地这样写道:

> 由我指挥建造的中国大连湾、旅顺口、芝罘、威海卫、胶州的防御工事现在已经足够著名了。③

此言与事实完全不符。但在李宝丑闻中,所有人都说谎了。李鸿章曾在12月向克林德保证,杨宗濂正在休假,以后也不再回学堂理事了。这个保证后来根本没有兑现。④ 而克林德则在回应李宝上呈德国政府的陈情书时解释说,他从未向李鸿章提出过取消李宝在中国任职的要求。无论公使巴兰德还是作为天津领事馆代领事的克林德都针对李宝的指控,即他们心怀恶意地制造阴谋,迫害一位德意志帝国属员,而进行自我辩护。然而,克林德的表态纯属多余,因为要求李宝离职的命令

---

① BArch Berlin R 9208/481, 7 - 9 Schrameier an Reichskanzler, Nr. 20, 6.4.1892; BArch Berlin R 9208/489, 6 - 9 Vogel an Li Hongzhang: Bericht über die Besichtigung von Zhifu 10.12.1889.
② BArch Berlin R 901/33640, 133 - 134 Immediatsgesuch Pauli 30.12.1887.
③ Carlos Pauli, Die modernen Militärwissenschaften zum Selbststudium als Vorbereitung für die Offiziers-und Aufnahmeprüfung der Kriegsakademie. Bd. 1. Berlin: Zuchschwerdte & Co. , 1908, S. 1.
④ BArch Berlin R 9208/493, 138 - 141 von Ketteler, Tianjin, an von Brandt, Nr. 80, 12.12.1887.

第五章 "面包师将军"：李宝少校与天津武备学堂 / 171

来自柏林。①

或许中国方面还能够容忍李宝在天津武备学堂工作更长时间，尽管他经常自吹自擂，有些疯癫并且私生活臭名昭著。但是来自德国外交官、德璀琳和汉纳根的持续性压力，使得李宝在其合同到期之际毫无希望继续留在中国工作了。1888年6月，李宝离开了天津。② 而就在他准备启程的时候，德国外交官却产生了一种近乎恐慌的不安，因为穆麟德和李宝可能要一起到朝鲜出任重要顾问的传言四起。③ 其缘由是穆麟德在1888年5月进行的一次朝鲜之旅。这次旅行似乎是与下列希望联系在一起的，即穆麟德会在其继任者德尼（Owen Nickerson Denny）的合同到期后，再次供职于朝鲜。在写作穆麟德生平传记的作家中，大多数人认为，他是被总理衙门或者李鸿章派到朝鲜的。④ 穆麟德本人也是这样说的。⑤ 而李鸿章本人却对这一说法予以断然否认，并且曾这样解释，即穆麟德是从天津武备学堂帮办柯铭那里获得度假许可的。另有一次则解释说，穆麟德是在中国当局毫不知情的情况下出

---

① BArch Berlin R 901/33640, 149 – 152 von Ketteler, Tianjin, an von Brandt 5.5.1888.
② BArch Berlin R 901/33640, 201 – 202 Feindel, Tianjin, an Reichskanzler, Nr. 48, 7.6.1888.
③ BArch Berlin R 901/31765 Feindel, Tianjin, an Reichskanzler 4.6.1888.
④ Möllendorff, P. G. von Möllendorff; Lee, *West Goes Eas*, pp. 178 – 183; Robert Swartout, *Mandarins, Gunboats and Power Politics: Owen Nickerson Denny and the International Rivalries in Korea*. Hawaii: University Presse of Hawaii, 1980.
⑤ BArch Berlin R 9208/133, 154 – 175 Krien, Seoul, an von Brandt 23.5.1888.

行的。① 对于巴兰德再次向总理衙门提交的控告，李鸿章则以此事纯属该公使个人阴谋的评判而加以否决。

> 穆［穆麟德］尚知尊华，巴［巴兰德］与有夙嫌，难尽信。②

尽管这大概是与事实相符的官方更正，比起处于高度紧张状态的德国外交官，李鸿章对穆麟德朝鲜之旅的态度要坦然多了。他容忍此事，甚至达到了保持缄默的程度，因为他认为穆麟德对于中国利益的危害远小于其后继者美国人德尼的危害，而德尼又是穆麟德的竞争对手德璀琳推荐到朝鲜任职的。③ 1888年7月，穆麟德一无所获地重新回到了天津。④

三 艰难的重新开始：1887~1889年的天津武备学堂

德国政府最终实现了自己的意图，即在海军上尉哈孙克来伐之后，首次将通过外交途径吁请、由普鲁士陆军部官方建议的军事教官派到了中国。李喜脱上尉在1887年12月11日抵达天津，两位较为年轻一点的军官敖耳和裴克孙汉则直至

---

① BArch Berlin R 9208/133, 172-176 von Ketteler, Tianjin: Referat über eine Unterredung mit dem General Gouverneur Li Hongzhang am 20.5.1888; R 9208/134, 6-9 Feindel, Tianjin, an von Brandt, Nr.39, 1.6.1888.
② 《寄译署》（光绪十四年六月初五日巳刻），顾廷龙、叶亚廉主编《李鸿章全集》(1)，电稿一，第971页。
③ BArch Berlin R 92018/134, 6-9 Feindel, Tianjin, an von Brandt, Nr.39, 1.6.1888.
④ BArch Berlin R 92018/134, 62 Feindel, Tianjin, an von Brandt 12.7.1888.

1888年2月9日才来到。① 然而，这个被强加的重新开始并非一个向好的转机。由李喜脱和他的同事在最初两年活动所发生的一系列事件，导致中国后来的历史书写与德国的历史书写不同，前者总是把这3位官派教官——并且不是李宝——描写为懒惰和放肆的人。②

然而，就其能力和用心而言，这些由德国政府调遣到中国来的军官的资质是不容怀疑的。他们没有任何投机需求，而原先李凤苞"使团"中的军官却是被人视为冒险家的。敖耳和裴克孙汉直接来自军事学院这一德国最高级别的军事教育机构。对于敖耳，德国总参谋部部长、陆军元帅毛奇（Helmuth Graf von Moltke）本人都十分看好。③ 而李喜脱则在第一次拜访李鸿章时曾许诺，未经授权，绝不妄加评论天津武备学堂，也不干预学堂事务。他还表示要认真学习中国语言，不急于引进新事物而是系统地发扬光大已有的传统，要将他对于中国最有用的经验全部贡献出来。④

事实上，三位教官所遭遇的困难主要产生于，德国外交官因反对李宝和穆麟德发动的宣传战在天津武备学堂中造成的政治气候。从学堂总办杨宗瀛方面，新来的教师受到了冷眼相待的当头一击。首先，杨宗瀛不准备让他们拥有自行决定工作方式的权利。新教官都必须遵守的共同合同是为教育机构的特别需求设置的，远比李凤苞"使团"大而化之的合同具体细致。

---

① BArch Berlin R 9208/493, 137 Richter an von Brandt 12.12, 1887; BArch Berlin R 9208/493, 159 Auer, Brixen – Hahn an von Brandt 9.2.1888.
② 王家俭：《北洋武备学堂的创设及其影响》，《台湾师范大学历史学报》1976年第4期，第325~326页。
③ BArch Berlin R 901/29893 Kriegsministerium an Reichskanzler 14.10.1887.
④ BArch Berlin R 9208/493, 145–149 Richter an von Brandt 15.12.1887.

这些合同尤其是与杨宗濂力求将外国人严格置于其管制之下的意图相对应。据此，教师都必须服从学堂总办（杨宗濂）的领导。总办独自决定课程表，教官必须根据发放给他们的准则授课（第4条至第6条）。他们有义务对转交给他们的本科目学生进行全面培养，即使他们还要承担为其他科目学生授课的任务。在此，"全面"意味着三大兵种的规则、武器学、战术、堡垒建筑术、地形测绘、制图和地理学。根据合同，他们许诺"认真细致地从事培训工作"，以及"绝不故意放慢课程进度"（第2条）。还要耐心细致地回答译员的突然插话提问，要对所有问题进行详尽的解释，直至学生能够很容易理解为止（第3条）。一旦发现教官存在授课能力差、不履行合同规定、从事其他经营活动或者殴打学生等问题，就立即予以解雇（第11条）。[①] 而课程表还是李宝先前编制的那一套。它们完全是与普鲁士军事学院的课程设置相对应的。根据合同，教官无权对课程表加以更改。还时不时地引进增加一些教学内容，但从不征求教官的意见。例如在李鸿章一次视察沿海炮台回来后，学堂增设了海岸防御工事这一新课程，但这3位军官没有一人是工程军官。5月底，在总办杨宗濂即将度完假返回时，帮办柯铭觉得课程表中所列课时太少，不好交差，便下令将它从每天6课时增加到8课时，只是新增加的课程由中国教习来讲。[②]

到1888年2月，还在学堂工作的老教师只剩下穆麟德、

[①] BArch Berlin R 9208/493，132 – 136 Vertrag für Richter, von Brixen-Hahn, von Auer 23.10.1887.

[②] BArch Berlin R 901/29893 Dietrich von Auer Bericht über die Militärschule Tianjin 22.5.1888.

第五章 "面包师将军"：李宝少校与天津武备学堂

李宝、艾德。那珀和巴恩士在1887年9月被李鸿章的秘书罗丰禄解雇，限期3个月离校。那珀在10月就同军士坤士一起离开了天津，后者是主动辞职的。① 少尉巴恩士在11月中旬离开，杨宗濂和200名学生还为他举行了欢送会。高恩士也被解聘了。他曾在小站盛字营炮兵部队工作到1886年，1887年被调到天津武备学堂教学。② 那珀、巴恩士和高恩士原本只签订了为期一年的合同，但被悄无声息地延长了一年又一年，现在算是最终解除了。

对于新来的三位军官的安置，李宝和穆麟德的建议和帮助或许是极有益处的。但是因为当地德国外交官巴兰德和克林德严禁三位官方派遣的教官与穆麟德和李宝合作，③ 所以这一潜力并未被开发利用。相反，天津领事馆却把这三位新来的教官拉入了它反对穆麟德的斗争。它在审理德国财政部门向穆麟德索赔案件时，利用他们作为陪审员。④ 这些教官也没有与李宝走到一起，后者在来到中国3年后已经会讲一些中国话了。⑤ 敖耳只听到了一些风言风语，并在1888年5月写道：

---

① BArch Berlin R 9208/493, 108 - 109 Kuntzsch an von Brandt 13.9.1887; ebd., 110 - 111 von Ketteler, Tianjin, an von Brandt 28.9.1887; ebd., 112 - 113 Hecht an von Ketteler 26.9.1887; BArch Berlin R 901/33640, 157 - 163 von Ketteler, Tianjin, an von Brandt 10.10.1887.
② BArch Berlin R 901/29893 the Chinese Times 19.11.1887; The Chinese Times, April 23, 1887, 转引自王家俭《北洋武备学堂的创设及其影响》，《台湾师范大学历史学报》1976年第4期，第341页。
③ BArch Berlin R 901/33640, 149 - 152 von Ketteler, Tianjin, an von Brandt 5.5.1888.
④ Möllendorff, P. G. von Möllendorff, S. 88 - 89.
⑤ BArch Berlin R 9208/493, 187 Feindel, Tianjin, an von Brandt 10.6.1888; BArch Berlin R 9208/494, 14 - 16 Pauli an Feindel 31.1.1889.

> 首席教官是一位少校,名叫李宝,课程表就是他编制的。这是一位彻底堕落了的人,指控谴责他的言论不计其数,而只有相信他已经精神失常了,人们才能对其全部行为做出解释。①

但在天津武备学堂,人们不认同这种评价李宝的观点。不仅总办杨宗濂,而且帮办柯铭都站在李宝和穆麟德一边。② 只有看到这一点,我们才能明白为什么新来的教官会遭到冷遇和苛求。此时杨宗濂还在度假,直到1888年夏天才返回学校。没有人主动向这些教官介绍情况,既没有讲学生从哪里来,也没有说派遣他们来学习,将来再重新召回是根据什么规则进行。在到达3个月之后,敖耳都还没有任何有关学校章程的解说。他不知道每年只举行两次考试,而不是如章程规定的那样每3个月举行一次。他甚至不知道究竟是否还有考试存在。李喜脱也是如此,他在到学堂讲了6个月的课之后仍然茫然一片。

表面上,人们对待这三位教官的态度是十分友好客气的。鉴于学生缺乏预备知识,他们感到有些课程的要求过高,难以被学生接受,但是所有压缩教学计划的要求都被拒绝了。③ 敖耳在1888年5月抱怨说,对于他的所有建议,他只从例如学堂监督荫昌那里获得了一个十分尴尬的微笑。

---

① BArch Berlin R 901/29893 Dietrich von Auer Bericht über die Militärschule Tianjin 22.5.1888.
② Das wussten auch die Diplomaten: BArch Berlin R 9208/493, 138 – 141 von Ketteler, Tianjin, an von Brandt, Nr. 80, 12.12.1887.
③ BArch Berlin R 901/29894 Bericht Richter, Brixen-Hahn, Auer 20.3.1889.

对于每一个建议，他都说"是，是"，并且认为完全正确，但是过后任何事情都没有发生。当人们再次询问时，他就露出尴尬的微笑，推诿说"总办先生……"或者"是，已经考虑过了，只是需要耐心等待，事情不能进行的如此快……"又过了数周，直到最后人们懒得敦促了，一切照旧。①

学堂领导完全赞同李宝的教学计划，而这些计划是与德国最高水平军事学院的教学目标相对应的，即使它们被新来的教官看作不切实际的"疯狂"。这一点也被敖耳注意到了。

例如，[李宝]在作为教学内容而加以描述的材料中从一开始就引入了天文学和图上演习。我一点也没有夸张！他还带全体学生和一个测绘桌到山海关进行测绘练习旅行，等等。而对于这种情形具有典型意义的是，在旅行回来之后，总督询问几个学生，他们究竟在那里做了些什么？对此，学生回应说他们什么都不知道。李宝有几次让他们通过一个孔洞（大概是望远镜）来进行观察，但他们什么也没看见，<u>在这里，没有人发现什么，但每个人都异常兴奋</u>。②

学生也站在他们的老教师一边。有一次，李喜脱上尉将一些图纸交给总办，请求复制以供学生使用，但数周过去了，此

---

① BArch Berlin R 901/29893 Dietrich von Auer: Bericht über die Militärschule Tianjin 22.5.1888.
② BArch Berlin R 901/29893 Hervorhebung von mir.

事仍未完成。学生便向李喜脱上尉发难,质问他为什么舍不得花自己的钱来做此事,因为李宝就一直是自掏腰包的。①

这三位新教官原本期待获得驻天津或北京的德国政府机构的帮助,但在实际上他们同样没有从那里获得支持。在李喜脱第一次向驻北京的巴兰德公使做自我介绍时,这位公使根本不管不问天津武备学堂的发展状况。相反,对于李喜脱的急切询问,他宣称"他不想过问武备学堂的任何事情,最好是教官们独自代表自己的权益。维护与中国人的和平,同样要尽可能避免惹恼总督李鸿章"。② 教官也不是随随便便就可以见到李鸿章的。

作为主管,总督也不是轻松自如、无忧无虑的。同其他中国人一样,他喜欢宁静与和平,也不愿他亲手创办的机构的良好声誉受到损伤。……①如果某人通过官方主管转由学堂总办办理,那么李鸿章就会一无所知;②如果某人亲自登门拜访,并且带上官方的翻译,那么后者的翻译往往会是不正确的;③如果某人带一位会讲中国话的欧洲人(这样的人很难找,需要付出很大努力才能找到一位这样的人)去谒见,那么他就会成为所有中国人都反对的对象。③

---

① BArch Berlin R 901/29894 Feindel, Tianjin, an Reichskanzler, Nr. 38, 18.4.1889.
② BArch Berlin R 901/29894 Bericht Richter, Brixen-Hahn, Auer 20.3.1889.
③ BArch Berlin R 901/29893 Dietrich von Auer: Bericht über die Militärschule Tianjin 22.5.1888.

除了这种从他们在到达中国后不久就写的报告中明显可见的自觉无足轻重、无人理睬的感受，新来的三位教官也像他们的前任一样经历着难以适应新环境的痛苦。在为应对当地情况而做准备工作方面，他们的政府做得很差。他们的前任曾经徒劳地奋力与风车做斗争。现在，他们重新开始了这一斗争，直至令人烦恼的鞋的问题。对于这个问题，敖耳写道："对于穿戴某种合乎特定要求的军装一事的意义，人们根本无法使得中国人有所理解，如果不顾一切地冒犯已被神圣化的毡鞋，那就像亵渎皇上一样大逆不道。"① 其实，学生向他们解释了为什么要坚持穿布鞋，是因为学堂章程有让学生自备布鞋的明确规定。② 相反，如果制作皮鞋，学校就必须花费许多钱。但这一事实显然没有人向新来的教官解释。

学生的无纪律性曾在先前导致首任总办马翰卿辞职，也差点导致那珀辞职，此时又再次严重起来了。从敖耳的一份报告可知，学校在1888年有125名学生。如果这一数字属实，那么，这就意味着有许多指挥官在前任德国教官离职后将其派遣来的学生召回了，因为正如多份报纸报道的那样，天津武备学堂在1887年李宝领导下曾有多达二三百名学生。但在敖耳的课堂上，很少有多于90名学生的时候，经常是只有一半的学生来听课。学生罢课和拒绝服从命令属于家常便饭，几乎天天都会发生。有一次，裴克孙汉为了知道他的学生都来自哪里，

---

① BArch Berlin R 901/29893 Dietrich von Auer: Bericht über die Militärschule Tianjin 22.5.1888.
② 《北洋武备学堂学规》。

要求其班上的学生写一份个人简历，却遭到学生的拒绝。① 另有一次，敖耳在指挥步兵操练时发出了"跑步集结"的指令，学生却慢悠悠地走来；而在敖耳试图重复进行这一操练时，他们就干脆拒绝服从命令了。特别是在炎热的夏天，翻译和中国教师经常擅离职守。而没有他们，教学活动根本无法进行。于是，教官经常一整天都坐在通向教室的前厅，无所事事。②

那珀和巴恩士还徒劳地对不允许外国教官监督考试的做法提出过抗议。笔试由海关道台和其他天津当地官员来主持，他们从教官讲稿中选取考题让学生解答。考试成绩也由道台在结业会议上公布，根本不问教官的评判。③ 学校章程明确规定，外国教官只在实地测试（即操练）方面拥有决定性评判权，但在理论考试方面没有。④ 即使教官就此向德国公使提出控告也无济于事。新来的教官此时发现，他们对学堂事务浑然无知、捉摸不透。那珀和巴恩士还在一定程度上掌控着两个知根知底的班级：1885年3月开始授课的正式班和1885年6月开始授课的预备班。两人都在1887年主持了它们的结业考试。而总参班只由李宝一人授课。李喜脱和他的同事既不知晓特定的系列课程，也不了解任何与考试相关的事项。根据他们的观察，除了3个学习同样课程的班级，还有一个青少年班（由16~20岁的青少年构成，作为将来升入较高级学院的预科

---

① BArch Berlin R 901/29893 Dietrich von Auer: Bericht über die Militärschule Tianjin 22.5.1888.
② BArch Berlin R 901/29894 Feindel, Tianjin, an Reichskanzler, Nr. 38, 18.4.1889.
③ BArch Berlin R 9208/449, 276-278 von Glasenapp, Hecht, Kuntzsch an von Brandt 29.7.1886.
④ 《北洋武备学堂学规》。

班）。唯一的区别在于，第一班不上德语课，正式班学生的年龄在 14~36 岁。他们是由指挥官派遣到学堂的，有的也是由学堂抽调来的，但没有任何可为教官分辨的选拔规则。几个新来学生的读写能力极为勉强，他们的身体状况在德国教官看来也达不到服兵役的标准。近视眼特别多。按照敖耳的说法，125 名学生中至少有 20 名不能真切地看清 100 米之外的射击靶子。① 根据章程，新学生首先通过中国教师的介绍获得老学生的教学计划，大约半年后举行一次决定学生是否继续留校学习的考试。只有通过了这一考试，才有资格跟随外国教师学习新的专业。② 但因没有人愿意费劲向新来的教官透露这个程序，这就使得他们毫无信心可言了。

最大的问题是语言。新来的三位德国教官不会讲中国话，新来的三位他们用德语授课。译员大部分来自总理衙门附属的北京语言学校同文馆，他们的德语水平极其有限。根据敖耳的报告，他们只能听明白讲得缓慢而简短的语句，并且只能是用不定式讲的语句。他们在军事方面没有受过任何前期培训。如果再考虑到工具书的欠缺，人们必然会难以相信在这样的情况下还能进行顺利、准确的沟通。根据章程，外国教官要事先将他们授课的内容用德文写成讲稿，然后再由翻译人员和中国教师一起将它们转换成中文文本。上课时，中国教师负责将相关内容抄到黑板上，学生则照样抄到他们的记录本上。课后，中国教师再对这些笔记审阅一次，加上标点符号，改正写错了的笔画。③

---

① BArch Berlin R 901/29893 Dietrich von Auer: Bericht über die Militärschle Tianjin 22.5.1888.
② 《北洋武备学堂学规》。
③ 《北洋武备学堂学规》。

在天津武备学堂的整个办学期间,知识传授自始至终都是遵循这种煞费苦心的程序进行的,这一点在敖耳的报告和学堂原中国教师何熙年写于1897年的苦诉中都有表露。

> 查北洋授课,大率三人到堂。洋人言之,翻译述之,汉教习录之,每日不过三四百字。临事仓猝,多所抵牾,故除《毛瑟枪图说》《气球述略》稍有条理,余均未足编纂也。由是易一教习,而所讲如前;易一学生,而所讲又如前。旷时费日,获益几何,适以糜帑项耳。……北洋翻译均例调取同文馆学生,该员于武备名目,多未通晓,传述不备,致汉教习无从叙录。嗣乃归会办荫昌一人办理。该道深通德文,而拘于洋文语气,又于上海译成诸书,未曾寓目,于是名目互异,文法倒装诸弊。①

前面已经多次提到的荫昌,是一位出身正白旗的满人。他自1872年起就读于北京同文馆,学习德语,1877年跟随第一任驻德国公使刘锡鸿到柏林,担任公使馆翻译。② 此后,荫昌又在驻维也纳的第84步兵军团为中国公使馆工作了两年。1884年,他在奥地利学习了使用李凤苞购买的500颗地雷的方法,并随同这些地雷返回中国,不久就被李鸿章任命为德国教官的翻译。③ 天津武备学堂创办后,他先是担任翻译,后来

---

① 何熙年:《上张香帅言武备学堂事宜书》,《时务报》第31号,1897年6月30日,第9a~9b页。
② Hausotter, Li Fengbao, der zweite chinesische Gesandte in Berlin (1878 – 1884), S. 48.
③ 《奏派德员翻译片》(光绪十年十一月二十一日),吴汝纶编《李文忠公(鸿章)全集》(2),第838页。

又被提升为监督。1890年他成为会办,1896年升任总办,1901~1905年任驻德大使,1910年晋升为陆军大臣。① 《法兰克福报》(Frankfurter Zeitung)的德国通讯员保罗·戈德曼(Paul Goldmann)曾于1898年在天津遇见过时任武备学堂总办的荫昌,他认为荫昌的德语讲得跟德国人完全一样,几乎没有任何外国口音,反而部分地带有用鼻子发音的柏林方言味儿,俨然一位近卫军少尉。② 而在李喜脱、裴克孙汉和敖耳驻校期间,荫昌是翻译人员当中唯一真正掌握了德语并在一定程度上懂军事的人。但是,作为监督和李鸿章的译员,他几乎没有时间来关照这些教官。③

在这些期望进入德国总参谋部,以便在其军旅生涯中获得进一步晋升机会的教官看来,这种状况是难以承受的。敖耳就在其上呈俾斯麦的报告中写道:"对于一位深怀普鲁士义务感的人来说,从事这类工作实在是毫无益处。"④ 考虑到他们是受官方派遣而来的这一情况,三位军官非常勉强地在中国待了一年多。然而他们仅仅是听天由命,工作起来很不情愿,也常常玩忽职守。对于现状的极度不满势必会在某一刻突然爆发出来,而就在李宝少校1888年12月再次来到中国时,这种不满顷刻爆发了。

---

① 山田辰雄编『近代中国人名辞典』、1052-1053页;王家俭:《北洋武备学堂的创设及其影响》,《台湾师范大学历史学报》1976年第4期,第322页。
② Goldmann, Ein Sommer in China, Bd. 2, S. 150.
③ BArch Berlin R 901/29894 Feindel, Tianjin, an Reichskanzler, Nr. 38, 18.4.1889.
④ BArch Berlin R 901/29893 Dietrich von Auer: Bericht über die Militärschule Tianjin 22.5.1888.

四　余波：李宝与1889年的"武备学堂危机"

1889年3月，利用中国人过春节的时机度假的李喜脱上尉和裴克孙汉中尉回来后，冲突爆发了，因为杨宗濂试图重新聘请李宝少校到武备学堂工作。他们宣布罢课。德国驻天津副领事樊德礼依然站在教官一边，巴兰德公使却开始反对他们了，因为他担心对李宝的重新聘用是由于清政府对德国官方派遣教官工作的不满所致。他想要不惜任何代价努力让"清政府对普鲁士军官的热情和忠于职守有一种良好概念"，① 以便重新占领在他看来被式百龄和李宝搞丢了的阵地。这三位教官在居留中国一年多之后，既反对他们感觉受到错误对待的学堂领导，也反对在他们看来完全误解和忽略了他们的德国驻北京公使。争斗贯穿了整个夏天，学堂事务再次受到明显冲击，毫无进步可言。

李宝因为看到在普鲁士军队中升迁无望，便通过其连襟的介绍进入了柏林一家名叫卡尔·海曼（Carl Heymann）的进出口贸易小公司，而该公司专营饲料、油品和大肠制品。自1888年3月来到天津之日起就认识李宝并且从克林德方面获得足够多预先警告的德国副领事樊德礼，却拒绝为该公司注册。其理由是，李宝虽然持有承诺合同和经过律师公证的信用证，但必须首先提供一份可以使人相信公司存在的司法或经过公证的证件，以及一份正式的授权他为公司办理注

---

① BArch Berlin R 9208/494, 5 – 6 von Brandt an Reichskanzler, A. 38, 19. 1. 1889.

第五章 "面包师将军":李宝少校与天津武备学堂 / 185

册事务的委托书。① 鉴于邮途漫长,船运需数月时间(当时已是12月严冬,从德国开往天津的邮轮要到3月初开春才能启程),这种不信任态度特别严重地阻碍了该公司的营业。② 李宝也被侨居天津的外国人,特别是德国人圈子排斥在外。在为德皇威廉二世生日举行的庆祝会上,人们没有把他的名字列入参加者名单。③ 为了使公司业务开展起来,李宝再次与一些在天津比较正派的圈子里名声不佳的商人掺和在一起,结果更加受到比较正派之人的回避。他想要在武器贸易公司中立足的尝试也完全失败了。根据幸灾乐祸的副领事樊德礼的观察,李宝除了把一些山羊皮和猪鬃发往德国外,不会有其他营生可做了。④

就在这个时候,巴兰德公使却重新开始重视天津武备学堂,因为他担心总办杨宗濂可能会对德国官方委派的教官深感失望,并想要再次聘用李宝。巴兰德现在也比较容易产生这种顾虑了。周馥在1888年底承担了负责在旅顺口建造船坞的任务,其海关道台职务被一位新人接替。⑤ 穆麟德1889年3月在上海海关中获得了一个职位,并因此处在本轮斗争之外。⑥ 但

---

① BArch Berlin R 9208/494, 116 – 119 Feindel, Tianjin, an Reichskanzler, Nr. 39, 19. 4. 1889.
② Die Existenz der Firma und ihre Solidatät wurden später bestätigt, aber das Schreiben gelangte erst im September 1889 nach China: BArch Berlin R 9208/495, 14 – 5 Bericht des Polizeipräsidenten 5. 7. 1889.
③ BArch Berlin R 9208/494, 14 – 16 Pauli an Feindel, Tianjin, 31. 1. 1889.
④ BArch Berlin R 9208/494, 116 – 119 Feindel, Tianjin, an Reichskanzler, Nr. 39, 19. 4. 1889.
⑤ 光绪《重修天津府志》,第988页。
⑥ BArch Berlin R 901/31765 Möllendorff an Auswärtiges Amt 4. 3. 1889; laut Rosalie von Möllendorff im April: Möllendorff, P. G. von Möllendorff, S. 93.

是现在，新的、由官方从德国派遣来的教官却开始与巴兰德做对了。1889年1月，李喜脱上尉和裴克孙汉中尉提交了一份度假申请。他们大概知道会在时间上超出学堂放寒假的期限，因此事先将教学材料准备好，并且委托荫昌向学生传授。这样一来，课程就不会耽误了。李鸿章签署了准许令，但要求教官在3月初乘坐港口开放后的首班邮轮返回，否则的话，将从他们的薪金中扣除误工费。① 巴兰德一再告诫两位军官，绝不准许超出度假期限。

但在3月初，巴兰德的担心还是成真了。李宝与学堂总办杨宗濂签订了一份临时合同，后者还试图争取得到李鸿章的批准。留在天津的敖耳却以罢教进行抗议。两位度假者在3月8日回来后立即齐声响应。天津副领事樊德礼公开表示支持三位普鲁士军官的行动，他本人也反对李宝到武备学堂任教，后者怒气冲冲地闯入领事馆质问，为什么这些军官不愿与他合作共事。他甚至威胁说，"他要拿起武器，穿过天津的大街小巷，当着众人的面射杀三位军官当中那第一个反对他的"。② 没有人告诉他，禁止人们与他接触的正是德国外交官。但与李宝相比，远在北京的巴兰德更不能容忍三位新来的普鲁士军官，他现在完全站在清政府那边了。巴兰德警告说，中国人对李喜脱和裴克孙汉的工作很不满意，招聘李宝只是为了表明清政府对这两位教官的恼怒。③ 但是，李鸿章没有批准李宝与杨宗濂签订的

---

① BArch Berlin R 9208/494, 8 Eingabe an Li Hongzhang（Übers. Durch Emans）, o. D.；ebd., 7 chin. Behörden an Feindel, Tianjin, o. D.
② BArch Berlin R 9208/494, 29 – 35 Feindel, Tianjin, an von Brandt 13. 3. 1889.
③ BArch Berlin R 9208/494, 21 – 22 von Brandt an Richter und von Brixen-Hahn 12. 3. 1889.

合同，尽管他在实际上对新来的教官非常不满意。此时，正如先前在式百龄案中曾经出现的情景，李鸿章的顾问德璀琳和汉纳根又以调解人身份介入丑闻了。他们劝说李鸿章认真听一听三位新教官的说法。① 3月16日，李鸿章当着学堂总办杨宗濂的面，接待了前来晋见的三位教官，并且与他们达成了一个新的、保证教官对于教学计划拥有较大影响力的协议。被德璀琳称作"武备学堂危机"的上述事件暂时得到了平息。②

然而，仅仅过了半个月，危机的第二阶段又开始了。4月3日，学堂领导在没有事先通知的情况下发布了实施欧洲教师工作考核制度的公告。而由学堂文书填写记录的考核表偏向于学生和班级其他人员的评判，并且就在公告发布24小时之后，李喜脱上尉被记录了一次缺勤。李喜脱感到自己受到了不公正对待，因为按照课程表，此次火炮操作课应由教官艾德而不是由他来上。教官们再一次鲁莽地宣布罢教。副领事樊德礼未请示驻北京的德国公使，就直接写信给李鸿章，并在信中公然提出罢免学堂总办杨宗濂的要求。③ 总督李鸿章驳斥了樊德礼的要求，拒绝继续与他进行谈判。④ 正准备踏上回德国家乡度假旅途的公使深受惊吓，并为了息事宁人，立即奔赴天津。⑤ 樊

---

① BArch Berlin R 9208/494, 49 Detring an von Brandt 16. 3. 1889; ebd., 49b - 52 Hanneken an von Brandt 6. 2. 1889.
② BArch Berlin R 9208/494, 49 Detring an von Brandt 16. 3. 1889; BArch Berlin R 901/29894 Bericht Richter, Brixen-Hahn, Auer 20. 3. 1889.
③ BArch Berlin R 9208/494, 53 - 58 Feindel, Tianjin, an von Brandt 11. 4. 1889; ebd., 59 - 60 Feindel, Tianjin, an Li Hongzhang, ohne Datum.
④ 《论德教习辞差》（光绪十五年四月十四日），吴汝纶编《李文忠公（鸿章）全集》(5)，第495~496页。
⑤ BArch Berlin R 9208/494, 65 von Brandt an Li Hongzhang 15. 4. 1889.

德礼受到了训斥和警告,被告知:若无公使代办克林德的指示,不得干涉学堂事务。①

巴兰德成功地实现了下列要求,即收回教师考核表,并且取而代之,让外国教师拥有考核学生的权力。此外,新任会办联芳受命监督学生学习。同荫昌一样,联芳也是满人和同文馆毕业生,但他在同文馆学的是法语。他也曾出使国外,在法国公使馆工作过。杨宗濂现在只负责学堂的行政管理,不再与教师接触。然而,李鸿章却因普鲁士教官的举措深感恼怒。自3月赋予这些教官直接向他陈情的特权以来,他们就接二连三地用一些在他看来微不足道的事情来困扰他。再者,李鸿章也绝不愿已经为他效力30多年的杨宗濂就这么随随便便地倒下。此时,事件得到了圆满彻底的处理。但是李喜脱和他的同事抱着可以从副领事樊德礼那里得到支持的想法,把矛头转向了巴兰德,指责他陷入了清政府设下的骗局。② 就是新上任的学堂会办联芳也对未能严格界定总办相对于教官的地位感到不合意,他曾向李喜脱宣称,他不能接受"学习主任"(Studiendirektor)这个称号。③ 1889年4月27日,李喜脱上尉、敖耳和裴克孙汉中尉提交了与工作期限相对应的辞呈,要求在9月初结束他们

---

① BArch Berlin R 9208/494, 67 von Brandt an Feindel, Tianjin, 15.4.1889.
② BArch Berlin R 9208/494, 74-76 von Brandt an Reichskanzler 26.4.1889; ebd., 77 Richter, Brixen-Hahn, Auer an Feidel, Tianjin, 25.4.1889; ebd., 78 Feindel (i. A. Brandt) an Richter, Brixen-Hahn, Auer 26.4.1889; ebd., 79 Auer an Feindel 26.4.1889.
③ BArch Berlin R 9208/494, 128-129 Richter, Brixen-Hahn, Auer an Feindel 27.4.1889.

第五章 "面包师将军":李宝少校与天津武备学堂

的工作关系。①

学堂危机的第三阶段开始于李喜脱、敖耳和裴克孙汉 4 月 29 日重新回到学堂工作之后不久。此时,下列谣言广为传播。有人说,杨宗濂在收到教官们的辞职申请之前,就已经坐着轿子到环球酒店(Globe Hotel)拜会李宝,并与之进行了 3 个小时的谈话。谣言还说,李宝许诺向杨宗濂和学堂提调余思诒提供资金,以维持其自来火公司的营运。为此,他将在李喜脱离职后重新被学校聘用。甚至还有人说,李宝曾与其买办到过武备学堂,并且现在也经常进出该校。② 与此同时,三位教官抱怨学生的风纪明显变差了,学堂领导不再惩罚无故逃课和经常拒绝服从命令的学生了,而他们根本没有惩戒权。③ 5 月 2 日,深感失望和受挫的李喜脱怒气冲冲地转向被怀疑与李宝有密谋的余思诒了。而在这个时候,总办杨宗濂已经告假返乡,不在学堂了。④ 李喜脱在中国的最大问题是,他太感情用事和易受刺激了。1890 年在学堂主持一个铁路班的包尔把他描写为这样一个人,他"在与人交谈时有一个非常惹人不快的习惯,那就是经常插嘴,打断别人正在讲的话,并且动不动就声嘶力竭地喊叫,活像一只金

---

① BArch Berlin R 9208/494, 80 Feindel, Tianjin, an Geschäftsträger von Ketteler, Nr. 42, 27.4.1889.
② BArch Berlin R 9208/451, 25 - 27 Feindel, Tianjin, an von Ketteler, Nr. 45, 3.5.1889.
③ BArch Berlin R 9208/451, 41 - 45 Feindel, Tianjin, an Reichskanzler, Nr. 43, 6.5.1889.
④ 《论德教习辞差》(光绪十五年四月十四日),吴汝纶编《李文忠公(鸿章)全集》(5),第 495~496 页;BArch Berlin R 9208/451, 41 - 45 Feindel, Tianjin, an Reichskanzler, Nr. 43, 6.5.1889.

丝雀，与其说是在讲话，不如说是大声唱歌"，① 而且包尔认为：

> 一般说来，李喜脱少校②在这里非常好地适应了中国的情况，只是我相信他脾气太大了。在中国人那里，如果说某个人没有脾气，或者诸如字面翻译的那样没有"胃的气味"，那就意味着这个人有一个特别好的优点。最令级别较高的官员惬意的是，当他殴打下属、批评下属时，后者不做任何抵抗。③

根据李喜脱提供给领事馆的描述，事件发生的前奏是，在他与翻译景济一起从操场走向教学楼的时候，学堂第三领导、提调余思诒从左边的前厅向他喊"站啊！站啊！"。李喜脱没有注意到这一呼喊，继续向前走。紧接着，提调喊叫着从后面冲向他，试图把他拦住。李喜脱让余思诒通过翻译传达其意图，并且声称他与余思诒只有公务关系，没有私人交往。然后他就回到了欧洲教师的休息室。余思诒带着翻译接踵而至，并且按照李喜脱的描写，他"公然用挑战声调狂吼……夹杂着令人无法理解的华语和英语词语"。李喜脱再次让翻译转达其意图，明言他不想与之交往，并且就在余思诒试图走近他的时候，坐到了一把摆放在远处的椅子上。④ 尽管发生了这样的、从李喜脱本人的描写中也可以看到好像是德国人严重失礼的前

---

① Tagebuch Georg Baur, Bd. 2, Eintrag vom 7. Januar 1891.
② Major, 原文如此。李喜脱实为上尉（Hauptmann），不是少校。——译者注
③ Tagebuch Georg Baur, Bd. 1, Eintrag vom 14. Dezember 1890.
④ BArch Berlin R 9208/451, 35–36 Verhandelt Tianjin, 2.5.1889.

奏，李喜脱却认为，学堂中的中国领导必须对所有冲突的爆发承担责任。他还与敖耳、裴克孙汉一起，在这一年第三次罢教，拒绝履行教学职责。而在李鸿章看来，这样做实在是太过分了。在这之前，他还一直在把所有责任都推到教官身上的杨宗濂观点、德璀琳的观点和他的私人秘书罗丰禄的观点之间摇摆不定。罗丰禄认可杨宗濂压制教官的政策，却试图进行调解。① 李鸿章此时却只想摆脱这些教官了。在他和余思诒看来，冲突似乎是这样发生的：

> 讵巴使［巴兰德］行后，该教习［李喜脱］等甫经到堂教操，余思诒为学堂提调，见面照西礼，先与拉手，乃恭敬之意，该教习负气不理。余思诒跟踪询问其因何开罪？我曾充英、法随员，知西洋向无拉手不答之礼以相诘责，此亦交际常情。该教习等又幡然拂衣而去。其时杨道已自请省亲假离堂矣，询之联芳、荫昌等，均称是日余思诒实无陵［凌］辱诟谇情事。②

李鸿章立即正式接受了几天前交上来的辞呈，③并且非正式地派遣满德（以前供职于怡和洋行，现为信义洋行老板、克虏伯公司驻中国代理商）去见樊德礼，让他试探风头，以决定是否立即开除三位爱闹事的教官，还是等到9月

---

① BArch Berlin R 901/29894 Feindel, Tianjin, an Reichskanzler, Nr. 41, 29.4.1889 und Anlagen.
② 《论德教习辞差》（光绪十五年四月十四日），吴汝纶编《李文忠公（鸿章）全集》(5)，第495~496页。
③ BArch Berlin R 9208/451, 32 Telegramm Feindel an von Ketteler 5.5.1889.

合同到期之时。副领事樊德礼拒绝表态，他就这个问题向克林德征求意见（巴兰德也告诫过他，凡事不能自作主张，而是要征求这位公使代办的意见）。① 与此同时，樊德礼担心目前的事态意味着一直待在天津的李宝少校有可能得以重新聘用。他急忙给克林德发电报，请求他照会总理衙门："设法在那里施加压力，排除李宝入职的可能性。"② 公使代办克林德真就在5月10日到总理衙门陈述了此事。但庆亲王解释说，总理衙门不能干预天津武备学堂事务，因为该学堂是由李鸿章管辖的。③ 李鸿章则以支持杨宗濂观点的方式答复了总理衙门的询问，并且这一答复现已被多方加以引用。④ 第一，设立了考勤簿。因为根据合同，德国教官每天应到学堂讲课6个小时而不是仅仅4个小时。此外，教官们还经常旷误，考勤簿记录的情况完全符合事实。第二，在李喜脱与余思诒之间发生的见面问候事件中，李喜脱态度恶劣，应承担主要责任。第三，至于德国公使代办克林德提到的李宝：

> 系前由李丹崖募来德国武官，曾在津堂教习功课甚勤，学生颇得其益。性情虽亦未纯，较黎熙德［李喜脱］等尚稍易约束，将来黎熙德等撤后。或复延李保［李宝］

---

① BArch Berlin R 901/29894 Feindel, Tianjin, Notiz über ein Gespräch mit Madl 5. 5. 1889.
② BArch Berlin R 9208/451, 32 Telegramm Feindel, Tianjin, an von Ketteler 5. 5. 1889. Telegrammstil im Original.
③ BArch Berlin R 9208/451, 47 – 52 von Ketteler, Peking, an Reichskanzler, A. 206, 11. 5. 1889.
④ 《论德教习辞差》（光绪十五年四月十四日），吴汝纶编《李文忠公（鸿章）全集》(5)，第495~496页。

亦难预定。<u>缘公使领事皆与李保不睦，转不便从旁搅局</u>。余思诒与李保商做生意，绝无其事。①

先前在领事馆、公使馆、教官和清政府之间的整个谈判过程中，上课时数问题从未被提及，只有会办联芳曾经提到德国教官对待他们的任务过于草率。被翻译成中文的讲稿由中国教师抄写在教室的黑板上，而经常发生的事情是，在此期间（在翻译这样做的时候），教官从不到教室里来做现场指导；或者在抄写完毕后，他们不做任何解释就立即离开了教室。② 在与总理衙门交涉后没过几天，公使代办克林德又亲自前往天津，以便直接与李鸿章谈判解决办法。在向总理衙门汇报此事时，李鸿章声称他曾采用强硬手段来处理李喜脱事件。

克林德日内回京，昨来为教习黎熙德 [李喜脱] 等饶舌。鸿 [李鸿章] 照十四复函大意，逐层驳辩。彼求致书与伊，领该教习等到堂。鸿谓，原请其教习，无不愿到堂之理，何必作函？但其自愿辞差，即再教不过三个月，只听其便。克如赴署，乞谆之敝处酌办。③

但在事实上，克林德实现了他的下列愿望，即迫使李鸿章

---

① 《论德教习辞差》（光绪十五年四月十四日），吴汝纶编《李文忠公（鸿章）全集》(5)，第 496 页。下画线为笔者所加。
② BArch Berlin R 9208/494, 40-44 von Brandt an Reichskanzler, A. 168, 5. 4. 1889.
③ 《寄译署》（光绪十五年四月二十三日未刻），顾廷龙、叶亚廉主编《李鸿章全集》(2)，电稿二，第 85 页。

以联芳取代杨宗濂，并且指示联芳对余思诒和学生严加管束，使之承认他的特别惩罚权。① 根据领事的报告，联芳同李鸿章的幕友罗丰禄完全一样，他们都对教官持支持态度。在与副领事樊德礼进行了进一步谈判后，李鸿章通过颁布法令正式授予会办联芳在学堂内的惩罚权。6月13日，这三位德国教官恢复了其在学堂的教学工作。②

经常被德国外交官一再提醒的重新聘用李宝少校到天津武备学堂任职的危险被幸运地阻止了。1889年5月24日，这位不成功的商人在天津耗尽了所有钱财。他离开了天津，计划在6月1日从上海乘坐内卡号（Neckar）邮轮返回德国。乘坐同一艘邮轮的还有旅顺的炮兵教官瑞乃尔及与他同行、曾经参加过李宝主持的总参班学习但在1888年5月被安排到旅顺口的5名学生。而在这些正赶赴德国学习、李宝以前的学生中有段祺瑞，他在后来成了中华民国的陆军总长和总理。老教师李宝为了筹措旅费，被迫向他的继任者瑞乃尔借了一笔钱。③ 此次，李宝永久地离开了中国。

在这最后阶段的"武备学堂危机"之后，李喜脱、敖耳和裴克孙汉这三位教官重新承担了他们的教学任务。然而与此同时，与他们的辞呈是否应当生效这一问题相关的谈判也

---

① BArch Berlin R 9208/451, 83 – 88 von Ketteler, Peking, an Reichskanzler, A. 224, 23.6.1889.

② BArch Berlin R 9208/451, 70 – 75 Feindel, Tianjin, an Reichskanzler, Nr. 54, 13.6.1889; ebd., 68 Telegr. Feindel an Gesandtschaft 13.6.1889.

③ BArch Berlin R 9208/451, 55 Feindel, Tianjin, an Reichskanzler, Nr. 47, 26.5.1889; ebd., 59 – 60 von Ketteler, Peking, an Reichskanzler, A. 211, 28.5.1889; zur Verlegung der Klasse: BArch Berlin R 901/29894 Feindel an Reichskanzler, Nr. 38, 18.4.1889.

在继续进行。7月底,副领事樊德礼被任命为德国驻厦门领事馆领事,并且立即离开天津前往赴任了。① 致使樊德礼受到调职处分的直接缘由并非他对李鸿章缺少和解的任性态度,而是他对克虏伯代理商满德的批评。樊德礼曾经指控满德与余思诒、杨宗濂一起密谋反对武备学堂中的普鲁士军官,因为满德想让他的朋友李曼及李宝、那珀重新回到学堂任教,以取代这些普鲁士军官。② 这一指控可能真的是空穴来风、无中生有,因为在发生了自来火公司之争后,李曼不再愿意在杨宗濂手下工作了。公使代办克林德也迅速对此加以反驳,指出樊德礼对满德的指控纯属造谣中伤。作为前克虏伯代理商斯立诚(Charles Schmidt)的连襟,樊德礼对满德将斯立诚粗暴无礼地排挤出生意场一事耿耿于怀,因而伺机报复。③ 几乎与此同时,李曼的确曾经徒劳无功地尝试过,通过克虏伯公司在信义洋行中求得一个有薪金的职位。而在这一尝试失败后,他也曾向克林德抱怨说,克虏伯的拒绝是由克林德一份关于李曼的负面报告造成的。这位前军事教官在自来火公司丑闻爆发后,一直无所事事地待在天津,他感觉自己受到了欺骗,职业生涯走上了绝路。李曼的抱怨受到了李喜脱上尉的支持,后者与公使馆之间的紧张关系由于下列情况而进一步加剧,那

---

① Handbuch, Reichsamt des Innern. Handbuch für das Deutsche Reich 1890. Berlin: Carl Heymann, 1890, S. 50.
② BArch Berlin R 9208/451, 70 - 75 Feindel, Tianjin, an Reichskanzler, Nr. 54, 13. 6. 1889; für die Rüge des Auswärtigen Armtes an die Adresse Feindels siehe: BArch Berlin R 901/29895 Auswärtiges Amt an Feindel 8. 8. 1889.
③ BArch Berlin R 9208/451, 83 - 88 von Ketteler, Peking, an Reichskanzler, A. 224, 23. 6. 1889.

就是克林德状告李喜脱越权反对其上司，请求荣誉法庭予以审判。① 军事内阁首脑卡尔·冯·哈恩克（Karl von Hahnke）支持克林德的控告。只是由于威廉二世的干预，荣誉法庭未做出裁决。② 李喜脱"因为其对克林德的态度，也因为在众所周知的度假事务中的不当行为，引起德皇非常严肃的不满，并且开启了一些使得帝国政府或者更确切地说中国政府的代表感到有理由进行某种公正控告的事端，而圣上却殷切期望避免这种必然会产生后果的行为"。③

取代樊德礼担任天津领事的是司艮德（Freiherr Edwin von Seckendorff），他是巴兰德和克林德的亲信。现在，司艮德"殷勤炽热地向他每天都写私人信函的'高贵的首领'、驻北京的公使汇报"所有在天津发生的事件。④ 8月，罗丰禄就武备学堂事务请求司艮德提供帮助，因为此人"已经为自己赢得了一个亲善友好、客观公正的官员的好名声"。⑤ 中国方面有人请求教官同意将他们的合同期限延长到1890年底或者1891年初。⑥ 但是这一动议似乎主要是出自罗丰禄本人的意

---

① BArch Berlin R 901/29895 von Ketteler, Peking, an Reichskanzler, A. 225, 27.6.1889, Bundesarchiv Berlin Lichterfelde.
② BArch Berlin R 901/29895 Hahnke an Reichskanzler 13.9.1889; ebd., Hahnke an Reichskanzler 31.8.1889, Bundesarchiv Berlin Lichterfelde.
③ BArch Berlin R 9208/495, Auswärtiges Amt an von Brandt 30.12.1889, Bundesarchiv Berlin Lichterfelde. 因为邮途遥远和审核处理所需时间较多，对于出现年代已久的度假事务的批评来得较晚。
④ Tagebuch Georg Baur, Bd. 4, Eintrag vom 11. Februar 1892.
⑤ BArch Berlin R 9208/451, 94–96 Frh. von Seckendorff: Referat über einen aus Anlass eines dem Kaiserlichen Stellvertretenden Konsul unter dem 16. August dieses Jahres abgestatteten Besuchs gestellten Antrag des Tautai's Lo Fenglo (Luo Fenglu), o. D.
⑥ BArch Berlin R 9208/451, 97–99 Verhandelt Tianjin 17.8.1889.

愿，因为李鸿章直到军官们所交辞呈写明的答复期限即将到来的 3 天前才让人正式挽留他们。① 教官解释说，他们只愿意在联芳继续担任武备学堂总办而杨宗濂和余思诒不再回到学堂任职的前提下才会答应留任。② 9 月 20 日，联芳被正式任命为学堂总办。次日，教官们表示愿意继续留任，③ 只有裴克孙汉因为"身体状况和心情欠佳"要求辞职。正如前面（本书第三章）已经提到的那样，他培训骑兵的工作难以继续开展。干冷和湿热气候的交替、"令人不愉快的始终与中国工作关系相联系的环境的影响"、对令人难以割舍的家乡习惯和亲朋好友的抛弃及完全被改变了的生活坐标导致了一种高度的神经紧张，使得他下决心早日回归故乡。④ 李鸿章也不想另聘骑兵教官了，因为他就像原来的周盛传那样，在此期间形成了西式骑兵在中国用处不大的观点。⑤

在关于天津武备学堂人事问题的争论中，巴兰德最终占了上风。他实现了赶走李宝和穆麟德的愿望，也达到了使新教官接受驯化的目的。但他之所以能够做到这一切，在很大程度上得益于当时在天津颇具影响力的海关税务司德璀琳提供的支

---

① BArch Berlin R 9208/498，8 Luo Fenglu an Richter, Brixen-Hahn, Auer 5. 9. 1889.
② BArch Berlin R 9208/498，8 RS-9Rs Auer an Luo Fenglu 6. 9. 1889.
③ BArch Berlin R 9208/498，20 Luo Fenglu an Frhr. Von Seckendorff 20. 9. 1889; ebd., 20 Richter und Auer an Luo Fenglu 21. 9. 1889.
④ BArch Berlin R 901/29895 Von Ketteler an Reichskanzler A. 245 23. 8. 1889.
⑤ BArch Berlin R 9208/495，21-25 Frhr. Von Seckendorff an Reichskanzler, Nr. 81, 28. 9. 1889.

持，尽管后者是一位英国崇拜者和英国公司怡和洋行的合伙人。① 德璀琳和他的门生及未来的女婿汉纳根代表着老牌通商口岸精英的利益，而他们的利益并不必然与民族国家利益相一致。对于穆麟德和李宝，德璀琳与巴兰德的意见完全一致。就是在关于信义洋行充当克虏伯代理商一事的纷争中，巴兰德也通过与汉纳根过从甚密的克林德的中介，完全站在德璀琳、汉纳根一边。当巴兰德这位德国公使在1889年底把一直在公使馆工作的铁路建设工程师恩斯特·阿斯曼（Ernst Assmann）安排到天津领事馆，以便争取在李鸿章那里谋得一个铁路顾问的工作时，他告诫后者，在天津工作是"一件非常特殊的苦差事，因为当地存在着盘根错节、相互争斗的私人利益"。他还在写给阿斯曼的信中，把此告诫与一种明确警告联系在一起，这就是勒令阿斯曼在天津各种各样的明争暗斗中，只代表巴兰德的立场观点，其他一律不予考虑。②

---

① Edward Le Fevour, *Western Enterprise in Late Ch'ing China: A Selective Survey of Jardine, Matheson & Company's Operations, 1842 – 1895.* Cambridge, MA: Harvard University Press, 1968, p. 70.

② BArch Berlin R 901/12934 von Brandt an Assmann 12. 12. 1889.

第六章　快乐的鱼雷：马驷其人其事

马驷是与式百龄和李宝恰恰相反的一种人。他比其他来华工作的德国教官更成功地克服了横亘在中国官方利益与德国官方利益、他的工作与他的个人目标之间的障碍。在所有30位教官中，他无疑是最幸运的少数人之一。关于他，可以说他的中国雇主几乎没有任何抱怨和不满。马驷是广东效力于张之洞的教官团体中的一员，而张之洞对待和利用外国人的方式别具特色。广东的政治局势也远不像天津那样错综复杂，这里的生活更舒适。除了有利的环境，沉稳坚定、善于化解矛盾和有自知之明的品格也是成就马驷独特的职业生涯必不可少的前提条件。

一　马驷与中国南方使团

马驷1855年出生于柏林南部的吕本（Lübben），是一位乐器制造者和细木工的儿子。他长时间在中国工作，其中有11年担任两广总督张之洞创建的黄埔水鱼雷局的领班,后来转入北洋水师,最后还在颐和园当过电器师,受到多位中国上司的赏识。即使在张之洞被调到武昌担任湖广总督之后的很长时间,马驷依然被那些主管外国事务的官员看作聘用外国专家的标杆。时维礼（Peter Scheidtweiler）自1890年起在张之洞那里担任矿上和铁路顾问,他虽然与马驷没有任何私交,却在1892年向德国公使巴兰德汇报说:

> 值得注意的还有,这位先生肯定具有一种非同寻常的悟性,懂得如何讨中国人喜欢。蔡［锡勇］每次谈到他,总是喜形于色、满口夸赞。[1]

就是德国驻华外交官也视马驷为所有德国教官的典范,因为他极大地推动了德国的对华出口贸易。德国驻广州领事在1888年写信向俾斯麦汇报说:"我以向殿下告知上述之人做出的值得称赞的贡献为义务,首先因为他使我们国家的工业大受裨益。除此之外,我还想要说明,一位在中国工作的德国人通过勤奋努力、聪明能干和值得信赖可以为德国赢得多么大的利益。"[2] 鉴于他为德国工业所做的贡献,马驷最终被授予德意志帝国四等勋章。[3]

完全与式百龄一样,马驷也没有上过海军学院,尽管他出

---

[1] BArch Berlin R 901/12938 Scheidtweiler an von Brandt 6.2.1892.
[2] BArch Berlin R 9208/493, 191 Budler, Kanton, an Reichskanzler Nr.72, 5.9.1888.
[3] BArch Berlin R 9208/496, 46 Auswärtiges Amt an von Brandt 21.9.1892; BArch MA N 522/2, 27 Urkunde Kaiserlicher Kronenorden IV. Klasse 12.11.1892.

身于小资产阶级家庭,也接受过很好的学校教育。这个家庭后来变穷了,因为他的父亲未能很好地适应手工业的工业化。父亲无力让儿子到军官学校读书,除非他付出自己所有的养老金。1872年,马驷进入皇家海军做见习水手。他在各种各样教练船上,也在陆地上接受了3年培训,并在1875年转入刚刚建立的弗里德里希肖特(Friedrichsort)鱼雷和水雷分队。因为工作成绩突出,也因为精湛的技术,他早在1878年就晋升为鱼雷艇甲板军官,月薪125马克,附加膳食和住房补贴。这使得他可以在经济上救济他的双亲。依靠自学而不是就读某一海军学校,马驷在1881年通过了军官职业考试。他被擢升为鱼雷少尉,并在位于基尔的鱼雷学校任教。① 自1882年起,已经结婚成家的马驷又重新回到弗里德里希肖特工作。1884年5月,中国公使找到并询问他是否愿意以教官身份伴随两艘由广东政府在伏尔铿造船厂订购的鱼雷艇到中国工作。这些鱼雷艇计划在当年年底转运到中国南方。12月29日,马驷途经那不勒斯抵达中国。

这些武器包括由伏尔铿造船厂制造的鱼雷艇,连同柏林施瓦茨科普夫公司(Firma Schwarztkopff)制造的20枚鱼雷和22门克虏伯加农炮(Krupp-Kanonen),是由张之洞的前任张树声订购的。② 张之洞1884年5月在其前任去世后接任两广总督,他也在当年夏天就向德国领事咨询过派遣军事教官事宜。因为德国方面不能给他一个正式的肯定答复,所以他直接

---

① Kretzschmar, Lebensgeschichte der Ernst Kretzschmar, S. 41 – 42.
② 张树声:《筹办粤省边防折》,中国史学会主编《洋务运动》(2),第518~520页。

转向驻德国的中国公使。① 张之洞属于中国官僚集团中的"主战派",主张坚决抵抗法国人的强硬路线,但在招聘教官方面并不追求特定的政治目标。他只是打算利用他们培训他的军队,既为了加强广东沿海地区的防卫力量,也为了抵御法国人的入侵。所有德国军官和军士都获得了一份为期三年的工作合同。因为张之洞从一开始就准备让德国人参加战斗,所以在这些合同中也都有一个与之对应的条款,即规定教官有义务在爆发战争的情况下加入中国方面作战。他们的任务也十分明确具体,例如马驷就被任命为"水鱼雷教官"②,负有建造和管理(维护)水雷、鱼雷仓库的职责;欧披次则作为"工程师军官",负有"主持和筹划防御工事、各类防护设施、港口封锁和布置水雷"的职责。③ 除此之外,这些合同也都遵循李凤苞与招募来的其他德国军官和军士签订的工作合同的格式而签署。没有像在式百龄和李宝合同中出现的特别规定。

与人数众多、成分庞杂的中国北方"军事使团"相比,这一被专用于中国南方的军事教官团体自身存在的问题要少得多。1884 年 12 月抵达的海军军官和一位炮兵军官来到了一支规模较小的军队,而张之洞恰恰想让这支军队接受西方模式的

---

① BArch Berlin R 9208/493, 19 - 21 Travers an Reichskanzler, Bericht Nr. 44, 12. 8. 1884; ebd., 16 - 17 Hellwig, Auswärtiges Amt, an von Brandt 27. 9. 1884; zur Entstehung der „Militarmission" siehe oben Kapitel 2.

② BArch MA N 522/2, 7 Vertrag zwischen chinesischer Gesandtschaft (Li Fengbao) und Ernst Kretzschmar 4. 6. 1884.

③ BArch Berlin R 9208/493, 96 - 97 Vertrag zwischen dem Kaiserlich Chinesischen Gesandten Hsue Ching-Cheng [Xu Jingcheng] namens der Kaiserlich Chinesischen Regierung und dem Königlich Preussischen Ingenier-Premierlieutenant a. D. Adolph Tenckhoff zu Luebeck 7. 4. 1885.

培训。该军队共有5个营（大约2500人），参照淮军建制组建，是不同于广东省团练系统的新兴武装力量。张之洞没有管辖原有军队指挥官的权威，他不敢在旧军队当中进行改革。①这一点也避免了外国教官与中国军队指挥官发生冲突的可能。军队由总兵李先义统辖，后者曾在天津和上海接触过西式教育，积累了一定的经验。合同中许诺授予外国教官的军衔也由张之洞申请到了，但附加这样的限制，即受授者必须表示愿意穿中国官服。② 分别在1884年12月和1885年1月到达的德国人（雷芬、郎概、柏庐、威勒西、马驷和一位姓名不详的军士）看上去同样不存在什么问题。还在1884年7月的时候，张之洞就表示十分看好这些德国人。作为中国自主工业化政策的积极支持者，他向朝廷建议：

> 至洋师、洋匠，惟宜求之德国。其人性朴而学精。近年所制各种船械，甲于欧洲各国。取法造枪，或可用美匠。造雷或可用丹匠。此两国人性和平，尚能尽力。此外他国夸诈不驯，平日则不尽其术，临时则刁难变幻甚多，断不可用。③

但与天津的情形不同，对于习惯了较低气温的北欧人来说，中国南方的气候实在难以适应，未过多久，就有人因此而

---

① 《教练广胜军专习洋战片》（光绪十一年五月二十五日），苑书义等主编《张之洞全集》第1册，第313页。
② 《雇募德弁片》（光绪十一年五月二十五日），苑书义等主编《张之洞全集》第1册，第314~315页。
③ 《筹议海防要策折》（光绪十一年五月二十五日），苑书义等主编《张之洞全集》第1册，第310页。

丢掉了性命。年纪较大、早在1875年就离开军队的退役上尉雷芬在1885年8月死于中暑。一年后,柏庐同样亡于任内。威勒西因为疾病缠身,大多数时间不能工作。① 凡此种种情况使得张之洞陷入极大困境,因为按照工作合同,对于因病而死者要偿付6万马克赔偿金。张之洞首次担任总督,还不习惯与外国职员打交道。按照中国的劳务制度,张之洞既可以通过颁布法令雇用职员,也可以解雇职员。对于任职期间死亡者偿付恤赏金是常见的惯例,但也取决于上司的恩惠;如要支付较重要工作人员较高额度的赔偿金,甚至需要上奏朝廷。② 然而,李凤苞和许景澄在德国确定的3年多薪金的额度大大超出了张之洞愿意偿付的价码。张之洞试图以合同中文本为准,据此,因病致死者将不能获得赔偿。但是两位亡者的遗孀转向在华德国外交机构,极力追讨保险金。为了避免引起更强烈的愤怒、扩大事态,张之洞决定只支付最最必需人员的恤抚金,并在1886年底合同到期之前解雇了患病的威勒西和炮兵少尉郎概。

其他两位军官,欧披次和马驷虽然得以留任,但也必须同意其合同中文本的决定性权威。据此,只有在战争中死亡或伤残可得恤赏金,因病而亡不在保险之内。欧披次起初还想坚决抵制这一新规定,后来却为了能够继续留在中国工作而屈服了,因为他已经把家眷接来了,若轻率辞职,很容易丧失谋生

---

① BArch Berlin R 9208/493, 51 von Brandt an Reichskanzler, A. 186, 26. 8. 1885; ebd. , 94 – 95 Tenckhoff an von Brandt 21. 11. 1886.
② 《为蔡锡勇请恤折》(光绪二十四年闰三月二十五日)、《为徐建寅等请恤折》(光绪二十七年三月二十五日),苑书义等主编《张之洞全集》第2册,第1300~1301、1390~1392页。

手段。① 他先是在柏庐去世后接管了在1886年3月开始的防御工事建造工作，然后又在1887年春天被聘为新建水陆师学堂军事学教师。②

这所学堂的前身是1882年由张树声创办的实学馆，后来更名为博学馆。③ 张之洞以这一机构为基础创办了水陆师学堂，计划设水师部和陆师部，各招70名学生。陆师部分3个班：内学生班，共有原属博学馆学生30名，已掌握了一定的外语和数学知识；营学生班，由来自军队、具有一定经验的20名士兵组成；以及为20名读过书的学生（16～30岁）设立的外学生班。在这里，只要具备阅读和书写文言文的简单能力就算是合格的。后两个班的学生不需要学外语，课堂上安排有翻译。年龄较大、生活阅历丰富、性格坚强的求学者被加以优先考虑。为两个部制定的学堂章程基本取自天津和福州的学堂。学习科目包括德语（只为内学生班开设）、骑兵、步兵和炮兵操练、步兵和炮兵射击以及堡垒建筑术。在早晨和外国教官放假的星期天，学生要学习儒家经典著作以及中国历史和中国军事科学。也允许学生继续参加科举考试。每学年有9个月上课，3个月

---

① BArch Berlin R 9208/493, 94 - 95 Tenckhoff an von Brandt 21.11.1886; BArch Berlin R 901/33640, 118 Auswärtiges Amt an von Brandt 21.3.1887.
② 《添建炮台军械所片》（光绪十一年六月二十九日），苑书义等主编《张之洞全集》第1册，第331～332页；《札东善后局存储专款建筑炮台》（光绪十二年二月初八日），苑书义等主编《张之洞全集》第4册，第2481～2482页；《创办水陆师学堂折》（光绪十三年六月十四日），苑书义等主编《张之洞全集》第1册，第574～576页。
③ Biggerstaff, *The Earliest Modern Government Schools in China*, pp. 64 - 65; William Ayers, *Chang Chih-tung and Educational Reform in China*. Cambridge, MA: Harvard University Press, 1971, pp. 108 - 113.

在陆军兵营中或舰船上实习。张之洞还计划将学习了一年的海军学生择优派往国外深造。陆师部的学制为三年。有一位曾经在福州船政学堂任教的英国人李家担任水师学堂的教师；陆师部的教学工作则由欧珮次主持。张之洞本来打算再从德国招聘一名教官，但后来没有实施这一计划。对此，欧珮次在1886年底有所披露。据说，这个时候在张之洞周围出现了一股强烈的反对德国的舆论，并且侨居在广东的传教士也深受攻击。①

同样抵制德国的倾向，在中国北方李鸿章的周围也可以明显看到。一般而言，中国人对于德国在中法战争中严守中立立场的做法感到失望。②但是，就张之洞的态度而言，由在德国签订的工作合同带来的问题大概也同样发挥了重要作用。此外，水师部后来变得更加重要了，特别是在任命候补道吴仲翔为学堂总办之后。吴仲翔曾在福州船政局担任提调，也在天津参与创办了李鸿章的水师学堂。这样一来，水陆师学堂的办学方向就逐渐远离德国的陆军教育而趋向一种陆军成分较少、以英国模式为主导的海军学校。水师部后来拥有了一座气势恢宏的新综合楼，而陆师部只能满足于利用实学馆的旧楼。看起来，张之洞还遇到了无法为陆师部招收足够多学生的困难。不是预先设想的70名学生、3个并列班，陆师部的第一个班只有19名学生，在他们通过结业考试后，必须再从天津各个兵

---

① BArch Berlin R 9208/493, 94 – 95 Tenckhoff an von Brandt 21. 11. 1886；《创办水陆师学堂折》（光绪十三年六月十四日），苑书义等主编《张之洞全集》第1册，第574~576页。

② Lee, Die chinesische Politik zum Einspruch von Shimonoseki und gegen die Erwerbung der Kiautschou-Bucht, S. 14 – 17.

营招募20名学生为第二个班。这些新学生初来广东时大都只字不识。①

在这种以英国模式为主导、个人发展空间极小的局面下，欧披次在中国的生活充满了怨恨和对同事马驷的嫉妒。马驷在所有方面都受到优待。马驷在作为少尉开始工作时，就获得了相当于一位德国上尉的级别和薪金（四品顶戴，每月300两白银），与雷芬上尉处于同一层次，而同样是德国少尉的郎概只被授予五品顶戴，每月薪金200两白银。欧披次中尉虽然每月也有300两白银，但也只得到五品顶戴。在1888年签订新合同时，薪金的确定是以已有的额度为基础的。此次，欧披次的薪金被定为每月288两白银，马驷的薪金却大为增加，高达400两白银。② 与此同时，马驷的建议也被推行到许多原本属于欧披次可发挥作用的领域，例如堡垒建筑规划和在黄浦架设水面封锁装置等。③ 即使后来被德皇授予了上尉军衔，欧披次的工作条件也未得到改善，其不满情绪更未能消除，而授予上尉军衔一事还是德国领事卜德乐（Hermann Graf von Budler）为了提高欧披次在中国的地位而专门奏请的。④ 到1890年8月，欧披次甚至以欺骗罪将马驷

---

① 《办理水陆师学堂情形折》（光绪十五年十月十八日），苑书义等主编《张之洞全集》第1册，第729~732页；BArch Berlin R 9208/489, 28-36 Bericht Vogles für den Generalgouverneur von Liangguang 7.3.1890；BArch Berlin R 9208/495, 36 Budler, Kanton, an von Brandt 7.5.1890.

② BArch Berlin R 9208/495, 36 Budler, Kanton, an von Brandt 7.5.1890.

③ BArch Berlin R 901/29894 Tätigkeit des früheren deutschen Torpedo-Unterlieutenants Herrn Ernst Kretzschmar in Canton, China, 1885-1888 (Anlage zu BArch Berlin ebd., Budler, Kanton, an Bismarck, Nr. 72.5.9.1888).

④ BArch Berlin R 901/29062, 31 Kriegsminister an Reichskanzler 6.3.1888；BArch Berlin R 9208/493, 166 Budler, Kanton, an Reichskanzler 2.1.1888.

告上法庭,并且向主管部门提出将马驷开除军籍的要求。据说,马驷从哈科特公司(Firma Harkort & Co.)订购了价值50万马克的螺旋桩以供在黄埔架设水上封锁装置使用,并为此获得3%的佣金。德国领事馆却恰恰为马驷如此成功地促进了德国对华贸易的发展而感到高兴。领事卜德乐驳回了欧披次的申诉,德国海军部则在一年前就重新招聘马驷为预备役少尉,并且是特别因为其"不谋私利地为德国争取订单活动"而招聘的。①

1889年,张之洞扩建海军学校,在这所一直以培养甲板军官为主的学校增设了培养机械师的分支机构,并且将学生名额提高到140人。而为了使陆师部更具吸引力,张之洞也试图将该部转变成一个附设矿学、化学、电学、植物学、公法学(即国际法学)等课程的科学机构。但由于被调往湖北(1889年底),原计划招聘的5位专家只有2位从英国如期到来。② 1891年5月,新任总督、李鸿章的兄长李瀚章再次将欧披次的合同延长了两年。然而,其任务只是指导在此期间数量已增加到40人的学生学习德语,不再讲授任何军事课程。等到1893年合同到期时,水陆师学堂的陆师部彻底解散了,欧披次返回德国,而两位英国教师早在1890

---

① BArch Berlin R 901/29894, Chef der Admiralität an Reichskanzler 2.1.1889; BArch Berlin R 9208/495, 79 – 81 Schrameier, Kanton, an von Brandt 16.12.1890; ebd., 82 – 83 Scheameier an Teckhoff 9.12.1890.
② 《办理水陆师学堂情形折》(光绪十五年十月十八日),苑书义等主编《张之洞全集》第1册,第729~732页;李瀚章:《水陆师学堂添设各项奏立案折》(光绪十九年四月二十八日),高时良编《洋务运动时期教育》,第461~462页。

年和1892年就被解雇了。① 对于欧披次，马驷在回忆录中只字未提。

二 黄埔水鱼雷局

马驷所在工作单位黄埔水鱼雷局的情况远比欧披次的工作单位优越。黄埔水鱼雷局不只是一所学堂，它本身就是广东省防御设施的一个重要组成部分。因此，它从未像陆师部那样面临经费短缺，也极少需要考虑其必要性问题。倡建黄埔水雷局的张树声总督是李鸿章的亲信，在发迹之前曾在淮军中担任要职。张树声期望以哈孙克来伐在威海卫所建设施为样板，建造一个鱼雷站。② 他的继任者张之洞继续推行这一政策。张之洞尽管在战争问题上与李鸿章的立场观点不一，但在其现代化活动中，他一直与李鸿章保持密切联系。③ 张之洞最初对德国的好感也源于他与德国商人的友好交往，这些商人在军火贸易方面表现得非常可靠。④

---

① BArch Berlin R 9208/496, 2 Schrameier, Kanton, an von Brandt 12.5.1891; ebd., 3 von Brandt an Reichskanzler 2.6.1891; 李瀚章：《水陆师学堂添设各项奏立案折》（光绪十九年四月二十八日），高时良编《洋务运动时期教育》，第461~462页；陈景芗：《记广东水陆师学堂》，高时良编《洋务运动时期教育》，第463页。

② 张树声：《筹办粤省边防折》，中国史学会主编《洋务运动》（2），第518~520页。

③ 张之洞和李鸿章经常通过电报交流意见，参见苑书义等主编《张之洞全集》第7册，第7~11页；顾廷龙、叶亚廉主编《李鸿章全集》（1），电稿一，第1~3页。

④ 《雇募德弁片》（光绪十一年五月二十五日），苑书义等主编《张之洞全集》第1册，第314~315页。

马驷来到黄埔时,那里已经存在一个水雷局了,其负责人为英国教官贝次(J. A. Betts)。水雷是鱼雷的前身,就是在李鸿章管辖的大沽、北塘、山海关、威海卫、旅顺口等地也设有水雷营。① 新的鱼雷局紧靠水雷学校,设在始建于1863年的船坞公司(Hongkong and Whampoa Dock Company)内,而该公司早在1876年就被中国政府收购了。为了避免与继续存在的母公司形成竞争,卖方坚持买卖合同中明确规定,在转交中国所有之后,该船厂只允许修理中国船只。由于这一条款的约束,船厂后来变得毫无经济价值,只是因为有一座办公楼和一个旱船坞,可为办学和修理鱼雷艇使用。② 德国的木制帆船埃尔柯尼希号(Erlkönig)原为一艘商船,现在低价买来被装备成教练船和修配船,更名为镇威号。哈孙克来伐的学生李世清、陈应濂和刘义宽成了助理教师。③ 陈应濂还是该教练船的船长。刘义宽和周天培分别担任助教和翻译,他们两人都讲一口流利的英语。马驷在回忆录中对他们前期所受教育评价甚高。其他军官以及两艘鱼雷艇、一艘小汽船和陆地上的大部分水兵也从福州船政学堂或者在英国的货运轮船上积累了海事经验。所有人都讲英语。④ 刘义宽同样是福州船政学堂管轮班的毕业生。⑤

---

① 《海防经费报销折》(光绪十三年十一月二十六日),吴汝纶编《李文忠公(鸿章)全集》(3),第217~233页。
② Kretzschmar, Lebensgeschichte der Ernst Kretzschmar, S. 53;吴家诗主编《黄埔港史(古、近代部分)》,人民交通出版社,1989,第187~194页。
③ BArch Berlin R 9208/449, 259 - 260 Feindel, Kanton, an von Brandt 3. 6. 1886.
④ Kretzschmar, Lebensgeschichte der Ernst Kretzschmar, S. 54 - 56.
⑤ 《福建船政学堂历届毕业生名单》,高时良编《洋务运动时期教育》,第384页。

学校招收了12名（原定额为20名）青少年学生。因为借助于翻译进行语言沟通是比较困难的，也因为这些青少年所受前期教育程度不一，所以马驷采取了非常实际的教学方法。例如，他指导学生连续拆卸和组装一个鱼雷4次，到了第4次拆卸和组装时，他就无须紧盯学生不放了。授课内容包括：

①描述鱼雷、发射管、发射炮各个部分的形态和用途；

②拆析和重新组装鱼雷；

③校准鱼雷；

④描述空气压缩泵、蓄电瓶的形态和使用方法；

⑤描述船载鱼雷艇和大小鱼雷艇及其设施；

⑥发射鱼雷的操作规则。

除此之外，还讲授划船、领航、拼接缆绳和打结、体操、徒手操、游泳、操枪动作练习和射击。① 至于指令，马驷坚持用德语下达，但在讲课和与军官或者更确切地说青少年学生私下交流时用的是英语。马驷从未学习中国语言，一句中国话都不会讲。②

1887年初，张之洞下达了扩建鱼雷设施的命令，于是在陆地上建成了一些库房，一个鱼雷维修、装配车间以及一座水兵兵营。是年底，张之洞又对学校进行了一次扩建，增设一个拥有20名青少年学生的班级，并且平行上课。直到1890年，第一批完成学业的14名鱼雷毕业生才被安排工作。马驷则在1888年签署了一份新合同，据此他将同时负责黄埔水鱼雷局的管理工作。贝次在此期间已被解雇。马驷认为

---

① BArch Berlin R 9208/496, 35-37 Kretzschmar an Budler 7.8.1892.

② Kretzschmar, Lebensgeschichte der Ernst Kretzschmar, S. 66.

贝次颟顸无能，而贝次被解雇与马驷的使坏并非全无干系。整个机构被冠以"水鱼雷局"名称。① 不过马驷的新合同只有一年的期限，这就使得另谋出路成为当务之急，马驷也因此极力争取从德国政府方面得到一个较好的评价。多亏了领事卜德乐的称赞，这些努力最终在德国取得了马驷被任命为预备役军人中尉的结果。帝国首相俾斯麦批复德国公使巴兰德，感谢马驷"无私奉献和成果显著的工作，这与您高贵的阁下长期以来的追求一样，在忠诚地履行对中国政府义务的同时，也尽力促进帝国和帝国成员的利益"。② 相反，式百龄却由于其狂妄自大，完全忽视了他未来的职业生涯完全可以依靠德国政府的宠爱而得到保障。而德国政府在1880年代除了期望德国教官与之步调一致地增进德国工业的利益，别无他求。式百龄在其中国冒险面临绝境时，肯定也认识到，"我在中国驻柏林前皇家公使诱人的许诺下，不顾一切地放弃了我在本国的工作岗位，导致我以后有可能长年陷入失业状态"。③ 但是后悔已经太晚了，因此对于式百龄来说，在离开中国之前，除了不惜任何代价力争得到一笔高额补偿金和一张言辞比较有利的工作证书，没有其他选择了。

马驷没有犯这样的错误，而是及时地从两个方面获得了保护。就是在中国，他的工作岗位看起来也越来越稳固。除了为黄埔水鱼雷局工作，他还为中国的其他现代化工程提供

---

① BArch Berlin R 9208/496, 35-37 Kretzschmar an Budler 7.8.1892; ebd., 65, 70.
② BArch MA N 522/2, 13 von Brandt an Kretzschmar 11.3.1889; BArch MA N 522/2, 10 Kaiserliches Offzierspatent 20.11.1888.
③ BArch Berlin R 9208/477, 139-140 Sebelin an Detring und Luo Fenglu 10.6.1886.

建议、编制计划,例如造币局、砖瓦厂和某一城区用于排水的蒸汽水泵站的建造计划。造币局在1886年借助英国的机器建立了起来。砖瓦厂和蒸汽水泵站则属于张之洞准备在广州实施的街道建设项目的一部分。① 马驷用英语编制计划,其翻译则将该计划译成中文。但这第一批建议也仅仅是张之洞为其项目征集来的众多建议之一。例如,广东造币局机器设备的购买和经营事宜最终给了一家英国公司。② 在其新合同中却有条款明确规定,可以在不增加薪酬的情况下,委托马驷承担其他任务(第9款),其中包括为翻译他所编制的计划提供帮助(第12款)。③ 而在马驷支持的项目中,除了与鱼雷相关的器械,也只有两项导致了从德国购买设备材料。1888年,他获得了为珠江的一条支流架设封锁装置制订计划的委托。借助从德国随身带来的书籍,马驷发现了杜塞尔多夫哈科特公司(Harkort)为封锁港口生产的铁螺旋桩。该项目后来得到了批准,价值50万马克的螺旋桩直接从德国公司购买来了。为了监督安装工作,马驷的合同再次延长一年,直至1891年1月19日。④ 张之洞早在1888年就通过马驷,为总督府购买了一整套电子照明设备。马驷花了3200马克,从纽伦堡舒克特公司(Schuckert & Co.)订购了一套小型的可搬运电子照明设

---

① 赵春晨:《张之洞与广东的近代化》,河北省炎黄文化研究会、河北省社会科学院编《张之洞与中国近代化》,中华书局,1999,第230~232页。
② 《购办机器试铸制钱折》(光绪十三年正月二十四日),苑书义等主编《张之洞全集》第1册,第525~528页。
③ BArch MA N 522/2, 21 – 23 Agreement 31.1.1888.
④ Kretzschmar, Lebensgeschichte der Ernst Kretzschmar, S. 87 – 88; BArch MA N 522/8 Daotai Wang an Li Hanzhang o. D.; BArch Berlin R 9208/496, 31 – 35 Kretzschmar an Budler 24.7.1892.

备,并且在向外伸展的衙门建筑群安装了一些胶光灯。① 1890年初,李瀚章接任两广总督之职,他非常喜欢这一设施,甚至在1891年让马驷从舒克特公司和柏林西门子与哈尔斯克公司(Siemens & Halske)为颐和园订购了两套大型电子照明设备,并且直接运往北京,总共花费132000马克。② 李瀚章有很好的理由通过这一大型礼物来讨慈禧太后的欢心。两广总督这一职位是他自1882年湖北丑闻发生后获得的第一个重返官场的机会,而湖北丑闻一度使他和杨宗濂丢掉了官职。③

三 妥协的艺术

对于任何一位想要较长时间留在中国工作的人来说,容忍和加入那种按照欧洲尺度来衡量可谓十分腐败的行政管理体制,是最为重要的前提条件之一。而要走上这条道路并非易事,即使对于像马驷这样一位耐心和乐观的人来说也是如此。失望、挫折同样不能排除。例如,马驷早在开始工作之际就提出了通过驻柏林的公使馆向希乔造船厂(Schichau-Werft)订购3艘大型鱼雷艇的建议。在中国也充当克虏伯和伏尔铿代理商的信义洋行却主张做另一笔交易,即以比购买

---

① Kretzschmar, Lebensgeschichte der Ernst Kretzschmar, S. 83 – 84; BArch Berlin R 9208/496, 31 – 35 Kretzschmar an Budler 24. 7. 1892;赵春晨:《张之洞与广东的近代化》,《张之洞与中国近代化》,第232页。
② BArch Berlin R 9208/496, 31 – 35 Kretzschmar an Budler 24. 7. 1892.
③ 马昌华主编《淮系人物列传:文职・北洋海军・洋员》,第82~85页;《复张黄斋署副宪》(光绪八年十二月十八日),吴汝纶编《李文忠公(鸿章)全集》(4),第452页;BArch Berlin R 9208/493, 151 von Brandt an Reichskanzler, A. 362, 26. 12. 1887.

3艘大型鱼雷艇所需费用较低的花销,购买9艘较小且只有一条鱼雷管的河道鱼雷艇。这样一来,可以使中国的中介人在两个价格之间的差价中获得一笔佣金。对于马驷的计划来说,这一主张不啻重重一击,因为河道鱼雷艇完全不能用于海防。但因事涉总督张之洞的一个儿子,马驷根本无力更改订单。① 不过对于这类事情,马驷却能够顺应将就。他以外交辞令向领事馆解释说,中国人背离他的建议,选择了9艘小型鱼雷艇,"因为这些鱼雷艇可以让人比较容易地站在轮船甲板上驾驶行进"。②

马驷大概有理由从内心深处厌恶普遍流行的腐败,因为他的薪金也被一些官员截留了9%。但他没有像式百龄那样长篇大论地空谈中国官员和军官的贪婪,反倒是试图理解造成这种腐败的情势。他曾在1894年与时任两广总督李瀚章讨论了这个问题。后者向这位德国人揭示了官员薪金低廉、工作岗位不稳固且没有退休金等情况。至少要揩5%的油水,否则的话,官员们根本无法生存。③

随着时间的推移,马驷本人也在一定程度上被这种腐败的体制所沾染,尽管他面对德国政府时仍将自己打扮成一位好基督徒、富有爱国心的德国人和诚实无欺的男人。他很有可能确实为购买螺旋桩从哈科特公司那里拿取了3%的佣金,欧披次的指控完全正当合理。但是其他人,特别是那些在中

---

① Kretzschmar, Lebensgeschichte der Ernst Kretzschmar, S. 86.
② BArch Berlin R 901/29894, Tätigkeit des früheren deutschen Torpedo-Unterlieutenants Herrn Ernst Kretzschmar in Canton, China, 1885-1888 (Anlage zu ebd., Budler, Kanton, an Bismarck, Nr. 72, 5.9.1888).
③ Kretzschmar, Lebensgeschichte der Ernst Kretzschmar, S. 144–145.

国居留了较长时间的人,都深知做买卖拿佣金是非常普遍的现象,从交易中获得3%的佣金甚至是比较低的,况且马驷还将其中一部分转给了中国官员。德国领事馆因此拒绝了欧披次的诉讼,并且根据中国的实际情况,将这一诉讼视为根本不当之举。①

给予与接受、保护与效劳属于支撑中国社会的重要基石。为什么要让单枪匹马的某位外国教官来加以改变?马驷与李瀚章的特殊关系表明,他已经很好地汲取了共同生活的经验教训。对于马驷是否知道李瀚章向北京皇宫进贡大礼的私密背景,这个问题没人能够确定,但他对于这件事情的蹊跷之处不可能毫无察觉,因为他在回忆录中只字未提这一非同寻常的行动。相反,在他按照编年顺序记述其经历而写到与此事相关的时间段时,有一个在1926年写成的"告白"赫然醒目。马驷写道:"我只想以过来人身份对我的后人和我回忆录的读者说,我当时的热切追求是,在那样一种生活状态中坚守基督徒和做人的准则,下列《圣经》格言也必须在我的行动中得到完全运用,这就是'精神是愿意的,但肉体是软弱的'。"②

无论怎样,在接下来的4年里,马驷与李瀚章的关系发展得非常好。李瀚章为感谢马驷在颐和园安装照明设备一事上奏朝廷,为马驷申请到了三等第三双龙宝星的嘉奖。③ 与

---

① BArch Berlin R 9208/495, 79 – 81 Schrameier, Kanton, an von Brandt 16.12.1890.
② Kretzschmar, Lebensgeschichte der Ernst Kretzschmar, S. 125.
③ BArch MA N 522/2, 19 Küstenverteidigungsamt und Amt für Wiederaufbau Guangdong(广东海防兼善后局)an Kretzschmar, 光绪十七年十一月十三日。

此同时，李瀚章同意马驷继续留在中国工作，也批准了他的休假申请。基于马驷的建议，李瀚章还允许他带领他的4位中国同事前往德国考察，其中包括刘义宽和周天培两人。①马驷由此便可以借这个机会向他的两位关系最亲密的同事示好。这样一来，他在黄埔水鱼雷局的职位便可以得到进一步巩固，即使像他这样的人，也有人对他心怀不满，恨不得让他马上"滚开"。②

李瀚章对于水鱼雷局表现出极大的兴趣，总是慷慨批拨资金，放手让作为技术主任的马驷自主决定诸如射击演练、航行实习、在学校授课等所有教学事务。他甚至在1892年初毫无顾忌地准许马驷安排他的朋友胡美利（Gustav Ludwig Hummel）担任轮船驾驶、数学、英语等课程的教师，第一年月薪300墨西哥银元（接近1000马克），后来增至300两白银（1260马克）。③胡美利原先在赫德领导的海关工作，曾任黄埔港务长（Hafenmeister），工作条件很差，工资待遇极低。此外，招生名额也提高到了36名。④李瀚章做出这些让步之时，恰逢他在欧披次合同到期后关闭了广东水陆师学堂陆师部，并且因为不顺从或者说无能力而解雇了那里由张之洞聘用的两位英国教师。⑤

---

① BArch MA N 522/8 Daotai Wang an Li Hanzhang o. D. （光绪十六年九月）。
② Kretzschmar, Lebensgeschichte der Ernst Kretzschmar, S. 143, 136.
③ Nach der Angabe Kretzschmars stand der Liang Silber in Kanton 1893 bei 4, 20 Mark, Kretzschmar, Lebensgeschichte der Ernst Kretzschmar, S. 142.
④ BArch Berlin R 9208/496, 15 – 16 Kretzschmar（aus Fuzhou）an von Brandt 15. 1. 1892; BArch Berlin R 9208/498, 419 – 424 Hummel an Lange 13. 1. 1901.
⑤ 李瀚章：《水陆师学堂添设各项奏立案折》（光绪十九年四月二十八日），高时良编《洋务运动时期教育》，第461~462页。

马驷在主持黄埔水鱼雷局及其附属学校方面的成功，从他的中国上司那里获得宠幸赏识的事实，的确非同寻常，以至于卜德乐领事在1888年用问卷的形式，咨询他与中国人融洽相处的秘诀。对于他任职的困难和处世准则，马驷讲了下列一席话：

任职的困难

我必须加以克服的困难是多种多样的。首先有一位年老而且极端保守的官员担任水鱼雷局总办，他根本不懂海军和鱼雷事务，经常发布一些令人最难以置信的命令。对我来说，这是一种非常不利的情况。而在驻柏林的中国公使热情地将我推荐给总督和布政使一个月后，总督会讲英语的秘书蔡锡勇先生成了一位专心周到的观察者和上司。在当年的战争期间，蔡锡勇先生不断向我询问各种各样的战争学和海军学问题以及对于相关事务的建议。

处世准则

我在回答提问时极为小心谨慎，具体详尽，完全与我以前面对我的德国上司时所做的一样。对于我清楚知道的事情，我的论断是非常肯定的，其他事情则较少武断。我经常解释说，因为我对相关事务比较陌生，所以不能做出回答。对于这种说法，开始的时候是一片愕然，但很快一切便复于平静，因为中国人明明白白地看到，我的其他答复和指教都是完全准确的，绝无任何虚夸。通过与蔡锡勇先生的交往，并且通过他经常地把我的见解汇报给总督和布政使并且得到后者的赞许，我便在面对我的直接上司（水鱼雷局总办）时处于一个比较有利的地位了。并且自1885年4月起，我成了水鱼雷局两局外国人的负责人。

我在任职期间，从不向我的上司许诺比我相信我实际能够做到的事情更多的东西。在大多数情况下，我做的事情远多于我曾经承诺的事情，也比由我领导的军官和水兵做得更多。此外，我尽最大可能地勤奋工作，经常直到深夜，而在战争期间，大多数星期天也不休息；并且每当遇到艰难险阻，我都以身作则，发挥表率作用，使所有军官和水兵都有目共睹，并且愿意与我一起行动和工作。逐渐地，所有这一切都会被较高级别的官员以及总督的幕友听说，我的处境也就日复一日地逐渐变好了。

1886年，基于我的请求，并且在权威人士确信水鱼雷局总办无能之后，这位总办被调到另一部门了。总督的两位幕友，即王葆辰先生和蔡锡勇先生成了总办，这是两位十分明理的先生，我与他们两人和睦相处，直至今日；我也与他们两人一起，将整个水鱼雷建设事业提升到了一个相当高的水准。

富有影响力的职位

从这一时刻起，我就成为可以说在所有可能的事务范围内的顾问了。然而，就是现在，我一如既往地践行我所坚持的处世准则，并从总督和其他权威人士方面获得了充分的肯定。让我深感欣慰的是，通过我的绵薄之力，我也在贸易领域为我的祖国提供了某些便利。因为与其他国家的供货相比，我们国家的所有同类商品即使不是更好，至少也是同等的。这样一来，我就可以确保我所有的相关建议都是公正合理、值得信任的。①

要保住担任了 11 年的水鱼雷局领导的职位，与中国上司和同事保持和睦关系这一点是绝对不可或缺的。马驷的报告阐述了为做到这一点所必需的条件。另一个重要的认识是，为中国封疆大吏效力并接受过外国教育的中国人在这里具有特别突出的意义。在广州有蔡锡勇，他在这里发挥着诸如罗丰禄、联芳、荫昌等人在天津所发挥的作用。蔡锡勇与联芳、荫昌一样，也是北京同文馆的毕业生，并且直至去世都是张之洞所有现代化项目的负责人。② 在天津，是德国教官要求任命联芳为学堂总办；与天津的这一情形相似，在广州的蔡锡勇也是保障外国专家在中国自强机构中发挥积极作用的必要条件。这些中国人在西方专业人员的效益思想与中国社会的等级制之间充当着缓冲器和中介人。与以传统为导向的中国官员相比，他们作为现代机构的领导人较少有面对其外国职员急不可耐的敦促而担心丧失权威的顾虑。

然而，德国教官个人的条件也很重要。对此，耐心、幽默和包括理解某些弊端所产生的背景、能够经得住失望情绪打击的能力都是不可或缺的。单方面固执地要求兑现曾经许诺的优惠根本无济于事。马驷在其合同 1888 年初到期时，必须接受一年接一年地续签新的合同。而在中国签订的工作合同涉及许多超出水鱼雷局实际工作需要的事项。马驷虽然获得了增加到

---

① BArch Berlin R 901/29894 Tätigkeit des füheren deutschen Torpedo-Unterlieutenants Herrn Ernst Kretzschmar in Canton, China, 1885 – 1888 (Anlage zu ebd., Budler, Kanton, an Bismarck, Nr. 72, 5. 9. 1888).

② Ayers, *Chang Chih-tung and Educational Reform in China*, p. 103.

400两白银的薪金,但死亡和残废保险金额被限制在4个月的薪金。除此之外还附加有一个条款,即中国雇主有权解雇不服从上司命令和安排的员工。而在原先由李凤苞拟定的合同中,此类条款根本不存在。工作时间和居住地点也通过合同加以规定:马驷必须住在黄埔,只有星期天可以暂离此地(第7款),工作时间从8:00开始一直持续到17:00,必要时多达24小时(第11款)。①

耐心是最重要的前提条件。在第一个班级的25名青少年学生中,只有1/3的学生能讲一点英语,授课必须通过翻译进行。这些年龄在16~25岁的年轻人很不守纪律。在中国,有着固定上课时间的现代学校体制尚未普及开来。有的人在家里跟着一位老师学习,也有许多人全凭自学,负责科举考试的机构只是定期组织考试。因此,马驷需要时间使学生习惯于西方机械刻板的课程体系。此外,与天津的情形一样,也有几个学生状况不佳,在数学和技术方面所受前期教育极少。马驷非常明智地与其中国上司和同事认真讨论他的工作方法,而在西方教官当中,这样做的人为数极少,甚至可以说是十分罕见。马驷的中国上司和同事都忠告他要有耐心,尽量避免受到严厉谴责。② 对于那些迫不及待地试图将西方的效率原则强加给中国人的欧洲人,马驷后来说道:

……这些成熟的,在其专业领域甚至是极为杰出的人是多么愚蠢和幼稚啊,他们这样做只会惹中国人不高兴,

---

① BArch MA N 522/2, 21-23 Agreement 31.1.1888.
② Kretzschmar, Lebensgeschichte der Ernst Kretzschmar, S. 58.

甚或受到中国人的憎恨。其中也有许多德国军官或工程师，例如后来成为普鲁士陆军部部长的法勒根汉（Falkenhayn）上尉，他就同样不能理解，在中国所教的学生是中国人而不是德国人？（我是后来才与法勒根汉相识的。）①

对于马驷来说，有耐心、不厌烦也意味着容忍、接受。他在每一次离开之后都不能再看到他在离开时整理好的状态。他必须耐心地重新开始，把确立好的规则再落实一次。②

在帮助丈夫适应中国环境方面，马驷的妻子古斯特尔·克雷茨施马尔（Gustel Kretzschmar）发挥了重要作用。这位女士总共生了6个孩子，其中有5个长大成人，她非常懂得如何融入中国社会。因为马驷在中国时雇用了6位仆人（包括2位保姆）料理家务，所以她不需要干家务活。她的主要任务是指导仆人做事、教育子女和维护与外国人，尤其是与生活在广州和黄埔及旅行经过的德国人和其他外国人的社交。这些任务也是来华外国人女性家眷所共有的。但在相对狭小、偏远的黄埔港，马驷妻子古斯特尔是唯一的欧洲女性，必须设法接近中国女性。她与几位中国军官的太太，特

---

① Kretzschmar, Lebensgeschichte der Ernst Kretzschmar, S. 100; BArch Berlin R 901/29063, 175 Auszug aus einer von Herrn von Brandt eingereichten Aufzeichnung des Regierungsbaumeisters Hildebrand in Nanjing, am 28.5.1896. "不要奢望用本国的尺度来衡量中国人的状态，否则的话，无论商人还是官员都不可能在这里发挥作用。因为欧洲人不把中国人视为地位平等的，所以他必须前后一致，在与中国人打交道时，不能设想会有欧洲人那种雷厉风行的速度。"

② Kretzschmar, Lebensgeschichte der Ernst Kretzschmar, S. 132.

别是刘义宽的大房太太（刘义宽共有两个太太）建立了联系，而跟保姆学会说中国话的孩子们则充当了翻译。受过英式教育的刘义宽和周天培也不反对同他们的太太一起，到马驷家中与多国人士交往。特别密切的是与李瀚章的太太们的关系。在总督府举行大型招待活动时，马驷妻子古斯特尔也经常受到邀请，被安排到特设的女眷席上。① 李瀚章大概是在他的兄弟李鸿章那里见识到这类与外国人交往的习俗。同一时期，在天津，首先是德璀琳的夫人享有出席总督府宴请，坐到女眷席上的荣誉。② 像在天津一样，在广州，外国人在晋见或受到接待时总是会被邀请喝没有冷镇的香槟，这是为了迎合欧洲人习俗而设的一种礼仪，而外国人对此深感惊奇。③ 马驷妻子古斯特尔甚至在1893年11月底帮助李瀚章的二夫人将李家的积蓄——按照马驷的估算，共有10个各装3000两白银的箱柜和一个大约装有价值21万马克黄金的箱柜——带往上海加以保管。李夫人与马驷的夫人和孩子同行前往上海。因为有外国妇女做伴，所以行李箱未受到任何检查。李夫人把钱财安全地运到了上海，马驷妻子也由此获得了丰厚的酬谢。此事过后不到一年半，李瀚章就退出了官场，告老还乡。④

与中国人保持友好关系的回报便是一种舒适的，甚至可说

---

① Kretzschmar, Lebensgeschichte der Ernst Kretzschmar, S. 63, 83, 121, 137–138.
② Tagebuch Georg Baur, Band 2, Eintrag vom 21. Januar 1891.
③ Kretzschmar, Lebensgeschichte der Ernst Kretzschmar, S. 81, 138; Tagebuch Georg Baur, Band 2, Eintrag vom 21. Januar 1891.
④ Kretzschmar, Lebensgeschichte der Ernst Kretzschmar, S. 141–142；马昌华主编《淮系人物列传：李鸿章家族成员·武职》，第28~29页。

是奢侈的生活：住着一座拥有仆人既大又漂亮的房子，每年都到日本休假。侨居中国的外国人普遍认为日本是一个文明的国家，那里的生活比在中国更惬意。马驷的住房是免费的。马驷为家庭雇用了6位仆人，但每月支付的工资和膳食费只有170马克，而马驷的月薪高达1500~2000马克。① 与在天津的军事教官不同，马驷不需要养护骑用马匹。他也不受学说中国话义务的约束，而在中国北方的军事教官大都雇用一位中文教师，并且每个月要为此花掉20两白银。②

与许多在中国工作的外国人不同，马驷既不赌博又不酗酒，因为生活适度，所以他在1892年积攒了足够的钱财，可以回德国过富裕殷实的日子了。只是考虑到德国领事卜德乐的挽留，以及此人许下的申请四等勋章的承诺，马驷才同意再次延长合同，而李瀚章也立即予以批准。③

甲午战争期间，马驷继续供职于中国。他与胡美利交替照管学校中的事务和设于珠江口海岸炮台前沿的水雷防守区。1895年初，李瀚章再次延长其合同，加上张之洞曾经延长过的那一次，是为第4次延长了，并且这次一下子延长了3年，直至1898年6月18日。李瀚章已经准备退休了，他想在其继任者到来后确保马驷能够继续拥有其职位。因为中国白银在1890年代大幅度贬值，所以马驷此时的月薪被升为500两白银了。④ 但

---

① Kretzschmar, Lebensgeschichte der Ernst Kretzschmar, S. 79.
② Z. B. Pauli: BArch Berlin R 9208/493, 187 Feindel, Tianjin, an von Brandt 10. 6. 1888; BArch Berlin R 9208/494, 14 – 16 Pauli an Konsul Feindel 31. 1. 1889.
③ BArch Berlin R 9208/496, 31 – 35 Kretzschmar an Budler 24. 7. 1892; ebd., 29 – 31 Budler, Kanton, an Reichslanzler, Nr. 41, 8. 8. 1892.
④ BArch MA N 522/2, 34 – 37 Agreement [1895].

第六章 快乐的鱼雷：马驷其人其事

在中国南方各省也被迫承担了对日本赔款的义务后，李瀚章的继任者谭钟麟为了节约经费，便于1895年末关闭了鱼雷学校。马驷主动解除了他的合同。离职证书对他做出了简明扼要的好评："［马驷］成为上面已列举其名称的学校的首席教官，而在此后的十余年间，他始终尽心尽力地认真履行职责，没有发生任何失误。因为广东省现在已经恢复了和平，所有学生也都结束了学业，所以我认为有必要关闭学校，将所需经费节省下来。"①

虽然胡美利在谭钟麟关闭了鱼雷学校之后不久，又重新使这所作为独立机构存在了10年之久的学校复活了，但它受水师学堂直接管辖，青少年学生的数量也大为减少。德国教师可以自主工作、订购物品的要求能得到顺利批准的好时光已经不复存在了。胡美利在其报告中公开表示，他比马驷更关心从德国订购产品之事。而自购买了9艘小型鱼雷艇之后，再也没有添购新的鱼雷装备。此时为了节省经费，鱼雷艇大都闲置不用了，演练也不再举行。李鸿章接管总督职位后的任职时间太短（1899年末至1900年夏），没有带来任何变动。胡美利必须担心，他在学校中的教学岗位也很快就会沦为节约措施的牺牲品，因此，他试图接近德国领事馆。而在义和团运动期间，胡美利定期向德国领事馆通风报信。1901年，他急切地试图在德国工业界谋得一席职位，并且不惜为此做任何事情。在1885年与马驷一起来到广州的那位郎概现在作为副领事，利用其职权支持胡美利的要求。1902年，胡美利作为最后一位德国教官离开了

---

① BArch MA N 522/2, 39 – 40 Angangszeugnis（Übersetzung）3.2.1896；BArch Berlin R 9208/498：419 – 424 Hummel an Lange 13.1.1901.

广州。①

黄埔水鱼雷局是中国现代化者与其德国职员之间和睦相处、共同合作的少数机构之一。然而，这个案例也恰恰显示出，倡导洋务运动的改革家是多么易受攻击。财政短绌、领导岗位的不断变换、腐败和政治之外的背后打击等都严重阻碍了现代化进程，使得中国走向东亚强大的现代国家之路无比艰难和漫长。

---

① BArch MA RM 5/5625, 32 – 35 Zimmerman, Kanton, an Reichskanzler, Nr. 14/262, 10. 2. 1900; PAAA R 18560 Lange, Kanton, an Bülow Nr. 41 15. 8. 1901; BArch Berlin R 9208/498; 417 – 418 Lange, Kanton, an Reichskanzler 15. 8. 1901; ebd., 419 – 424 Hummel an Lange 13. 1. 1901; PAAA R 17889 Stahmer, „Iltis", an Kommando Kreuzergeschwader 2. 10. 1901; PAAA R 17889 Reichsmarineamt 22. 1. 1901; PAAA R 17889 Lebenslauf Hummel, Kanton 29. 12. 1901.

第七章 "客籍劳工":外国人在中国的从业活动

对于李凤苞招募来的德国军官和军士,现有的评价大都是负面的。例如德国历史学者乌多·拉滕霍夫(Udo Ratenhof)就写道:

> 由官方征召的德国教官被普遍看好。……相反,由李凤苞私下招募的教官却给德国公使馆带来了许多麻烦,特别是那些在天津工作的教官的表现令中国人不敢恭维。①

就是中国的同时代人和现代历史学者也更多地用批评的眼光看待外国教官在洋务运动中的活动。花费太大、没有能力、难以管控等是经常可见的指责。然而,在招聘外国教官到中国工作过程中产生的问题却有着深层次的结构和文化原因,与单个人的无能关系不大。与那些在中国海关工作的外国人不同,

---

① Ratenhof, Die Chinapolitik des Deutschen Reiches 1871 bis 1945, S. 114.

来华德国军事教官直接隶属于他们的中国雇主。这样一来,他们就与中国人的日常生活发生了密切接触,而这种情形在当时只存在于个别来华外国人当中。他们亲身经历了一场文化冲击,而这一文化冲击又不可避免地因为他们眼看自己满怀的美好期望都落空深感失望而加剧。他们曾经相信,自己是作为受人尊敬的教师被渴求知识的学生邀请来的,后来却发现,中国人并不愿意他们对工作环境的形态加以改造,他们只能满足于教学工作。他们是身处遥远国家、地地道道的客籍劳工,是参与现代化进程、享有高额薪金、受到很好款待的职员,但对这个现代化进程的发展态势,他们既不能决定也不能加速。

一 一个中国人的批评意见和"军事使团"的问题

1886年底,上海最大的中文日报《申报》刊登了一位匿名作者题为《借材刍谈》的文章,讨论招募外国教师的问题,让一位对来华西方教官持批评意见的人发表评论。而这位化名"风云子"的虚构客人在一次朋友聚会时,针对陆军和海军学校中的外国教师公开讲了下列一席话。

> 今之教习西人,吾知之矣。当其始,以为船为西船,炮为西炮,一切□驶开放均当用西法,初不可以中国之道行之。而知其法者,非西人不可,乃创此议。以聘延西师,延时必包定若干年,其修金之丰固不必言矣。既受聘之后,则先言学堂应用一切书籍以及各种样子,均须由

外洋购取，即此一项，约已需数万金。既使之为教习，不得不听其布置，于是以此数万金交之西师而请其代办，盖[?]应用何书何物，惟西师知之，他人不能拟议也。及其来华，则所居之室必以西式，所有带来各物一切置之室中。除数本西书之外，竟不知数万金所购者系何物。人以为其秘而不宣，吾则疑其无而为有也。

至于学堂既开，学生渐集，乃每日施教，其所教者，则又不过先之以爱皮西提。略知拼法之后，则讲解亦不甚精勤。宣讲一事必反复顿挫，迟之又久而后另易假。如讲开濠沟一层，今日所讲如此，明日所讲又如此。几及半月始易一事；为打靶子，于是今日讲打靶子，明日又言打靶子，讲之不休，又必半月二十天而始毕。其法大都与中国各处茶馆之说大书者相似，说《三国演义》至曹操八十三万大军下江南，过一座独木小桥，其踟躅之声，可以六七日而犹未已也。设有人与之言，请其早日易讲，则彼勃然怒谓，既以我为师，则当听我之教，外人何得参预其事。遂作拂衣欲行状。然既包定若干年，则此数年之修金必须全送。而此师去，彼师来，未必果改[?]善于此则，亦惟忍气吞声，勉强调停，援而止之。而止考验学生之工夫，则除西语西文而外，仍多茫然不知。①

以第一人称形式引用上列言论的作者不赞成他朋友的观点，并予以反驳。按照作者的见解，外国教师是必要的，尽管

---

① 《借材客谈》，《申报》光绪十二年十一月念九日。感谢安德里亚·扬库博士为我提供这篇文章。

雇用他们有可能出现这样或那样的问题。只有依靠他们的帮助，才能逐渐消除那些中国因向外国开放贸易出现的负面影响。中国可以通过他们学会制造武器和开采煤矿，阻止因为代价高昂的鸦片、煤炭和武器进口而形成严重危害中国经济的白银外流。若无外国教师，中国的海军舰队也不会建立起来。此外，风云子的所有批评意见仅仅涉及西方教师当中的不合格者。并且，因为不合格的教师只有一两个，所以不应当把问题普遍化，而是在雇用时必须严加甄别，只录用资质好的人。

但是批评者风云子回击说，西方教官只想骗取中国的钱财。把各地聘请外国人的花费合在一起计算，可知雇用外国人造成的损失毫不亚于因为鸦片和煤炭进口而导致的钱财外流。此外，煤炭至少还是有用的，人们也可以不断提高鸦片进口税和内地税，用这些关税收入来增加军费，花钱雇用外国教官则纯属挥霍浪费。

> 夫安得择善而聘之？大抵中国所聘者，皆彼国之无藉者耳。试思彼国中有职人员，其肯舍其职而职我乎？即日能之，亦为国法所不容。假如中国有职人员而忽受外洋之聘，能乎否乎？此一事也，中国之受欺最甚，故不得不揭而出之。①

这样一来，评判依然悬而未决，并且不是没有可能，这一评判为参与讨论的大多数中国人所分享。虚构的爱发牢骚者的批评很有可能是针对在中国陆海军军事学校中工作的外国教师，并且根据其对所授课程的描写，甚至是直接针对天津武备学堂的德国教师。这些批评意见可以归结为四点。其一，外国教官

---

① 《借材客谈》，《申报》光绪十二年十一月念九日。

第七章 "客籍劳工":外国人在中国的从业活动 / 231

身价太高,雇用他们花费太大。其二,从外国招不到资质好的人。其三,此时在中国工作的外国教师的授课效果不佳,因为他们完全是按部就班机械处理,没有考虑学生的实际需要。其四,外国人傲慢自负、固执己见,难以约束。

时至今日,有些学者仍然指责洋务运动为聘用外国教官花费巨资的做法,认为这种做法使得中国经济不堪重负。在此,他们实际上重复了那些在中国同时代历史资料中屡见不鲜的抱怨和悲叹。① 事实上,洋务运动的决策者的确对他们从外国招来的专业人士实行了一种高薪政策。而为在外国招募的专业人员支付高额薪金又产生于这样一种必要性,即在欧洲劳动力市场上求得优秀人才。李鸿章曾经说:"该教习等不远万里而来,所图者利耳,惟饵以重利,彼方挟所长而乐为我用。"② 在中文文献中,经常可见这句话被引用,其用意在于说明外国人仅仅追求物质利益。但若完整地看原话,会发现李鸿章是在为现代的引进专业人才制度进行辩护,也是在汇报与外国人签订合同的方法问题。进行此番讨论的缘由是户部对各类供职于中国的外国人所得薪金和资助极不统一情况提出了批评,涉及的结算时间为 1875~1880 年。李鸿章对通过自由协商而确定下来的不同薪金额度做了如下解释。

---

① 向中银:《晚清时期外聘洋员生活待遇初探》,《近代史研究》1998 年第 5 期;王家俭:《北洋武备学堂的创设及其影响》,《台湾师范大学历史学报》1976 年第 4 期,第 325 页。
② 《洋员资费请准销片》(光绪十二年四月初十日),吴汝纶编《李文忠公(鸿章)全集》(3),第 113 页;向中银:《晚清时期外聘洋员生活待遇初探》,《近代史研究》1998 年第 5 期,第 196 页。也参见理查德·史密斯所持的一个类似于中国人的见解,即所有野蛮人都非常贪婪。Smith, *Mercenaries and Mandarins*.

当以北洋创设外海水师本系仿照泰西成法，意在取彼之长以为自强之计。所购船炮、枪械、机器等项日新月异，理法精奥，中国素未经见其用法，亦未谙悉，以至精至利之器授诸不谙用法之员弁几同废物。是以不得不借材异域，雇募洋员来华教习，以期一物得一物之用，非好为此糜费，亦绝非冗员可比。方雇募之初，事属创始，无例可循，薪水、川资等项胥由原荐之洋员或各国出使大臣与之酌量商订。该教习等不远万里而来，所图者利耳，惟饵以重利，彼方挟所长而乐为我用。且须视本领之高下以定薪资数目之多寡。有于薪水外议给房膳、旅费、医药等项者，有将房膳等项并入薪水内者，有薪水在华全支或在本国留支若干以为安家者，各随所欲得而斟酌允行办法，本无一定。非若中国员弁供差以官阶之崇卑、事务之烦简定薪水之等次也。其川资等项则又视其人用费如何，其本领好而用费大者非多金不足以赡用，故议给之数较多，不能按照程途远近以计其值。缘该洋员等来华均须乘坐外国公司轮船，其舱位有头、二、三等之分，其价值有随时增减之别。或于船价外另给在途薪费，或将船价、薪费并计在内，总其名曰川资。一经订立合同即应照付，亦不能由我预定数目。中外交涉事件不得不因时制宜。①

正如前文已经阐述的那样，军官和军士，特别是军士在中国挣的钱比他们在本国工作所获薪金多数倍。但是，德国教官

---

① 《洋员资费请准销片》（光绪十二年四月初十日），吴汝纶编《李文忠公（鸿章）全集》(3)，第 113~114 页

还不是最昂贵的。根据向中银开列的清单，福州船政局的技术总监、法国人日意格（Prosper Giquel）和德克碑（Paul d'Aigue-belle）的收入最高。这两人在中国都是通过当雇佣兵，参加镇压太平军而飞黄腾达的，此时他们的月收入高达1000两白银。琅威理作为北洋水师总查，月薪也有700两白银。① 而在德国人当中，月薪500两白银（李宝、哈孙克来伐）就已经是最高的了。马驷和李喜脱的月薪后来升至400两白银，并且是在与他们续签合同时，作为对他们先前良好服务的奖励而增加的。② 平均起来，德国军官（少尉和上尉）的月薪为200～300两白银，军士的月薪为100～120两白银。

至于为1884年"军事使团"开支的总额，李鸿章曾有这样的通报，即为在中国北方工作的24位军官和军士总共花费了116448两白银。这笔钱是支付德国军官及他们翻译的全部费用，包括薪金、实物馈赠、住房、马匹、旅费等，截止到1886年。③ 但取自外交经费并直接寄给这些教官在德国的家庭的一小部分薪金未计算在内，也不包括为那些在1886年之后仍然留在中国工作的教官所支付的薪金和旅费。单单由李鸿章向朝廷汇报的"军事使团"花费占1885～1886年海防经费的3％，而在当时，海防经费还是非常充足的。④ 这些花费相当

---

① 向中银：《晚清时期外聘洋员生活待遇初探》，《近代史研究》1998年第5期。
② BArch Berlin R 901/29896 Frhr. Von Seckendorff an Reichskanzler, Nr. 85, 28.11.1890.
③ 《海防收支清册折》（光绪十五年正月二十一日），吴汝纶编《李文忠公（鸿章）全集》（3），第317～330页。
④ 《海防收支清册折》（光绪十五年正月二十一日），吴汝纶编《李文忠公（鸿章）全集》（3），第317～330页。

于建造黄金山大型炮台或者旅顺口 4 座小型沿海炮台的费用，或者说相当于购买 4 门口径 24 厘米克虏伯海岸火炮的价格。1884~1886 年，中国总共订购了 8 门口径 24 厘米的克虏伯海岸火炮。① 有理由认为，所有为"俾斯麦的使团"支出的花费综合起来超过 20 万两白银，或者按照当时的汇率计为 100 多万马克。

这笔花销虽然远不至于导致中国财政体系崩溃，但在当时依然习惯于较低水平人工费的国家，如此大的开支还是非同小可的，况且它们必须被列入预算。只有中国北方能够承担得起这样的业务，因为李鸿章掌握着中国北方的海防经费。也应当看到，正是在为外国人支付如此高额薪金的时候，中国的劳动力也开始走上了一条职业化道路，其最终结果应当是薪金的调整和对等。虽然外国人挣的钱明显多于他们的中国同事，但在效力于李鸿章的中国职员中，薪金收入也有很大差别。与仅具简单的中文书写能力或在行政和财务管理方面有一技之长的职员相比，那些身居重要岗位或者通晓西方事务的职员占据明显的优势。根据王家俭对天津武备学堂的研究，学堂监督荫昌能讲一口流利的德语，兼任翻译，因此他的月薪高达 100 两白银，是学堂提调薪金的两倍，后者的

---

① 《旅顺筹防费难预估片》（光绪九年二月初八日），吴汝纶编《李文忠公（鸿章）全集》（2），第 671~672 页；HA Krupp S 3 WT 1/3 Verzeichnis der von der Gussstahlfabrik von 1847 bis 1912 gefertigten Kanonen. 口径 24 厘米海岸火炮在中国 1891 年的单价为 136810 马克（约为 27000 两白银）。参见 BArch Berlin R 9208/471, 105 – 114 Cinstantin von Hanneken: Eingabe an Seine Exzellent den Vizekönig über die äussere Hafenverteidigung von Weihaiwei mit spezieller Berücksichtigung der Position Liugongdao nanzui, o. D. [Jan. 1891].

月薪为50两白银。同一时间，学堂中国教师的月薪只有20两白银。① 天津武备学堂总办的工资收入与天津水师学堂总办吴仲翔基本持平，后者月薪大约为130两白银。② 吴仲翔作为福州船政局先前的提调和天津水师学堂创办者拥有良好的管理现代设施的经验。③ 而在中国教习当中，收入最高的要数查连标，正如前面已经提到的那样，他正式的薪金是每月80两白银，另有40两白银的伙食费，也就是每月收入总计120两白银，但这仅仅相当于一位德国军士的薪金水平。中国军官做着与外国军官同样的工作，收入却比外国军官低很多。④

中国的专业人士也能够获得较高的收入。除此之外，他们还有其他优惠待遇，例如免费的住所、免费的仆人和马匹，或者对于一些无法精确计算其总额的经费的掌握，以及其他补充收入。正如前面已经提到的那样，在此期间已经被提升为会办的荫昌，1892年被学校安排了两份差事。虽然他尚未成家，只有父母两人需要照顾，但他还是向包尔解释说，他每个月需要110～130两白银来应付家庭开销。官员要承担许多社会义务，他在出门拜访某人时，必须自掏腰包付给抬轿人工钱；他

---

① 王家俭：《北洋武备学堂的创设及其影响》，《台湾师范大学历史学报》1976年第4期，第325页。
② 1883年和1884年两年共计3197两白银。《海防经费报销折》（光绪十三年十一月二十六日），吴汝纶编《李文忠公（鸿章）全集》（3），第217～233页。
③ Biggerstaff, The Earliest Modern Government Schools in China, pp. 51–57; Rawlinson, China's Struggle for Naval Development, p. 84; Ayers, Chang Chih-tung and Educational Reform in China, pp. 108–113.
④ 《请拨德教习片》《请给查教习津贴片》《洋操情形禀》，周家驹编《周武壮公（盛传）遗书》（1），第490～491、369～370、549～553页。

还必须在婚礼、葬礼等所有可能的时候赠送他人许多礼物。①在1880年代的中国，调整外国人和中国人的薪金，使之持平对等的进程才刚刚开始。到了中华民国初年（1913），在北京政府某个部工作的外国顾问，其薪金收入就不比占据同样职位的中国专家多多少了。②

另一个问题是，为外国专家花这么多钱是否值得？或者说，受到良好教育的专业人士拒绝到中国来，学堂中的教师真的没有能力从事适当的教学工作？如果考虑到前面已经描述过的、李凤苞在招募"使团"时所面临的问题，那就应当说，实际结果比可以期待的成效要好得多。声称在本国有工作的德国专业人士根本不愿意就职于中国的说法，正如前列《申报》批评者所说的那样，是不符合实际的。哈孙克来伐以及李喜脱和他的两位同事是在中法战争前后，通过德国当局的中介，从普鲁士军队或者更准确地说从德国海军直接转到李鸿章那里的，这两个事件可谓颇具证明力的反例。然而，因为安置由李凤苞招募来的教官一事恰好发展生在中法战争中期，而在当时德国又明确表示要保持中立，所以期待最优秀的人员来中国工作是不切实际的。但也就是在这个时期，诸如式百龄、李宝、马驷等人宁愿放弃在本国的职位，也要到中国工作。而军官和军士的前史以及他们转入中国供职的方式和方法，更与他们在与中国上司和同事合作是否"成功"没有任何直接关联。李宝少校和李喜脱上尉两人曾经在天津武备学堂中遇到过非常相似的困难，他们也一度罢教。

---

① Tagebuch Georg Baur, Bd. 4, Eintrag vom 21. April 1892.
② PAAA R 18562 Georg Baur an Zimmermann, Auswärtiges Amt, 14.6.1913.

就是那些来到中国，试图撞大运的无业军官或者说"穷困潦倒者"，也不总是"一事无成"。按照那位在上海《申报》上发表文章的批评者的看法，那珀可被归入无能力的失业军官一类，但他同样在天津武备学堂讲课，甚至还在《申报》先前发表的文章中受到高度好评。①

在1884年"使团"的成员当中，没有一位可被称作冒险家或者说赌徒，所有的人都待他们毫无疑义收入丰厚的岗位。诸如张之洞从海军炮兵中士埃克纳那里遭遇的恶劣经历，仅属于绝对的例外。埃克纳在德国就因为贪污公款而被解职，1884年4月到达中国不久又开小差出逃，留下高额债务。② 虽然部分1884年军官在合同到期后就被解雇了，但这是从一开始就有预先规定的。诸如那珀、巴恩士、高恩士、马驷、欧披次等教官或者贝阿、削尔等军士则尽可能努力做好工作，并受到普遍好评。

至于一些中国人提出的故意延缓授课时间和生搬硬套德国做法的指责，德国教官反过来抱怨学生前期教育的缺乏和与翻译进行交流的困难。然而，李宝少校却不管这些困难条件，尽力传授德国军事学院所列全部课程内容，直到他的继任者才试图削减课程内容，以便适合中国学生的接受能力。按照他们的意见，中国学生的接受能力比较低下。然而，正如前面已经展现的那样（本书第五章），这种削减课程内容的做法尤其受到了中国领导人的抵制，他们担心学校的水准会由此而被视为降

---

① 山阴述戴手稿《论武备学堂总办教习辞职事》，《申报》光绪十一年十一月念七日。
② BArch Berlin R 9208/493, 12 General Gouverneur von Liangguang Zhang Shusheng an Travers (Übersetzung von Ketteler) 2.7.1884.

低了。前列《申报》文章的作者还猜想教官们为购买图书和教学用品挥霍了许多钱财,这一说法也是夸大的。在天津武备学堂的教官当中,只有李宝少校拥有一笔可用于购买图书和教学用品的资金,但是合同规定这笔资金不超过5000马克,约为1000两白银,并非多达数万两。李宝一直住在旅馆而无独占的房舍,他还经常自掏腰包为学生复制图纸和资料。

爱发牢骚者在《申报》上痛斥西方军官的无能,但对于那些负责德国教官事务的中国官员来说,这是最少令他们操心的事。在他们看来,更为重要的是将外国教官的活动限制在中国行政管理体系框架内,对所有改革活动都加以严格控制。"驾驭"一词是中国官员的魔咒。就是在李鸿章看来,李凤苞"军事使团"最大的弱项不是花费高昂或者军官能力不足,而是难以"驾驭"。1886年夏天,在讨论是否可以向朝鲜推荐德国教官问题时,李鸿章的态度是断然否决的。除了已经到达朝鲜的穆麟德不遵从他的指示,他也认为德国教官是很难控制的。

> 速荐洋将查津防。前雇德弁二十余人分派各军教练兵技,虽不乏熟悉韬略之士,而节制驾驭操纵非易。①

如果说驻华德国外交机构或公司把能够与中国人"友好交往"视为评价一位在中国工作的职员的要点,那么能够很

---

① 《条议朝鲜事》(光绪十一年六月初六日),吴汝纶编《李文忠公(鸿章)全集》(5),第431页。

第七章 "客籍劳工":外国人在中国的从业活动 / 239

好地"驾驭"外国职员便属于参与中国现代化进程的中国官员的优秀品质。李鸿章在奏请朝廷恢复他的属下杨宗濂官职时,曾经极力突出其娴熟的"驾驭西洋教习"的技能,并将这一点说成是杨宗濂的特别功劳。该奏折的翻译者连梓博士当时就加注道:"此处使用的'驾驭'一词原意是指驯服和操纵一匹马,以便使它有用于乘骑。"①

现在,"驾驭"成了一种普遍的领导品质,不只限于同外国人打交道。例如,山东巡抚丁宝桢就曾对让广东水手向山东运送他在广东造船厂订购的帆船一事表示担忧。他担心这些人不能被轻易地"驾驭"。② 但是,要驾驭外国员工又特别困难,因为必要的文化保留剧目使得对于他们的驾驭方法明显不同于驾驭中国职员的方法。在式百龄远征台湾期间,李鸿章想要向朝廷说明,强迫外国教官违背自己的意愿继续完成其使命,这是不可能的。他写道:

> 用洋将与华将殊,况式〔式百龄〕初来华,必宜妥为驾驭。鸿〔李鸿章〕不揣冒昧,电复该将等速随快船北驶,免误事机。③

在中国北方,丁汝昌应当承担"妥为驾驭"式百龄的任

---

① 《李鸿章请奖杨宗濂片》(光绪十三年十一月二日),《京报》。附录于 BArch Berlin R 901/29893, von Brandt an Reichskanzler, A. 362, 26. 12. 1887.
② 丁宝桢:《师船由粤管驾来东折》(同治十一年十月三十日),中国史学会主编《洋务运动》(2),第316页。
③ 《急寄译署》(光绪十年十月二十九日辰刻),顾廷龙、叶亚廉主编《李鸿章全集》(1),电稿一,第353页。

务。而在这方面，丁汝昌的能力是著名的。①

但是，"驾驭"外国职员的问题何在？外国人如果耐心细致地做他们应做的工作，就可以得到相当高额的薪金。他们可以在体面地实现了生活转折之后过上相对富裕殷实的好日子，甚至可以为将来积攒一些财产。然而，仅仅是高额薪金并不能令人心满意足。正如前文所展示的那样，需要驾驭的并非懒惰和无所事事的教官，而是那些过于热情急切的教官，他们希望由自己提出的改革建议能够得到推行。这里反映了一种存在于外国教师的角色期待（效益思想和文明化心态）与他们所处实际工作环境等级结构之间的矛盾。这些外国教师相信他们是被邀请到中国的，因为这里的人们想要得到他们的教导。

然而在适应中国境况方面，德国军事教官的社会出身也发挥着重要作用。一般说来，军士们过得不错。普鲁士军士大都出身于工人或农民家庭，社会地位相对较低，他们比较容易顺从现成的等级制。与此同时，正如前文已经暗示的那样，对于他们来说，在中国的生活，无论在经济方面还是在社会方面都意味着一种提升。例如具有强烈等级意识的包尔（一位斯图加特教授的儿子）就在1891年这样描写瑞乃尔：

> 现今在山东东部威海卫工作的瑞乃尔来这里度假住了几天。他原为普鲁士军士，后来供职于中国，自称为上校甚至是将军。……他非常喜欢玩大的，但在实际上仅仅是一位军士。特别是在旅游欧洲期间，他成了一位令人讨厌

---

① 《寄旅顺丁镇袁道》（光绪十年十月二十九日巳刻），顾廷龙、叶亚廉主编《李鸿章全集》（1），电稿一，第354页。

的大老爷。但在这里,他的重要性明显降低了。这个人原本可以利用其高额收入积攒下一笔不菲的财产,现在却因为大手大脚而身无分文了。他讲述道,他曾在4年零9个月内花掉了28000两白银(等于128000马克),他还声称,他现在的收入是每个月400两白银固定薪金,另有额外收入600两白银(这就是说每个月1800马克或者更确切地说是2600马克)。①

对于像瑞乃尔这样的人来说,中国的高薪职位是一个不可估量、可以上升到较好社会层次的大好机会。但是具有强烈等级意识的德国上流社会很难容忍他明显缺乏的良好家教,尽管他用外在的财富和盛大款待为天津的德国人来弥补这个缺陷。② 相反,他的中国上司却很容易容忍瑞乃尔的浮夸。有一位中国官员甚至认为,瑞乃尔的自吹自擂是从中国人那里学来的。③

德国军官在适应中国现状方面比军士更为困难。而在这方面,在中国自主招募的"俾斯麦的使团"与由普鲁士陆军部和总参谋长毛奇亲自推荐的军事教官之间并不存在多大差别。乌多·拉滕霍夫的相关论断是不恰当的。这位德国历史学者没

---

① Tagebuch Georg Baur, Bd. 3, Eintrag vom 13. Oktober 1891.
② 瑞乃尔后来与5位中国军官一起从德国返回中国,并被调往威海卫工作直至甲午战争爆发。而在甲午战争期间,他参加了1895年2月的威海卫军港保卫战。战后他被张之洞聘到湖北译书局,在那里工作到1897年去世。从1875年到1897年他总共在中国工作了22年。孙克复、关捷编《甲午中日战争人物传》,黑龙江人民出版社,1984,第330~332页;BArch Berlin R 9208/500, 91-95 Hildebrand an Heyking 23.10.1896; ebd., 249 Falkenhayn an Lien Januar 1897; BArch Berlin R 901/29066, 23 Notiz zu Ⅲ 27894 Berlin den 29.8.1898.
③ 袁保龄:《致津海关周》,丁振铎编辑《项城袁氏家集》(7),第4676~4685页。

有参阅任何中文史料,明显地为上面所描述的德国政府的先入之见所左右。但是王家俭所表达的相反看法,即由德国政府派遣到天津武备学堂的教官是懒惰和不愿工作的,因为他们每天只工作 4 小时而不是按照合同规定的每天工作 6 小时。他也仅仅以李鸿章针对李喜脱案上呈的奏折为依据。① 然而,正如前文所展示的那样,在围绕"武备学堂危机"展开的谈判中还有另一些问题受到关注。

"驾驭"军官问题具有基本的文化和社会性质。对于军士来说是一种地位上升,在军官看来却是地位下降。一方面,中国的军官等级威望大大低于德国的军官等级威望。另一方面,德国军官必须顺从中国的官僚政治结构。原本是一位军事教官、后来被任命为驻北京德国公使馆公使代办的高恩士,就曾根据自己担任教官的亲身经历,反对德国政府向中国派遣军官。而在他列举的各项理由中,有一项便是可能会被军官痛苦地感受到地位下降。

再者,下列担忧也不能被看作无中生有,这就是供职于中国的德国军官并不总是能够获得他们应得的待遇。关于德国军官在德国的社会地位与中国军官在中国的社会地位两者之间的差异,中国的大多数权威人士至今都还不十分了解。尽管近些年来已经有了若干糟糕体验,但文人阶级的狂妄自负依然存在。对于欧洲的举止得体概念的无知经常使得中国人在与德国军官打交道时冒犯后者。这些冒

---

① 王家俭:《北洋武备学堂的创设及其影响》,《台湾师范大学历史学报》1976 年第 4 期,第 326 页。

犯虽然不一定是恶意的，但让那些身受其害者不能不感到十分难堪。①

在诸如武备学堂、鱼雷局或者海岸防御工事建造局等机构工作的德国军官的中国上司一直是拥有某个文官品级的官员，大都甚至是拥有道台头衔的较高级别的官员。他们，例如在杨宗濂那里所显示的那样，绝对认为外国军官是他们的下属，必须相应地表示服从。驻中国的德国外交官，例如巴兰德本人因此普遍反对派遣由官方挑选的普鲁士军官到中国来，他们不愿意看到这些军官的尊严受到伤害。巴兰德曾经公开向德国外交部表达反对派遣李喜脱及其同事到中国的意见。只是因为俾斯麦曾经亲自许诺曾纪泽，德国外交部才不得不考虑满足中国的愿望。②

军官们也曾对他们前往中国一事怀有许多幻想，除了高额薪金，还有某个较好的和较重要的职位。李凤苞立下的将授予他们至少比他们现有军阶高一级的保证，似乎进一步强化了这些希望。诸如李宝、式百龄或者李喜脱等人就是满怀着不仅仅要改善自身经济状况而且要大干一场，以便获得荣誉和荣耀的心愿来到中国的。李宝尽管性格怪异反常，却是一位富有激情的教师。式百龄希望在他的领导下，对中国海军进行完全彻底的革新。李喜脱则要向祖国和皇帝表达忠心。他们肯定相信，

---

① BArch Berlin R 9208/501, 89-94 von der Goltz an Reichskanzler, A. 199, 29.7.1902.
② BArch Berlin R 9208/493, 107 von Brandt an Reichskanzler, A. 236, 24.8.1887; ebd., 129-130 Auswärtiges Amt an von Brandt, Erlass Nr. 123, 26.10.1887.

他们的建议会得到友好的接受和支持。这并不是说军官没有得到友好、殷勤的接待。就是在支付薪金方面，除了极个别的例外，也不存在什么抱怨。然而，军官们肯定很快就意识到，在中国的等级体系中，他们只是受到礼貌款待的服从命令者，而那些在德国人看来颟顸无能的中国上司才是改革进程的真正决定者。

至于谁有权决定课程的设置这个富有争议的问题，事实上属于关涉学校经营的重大问题之一，这个问题也早已被广泛讨论了。外国人被视为客人，应予以友好接待，支付高额薪金，但要尽量限制他们的直接影响。经过长时间的斗争，并且在天津武备学堂的总办换人之后，例如李喜脱上尉才获得承担考试任务、主持考试和参与评估考试成绩的授权。但是总办联芳和荫昌这两位有着国外经历的同文馆毕业生的这个决定，很快就受到学堂内中国教师的激烈反对。而在1897年，当张之洞想要在武昌创办一所军事学校，并且为此向这些教师当中的一人征求意见时，后者解释说，无论如何都不能授予外国人考试权，因为如若授予外国人考试权，就会出现"喧宾夺主"的情况。①

至于某个人最终能否适应环境，这在很大程度上取决于其个性。就此而论，前文列举的3个人大概不是特别好的选择，因为他们都太没耐心，都太任性或者说都太自负了，根本不能很好地顺应中国的现实状况。他们证明自己是没有能力放弃一度被他们相中的身份地位。一旦得不到期望的待遇，他们就

---

① 何熙年：《上张香帅言武备学堂事宜书》，《时务报》第31号，1897年6月30日，第10a页。

会立即勃然大怒，而这种怒火往往是被一些形式问题或者琐碎小事点燃的，正如在李喜脱与余思诒之间发生的"问候丑闻"所显示的那样。或者他们坚持某些习以为常的形式，希望通过这种做法来维护自己的尊严。于是，李宝抱怨说，他没有收到水师营务处道员罗丰禄本人亲笔书写的指示，而只是一个抄本。① 李喜脱、敖耳和裴克孙汉也因为没有收到就其书面提问给予的书面答复而愤愤不平，直到副领事樊德礼向他们说明，他只支持中国形式的、不带任何抱怨、陈情和应答的口头和非正式的调解争端程序。② 这类反应所产生的后果更是毁灭性的，因为这样一来，外国人便获得了粗鲁无礼的野蛮人的名声，他们的建议就根本不值得认真考虑了。与中国同事的合作也变得愈发困难。辜鸿铭是张之洞幕友中一位受到多方面西式教育的顾问，他曾在其1901年出版的英文著作《总督衙门来信》(*Papers from a Viceroy's Yamen*) 中，对中国人应对这类外国人的立场态度进行过生动描写。

> 我写这些东西，并非只是为中国人辩护，而是为了真理。我不同意那种认为中国人在与外国人打交道的时候绝对缺乏坦率的说法。其理由将是人所共知的。俄国前驻华公使喀西尼伯爵 (Count Cassini) 最近指出："中国是一个礼仪之邦，可英国人和德国人，一般来说则不太懂得礼貌。"实际的情况是，在中国的一般外国人，他们往往蛮

---

① BArch Berlin R 9208/493, 54–58 Pauli an von Brandt 21.4.1886.
② BArch Berlin R 9208/494, 53–58 Feindel, Tianjin, an von Brandt 11.4.1889; BArch Berlin R 9208/451, 12–17 Feindel, Tianjin, an Reichskanzler, Nr. 41, 29.4.1889.

不讲理、急躁易怒，而一般中国人则彬彬有礼，具有涵养。当你向某一真正有教养的中国人提出一个无理要求时，他不可能说"不行"。他天生的礼貌会将促使他用婉转的敷衍，给你一个有条件的"可以"。已故的曾国藩侯爵，1860年在写给一个朋友的信（《洋务尺牍》）中说："若你碰到外国人当着你的面蛮横无理地大放厥词，你最好的办法是憨笑装傻，仿佛你不懂他在说什么。"赫德爵士曾经对伊藤（博文）侯爵谈到和中国人打交道的原则是"宁弯毋折"。因此，在对付外国人提出无理要求的时候，有教养的中国人通常使用不失礼貌的敷衍与搪塞的办法，而对付外国人蛮横的暴力行为时，则有时使用这样一种武器，在汉语里它被称为"羁縻"，翟理斯博士译作"to halter"（给……套上笼套）。实际上，当你遇上一头狂暴发疯的公牛时，同它讲道理是没有用的，你唯一能做的就是，用笼套把它套起来！①

如果说曾经有过危机被克服的情况发生，例如1886年的李宝和1889年的李喜脱，那么这肯定表明，当事人无论如何还是能够顺势应变的。然而在这方面，中国的批评者总体上是对的，在每一位刚刚从德国来的新教官那里，"文化冲击的诸阶段"② 都要重新上演一番。总体上说，对中国某个职位的

---

① Ku Hung-ming, *Papers from a Viceroy's Yamen.* Shanghai: The Shanghai Mercury, Ltd., 1901, pp. 52 – 53. "羁縻"是一种较高雅的表达方式，意思与"驾驭"相同。[译文参照辜鸿铭《辜鸿铭文集》（上），黄兴涛等译，海南出版社，1996，第53~54页。——译者注]
② Paul Pedersen, *The Five Stages of Culture Shock: Critical Incidents Around the World.* Westport: Greenwood Press, 1995.

个人要求似乎大于专业要求,这是一个为各方面人士一再强调的事实。① 而评判又总是与德国公使绅珂(Gustolf Schenck zu Schweinsberg)在谈论李喜脱脱离中国工作岗位一事时所表达的意见十分类似。

> 不能否认,供职于中国的德国教官常常感到失望,以致他必须放弃立即推行全新的改革的想法,并且必须准备使其活动循序渐进地产生影响,取得成效。另一方面,事业心十分强烈的先生们过分生硬的姿态将导致他们一事无成。对供职于中国的外国军官来说,在1887年11月6日分发给领事的传阅文件中被加以强调指出的事项也是合适的,这就是平易近人的名声是比鲁莽冲动的名声更好的推荐。当年被克虏伯先生派遣来的符滕堡王国政府退役建筑师包尔曾在天津组建并一度领导过铁路学校,他凭借其机智灵敏和修好的姿态而表现得特别优秀。如果中国政府再来招聘军官,或许应该建议它,也要考虑约请南德现役的或已经退役的军官。②

在中国人看来,"驾驭"外国人的第二个大难题是治外法权以及各国政府对与他们相关事务的干预。第一点将在下一节专门讨论,这里要探究的主要是驻中国的德国外交机构的影

---

① BArch Berlin R 9208/497, 9 Hildebrand an Schenck zu Schweinsberg 16.9.1895; BArch Berlin R 9208/493, 72-74 von Brandt an Reichskanzler, A. 124, 6.6.1886; Goldmann, Ein Sommer in China, Bd. 1, S. 224-225.
② BArch Berlin R 901/29897 Schenck zu Schweinsberg an Reichskanzler, A. 44, 23.4.1894.

响。在1880年代，俾斯麦和德国外交部最关心的是为德国工业产品打开中国市场，排除英国和法国的竞争。① 这点在外交部的一封信函中有清楚的表达。在此信函中，天津副领事樊德礼因为其对克虏伯代理商满德不恰当的批评而受到训斥。其中写道："我们在那里只追求经济利益，与之相比，武备学堂事件就失去了您附加其上的那种重要性。"②

这个时期，德国的外交机构还不是很庞大，专业化程度也较低。巴兰德和克林德对李宝和穆麟德的挞伐主要出自经济利益考量——伏尔铿的代理商曾经对李宝提出抗议——和个人的敌意，而不是出自某种帝国主义性质的施压计划。在此，巴兰德的态度是非常矛盾的。他一方面担心武备学堂会落到英国人手中，另一方面又只想保留可为德国增光添彩、品行端正的德国军官。再者，他同样反对为此目的派遣暂停服役的现役军官，因为他们的地位并没有得到适当的重视。③ 这个矛盾实在是难以解决。在由官方派遣的军官李喜脱、敖耳和裴克孙汉到达天津并且接受了在巴兰德看来条件很差的安排之后，他曾经费尽全力要使这些军官与其中国雇主处好关系。只有这样，他才会感到脸上有光，并且证明他针对李宝和穆麟德发动的宣传战的正确。他发现，"对于德国军官来说，回国工作还是有可能的，在一定程度上也与军队保持着联系，因此，可以要求他们以最认真的方式履行他们所承

---

① 尤其参见 Stoecker, Deutshland und China im 19. Jh.
② BArch Berlin R 901/29895 Auswärtiges Amt an Feindel 8.8.1889.
③ BArch Berlin R 9208/493, 122 – 123 von Brandt an Reichskanzler, A. 312, 6.11.1886; ebd., 107 von Brandt an Reichskanzler, A. 236, 24.8.1887; ebd., 175 – 182 von Brandt an Reichskanzler, Nr. 111, 10.5.1888.

担的义务"。教官们要么完全放弃他们在中国的职位,要么完全"适应中国的需求",两者必选其一。① 这样一来,他就使自己卷入与教官们的冲突,后者认为,"我们已经最大限度地履行了我们的义务,不惜使自己屈就于现有的状态,甚至大大超出了我们这个等级的传统所划定的界限",② 他们现在期望看到他们的利益能够得到驻华德国外交机构的保护。然而,巴兰德和克林德对天津武备学堂办学事务的干预看上去更多地出于他们本人和侨居天津的通商口岸精英(诸如新载生洋行和满德、德璀琳、汉纳根等人)个人的、地方的利益考量,而不是一种目标明确的德国国家的帝国主义政策。尽管如此,对于天津武备学堂来说,这一干预仍被证明是明显的伤害。直到建校 4 年以后,该学堂才开始走上正轨,不再有其他动荡了。

如果说李凤苞组织的"军事使团"的确是一项挥霍钱财的举措,那么这种做法的根源,正如前面的考察已经表明的那样,较少在于教官们的品质,并且就品质而言,教官们之间的差异非常大,而是主要在于"使团"规划的杂乱无章。不能笼统断言该"使团"是失败的,因为它除了要通过威慑阻止法国在越南采取进一步行动,似乎没有任何后来可被用来说明其失败的具体目标。对于外国人在洋务运动时期的活动来说,"使团"或许是"非典型的"。根据林庆元的统计,1860~1895 年,至少有 909 名外国人供职于中国,并且分散在中国现代化建设的各个领域,其中大约 20% 分布在军事领域,这

---

① BArch Berlin R 9208/494, 40-41 von Brandt an Reichskanzler, A. 168, 5.4.1889.

② BArch Berlin R 9208/494, 17-28 Richter an von Brandt 13.3.1889.

是很值得注意的。① 然而，李凤苞使团只是总共进行了3次、在战争时期大规模招聘外国人的活动之一。太平天国时期的雇佣军，尤其是常胜军成了它的先例。最后一次招聘活动发生在甲午战争期间，当时有35名德国军官和军士被接到中国，加入了张之洞的自强军。②

李凤苞的招聘活动在很大程度上折射出了洋务运动自身存在的缺乏明确目标和决策的问题。只是因为发生了战争，以及拥有充足的经费，李鸿章才仓促批准了招聘如此多外国人的计划。至于如何安置这些外国人，这方面的决策似乎是在事后才形成的。因此，对于外国人的工作问题，在招聘代理李凤苞与中国北方军事管理机构的需求之间缺乏协调。有幸获得外国职员的军队指挥官也不总是真正利用他们来丰富、完善其军队组织。而先行到达、老于世故的外国人也担心新来者的竞争。鉴于此，除了在朝鲜和在抵抗法国的战争中推行世界政策，李鸿章还不得不采用一种天津家政，在其中国官员和军队指挥官、久居中国的外国说客（其中有些人是专门为他工作的）和当地德国外交官各方对立冲突的利益之间搞协调。他的改革追求因此也成了其加强个人权力地位举措的一部分，与此同时受到他必须权衡不同利益团体要求这一顾虑的阻碍。

并不是所有的中国批评者都像那个爱发牢骚者在上海《申报》上所说的那样，把导致"军事使团"成效微薄的责任完全归咎于教官。《马关条约》签订后，严复1895年5

---

① 林庆元：《洋务派聘用的洋员及其分布》，《海交史研究》1995年第2期。
② Powell, *The Rise of Chinese Military Power*, pp. 61–63.

月在天津《直报》上发表了一个澎湃激昂的号召以进行彻底变革。该份报纸是汉纳根创办的。在严复看来，1884年的"军事使团"恰恰暴露了到当时为止的自强改革的缺陷。

> 曩者法越之事，北洋延募德酋数十人，洎条约既成，无所用之，乃分遣各营，以为教习。彼见吾军事多不可者，时请更张。各统领恶其害己也，群然噪而逐之。上游筹所以慰安此数十人者，于是乎有武备学堂之设。既设之后，虽学生年有出入，尚未闻培成何才，更不闻如何器使，此则北洋练兵练将，不用西法之明征。夫盗西法之虚声，而沿中土之实弊，此行百里者所以半九十里也。①

在中国南方，局势要好一些，尽管中国南方的气候夺走了多名中欧人的性命。张之洞在安置、利用教官方面有较好的规划，并且成功避免了在中国北方使团中出现的几个问题。尽管如此，张之洞也没有能够完全克服保守派军人的抵制，甚至在这方面还不如自身就是军队领导人的李鸿章做得那么好。陆师学校难以为继，欧披次的工作未见成效。只是在鱼雷设施方面有一个职能化机构得以成立，但是黄埔水鱼雷局并没有在中国国防——这是建设一个造价昂贵的战争机器的唯一合法目标——意义上发挥实战作用。

---

① 严复：《救亡决论》，天津《直报》1895年5月1日至8日，转引自卢云昆编选《社会剧变与规范重建：严复文选》，第52页。

二 合同和勋章：为外国人设置的聘用机制

在近代中国，外国公民享有治外法权是影响供职于中国的德国教官工作的最重要条件之一。它构成了下列情况的基础，即外国人不仅获得的报酬比中国人高，而且受到特殊对待。他们签订在中国并不常见的工作合同，领受只为外国人定制的勋章。这种专为外国人设立的特殊聘用和奖励制度是自1860年代起，在领事裁判权和由外国人制定的海关制度的压力下形成的。其目标是通过高额薪金，以及所谓的由合同提供的保障和用勋章表示的奖励，争取外国专业人士到中国工作一段时间，但不必将他们整合到中国社会之中。合同和勋章都没有被真正纳入中国劳务系统，也未受到充分尊重。倘若只是临时雇用外国人，在勋章方面一般不会产生多大问题，对于工作合同的疏忽却经常导致冲突。中国人经过长时间的缓慢学习，才逐渐掌握了为了自己的需求而充分利用合同的技能。

大多数在中国工作的外国人，包括1884年"军事使团"的成员都签有一份工作协议。该协议明确规定了被雇用者和雇主的义务和雇用期限。对于这种明确规定聘用时间的做法，前面已经提及的风云子也表示过不满。然而与外国人控制的海关的工作合同不同，军事教官的工作合同不以培养一支忠诚可靠、受到良好教育并且廉洁奉公的官员队伍这一长远目标为导向。海关的聘用合同对于掌握某些技能，例如对学习中文规定了详细的奖励措施，也可以使一些成绩卓著者在职场上稳步升迁，并且相应地增加薪金。而在工作了足够年限后，海关职员

第七章 "客籍劳工":外国人在中国的从业活动

还可以享受养老金。① 与之不同,海关以外中国雇主拟定的工作合同大都是针对有时间限制的工作的,通常最高时限为3年。也经常签订为期一年,甚至仅仅是半年的合同。中国雇主希望从外国教官那里获得必要的知识,但又不必反过来长时间地与之捆绑在一起。作为一种平衡,教官们的薪金大都远高于海关同级职员的薪金。

海关官员与其他外国专业人员待遇上的不同在一定程度上是与中国人对于"官"和"差遣"的区别相对应的。② 但最重要的不同在于,中国的官员和职员都没有工作合同,一旦发生纠纷,他们无法伸张自己的权益。条约关系只是在领事裁判权的背景下才有意义。不远万里来到中国的外国劳动力,不仅想要谋取较高的收入,而且要有某些能够使自己真正获得这些钱财的保障。但是,如果没有法庭来审理与之相关的诉讼,如何才能维护这种保障?因此,此类合同制工作关系完全处在中国聘用体系之外。中国的官员是通过皇帝的谕令来擢升或降级的,职员则由某位官员任命,或者被交付某一特定任务。这位官员有权解雇职员。虽然有某些约定,但是继续从业、调动工作以及在发生意外(因公死亡)时支付家属抚恤金等,这一切都在很大程度上取决于聘用官员的善意。③ 无论是正式的官员还是职员,都没有养老金。中国人也没有可以就其劳动权提起诉讼的法庭。他们必须依靠诸如庇护和关系等其他机制来求

---

① Karl Schuemacher, Europäische Seezollbeamte in China und ihr Einfluss auf die Förderung unseres Aussenhandels. Karlsruhe: J. J. Reiff, 1901, S. 52 – 61.
② 参见事例 Charles O. Hucker, *A Dictionary of Official Titles in Imperial China*. Stanford: Stanford University Press, 1985, p. 488.
③ 有时欧洲人也是这样受雇的,见下文。

得保障。中国的制度逐渐遭到了侵蚀，虽然十分缓慢，并且最初正如前面已经论述的那样，通过支付稀缺罕见、拥有现代专业知识的中国专业劳动力较高工资的方式。

但是，按照西方模式建立起来的工作合同制度又是不完善的，也经常被中国雇主视为有害。特别是由李凤苞在战争期间签订的合同片面地保护德国职员的利益，惩戒措施要么没有，要么无法有效实施。例如，李宝可以随时辞职，中国政府却没有解雇权，即使对李宝深感不满也不能将他赶走。式百龄的合同压根就未设辞职或解雇条款。① 在以3年为期限聘用了他之后，竟然很难找出一个尽早解雇他的合适理由。在式百龄丑闻中，巴兰德虽然站在李鸿章一边，但还是要求后者支付这位"海军上将"25000马克赔偿金。李鸿章屈服于公使的压力，而公使也通过降低式百龄的要求维护了李鸿章的面子，式百龄原先要求赔偿38000马克。②

只要有可能，中国官员就竭力规避签订合同。对于李凤苞"使团"当中那些未签订合同就来到中国的德国军官，天津军事管理部门也不想与他们签订工作合同；在后者看来，这样一来便可以用中国的军事法规来控制德国军官，并且可以任意解雇他们。这种做法激起了强烈抗议，最终不得不被放弃。但巴恩士、屯士基等人都在为期一年的工作合同到期后，没有新签

---

① BArch Berlin R 9208/493, 31 – 32 Vertrag zwischen Li Fengbao und Pauli 2. 6. 1884（Anlage zu ebd., 27 – 30 Pelldram, Tianjin, an Reichskanzler, Nr. 14. 4. 3. 1885）; BArch Berlin R 9208/477, 132 – 134 Vertrag zwischen Kaiserlich Chinesischer Gesandtschaft, vertreten durch Li Fengbao, und Sebelin, Korvettenkapitän, Kiel, 18. 6. 1884.

② 参见本书第四章。

合同而是仅仅借由中国官方的口头许诺继续工作。① 工程师善威是通过德璀琳的推荐被安排到旅顺口船坞工作的，他只有一份李鸿章手写的聘书。② 根据前面援引的关于天津自来火公司的报道来判断，李曼和那里的两名德国工人同样是没有正规合同的。中国官员之所以反感工作合同，主要是因为他们担心外国领事馆插手干涉。而处理其国家公民与中国缔约方的合同纠纷又是领事裁判权的主要任务之一。对此，中国官员大都没有予以足够重视，他们不知道领事馆有义务干预一切与其国家公民相关的司法纠纷，只要其国家公民向领事馆提出保护请求，不管该人是否持有某种合同。前面提到的工程师善威并不持有工作合同，将他解雇首先是对德璀琳的一个打击。尽管如此，克林德还是为他争取到了8个月的薪金和一笔旅费作为补偿金。克林德对于李鸿章因为这一始料未及的外交交涉而产生的恼怒和不理解做了如下描述。

> 李［鸿章］最初是难以说服的，他坚持认为，他写的聘书与合同毫不相干，无论何时，他都可以任意收回。对于他用聘书这一工具聘用的中国官员，他随时都可以用相同的方式加以取代。善威当时完全知道这一情况，也愿意通过此类法令而得到任用，不向德国政府当局请求帮助和建议，因此，他现在也不可以这样做。③

---

① 参见本书第二章和第五章。
② BArch Berlin R 901/33640, 153 – 156 von Ketteler, Tianjin, an von Brandt 9.9.1887.
③ BArch Berlin R 901/33640, 153 – 156 von Ketteler, Tianjin, an von Brandt 9.9.1887.

然而，领事馆一再成功地至少为其所保护的人争取到了一定数额的赔偿金。巴恩士被出乎意料地解雇了，他为此索要 3 个月的薪金，因为对他做出过可让他长期在中国工作的口头许诺。通过交涉和调解，克林德最终为他争取到了一个月的薪金。① 如果没有领事馆的积极干预，中国雇主对待外国职员的态度很可能会是务实的，极少关照后者的利益。毕竟善威和巴恩士都不拥有任何合同规定的权利要求。但因外国政府的插手，像李鸿章这样的中国高级官员也不得不破财息事宁人，只要外国领事愿意降低最初提出的价码，在一定程度上维护中国方面的脸面即可。何伟亚在其关于 1793 年英国马戛尔尼使团抵达中国宫廷一事的著作中，强调中国对待外国人的政策源于"怀柔远人"原则："贤明的君主应该对那些处在其直接统治区域之外的人显示怜悯和仁爱，应该轸念那些长途跋涉来到他的宫廷的人。"② 但在平日与外国人打交道的过程中，这一"怀柔远人"原则并非纯粹仁慈宽厚政策，而是一种方法，其目的是通过友好款待使得对方也能够变得谦卑和谦和。它也极少针对供职于中国且人微言轻的职员，而是更多地针对外国领事和公使。对于他们，中国官员总是谨小慎微，生怕招惹他们。

只是随着时间的推移，中国雇主才比较清醒地认识到，在聘用外国人时，舍弃工作合同对自己并无好处。更重要的是，要尽可能严谨细密地拟定合同，以便预防领事提出某些权利要

---

① BArch Berlin R 9208/493, 124 – 126 von Ketteler, Tianjin, an von Brandt 21.11.1887.

② Hevia, *Cherishing Men from Afar*, p. xi.

求。在为李喜脱、敖耳和裴克孙汉订定的合同中，先前的失误就不复存在了。根据合同，天津当局有权以解雇的方式惩罚教官们的不端行为。而所谓的不端行为包括缺乏教学能力、不履行合同规定、从事其他非本职工作和殴打学生等。如有教官辞职，必须在4个月前提出辞呈。还汲取了从式百龄事件中获得的教训，在合同中增设了一项开除条款。据此，3位教官如果被解雇，除了直至解雇当月的薪金和旅行费用，不能期待其他补偿。① 此后，类似的条款也出现在许景澄拟定的工作合同中。② 而当3位教官的言行举止引起人们不满时，李鸿章既没有立即动用解雇手段，也没有以解雇为要挟，而是静观其变，直至李喜脱主动提交辞呈。直到袁世凯担任了新建陆军督办，这些规定才得以严格地、毫无顾忌地实施。例如，在与步兵教官博乐恩（也称伯罗恩，Hans von Broen）签订的合同中，就有下列规定：

第4款　如果博乐恩先生勤奋、顺从地履行其职责，本帅就会考虑增加其薪金，但补贴数额的多少完全由我个人决定，博乐恩先生不可有任何争议。

第5款　如果我因为重要公务要求博乐恩先生来见，无论何时，他都必须毫不犹豫地立即出现。

第6款　博乐恩先生必须常住兵营附近。

---

① BArch Berlin R 9208/493, 132-136 Vertrag für Richter, Brixen-Hahn, Auer v. 23.10.1887.
② 例如与1891年到天津武备学堂工作的德国军士签订的合同（详情见下）。BArch Berlin R 901/29896, Vertrag mit Schwohls 18.4.1891 [Schwohls 尚未启程便被魏贝尔（Weber）替代了，但所有合同都十分相似]；BArch Berlin R 9208/498, 289-291 Vertrag Heinrich 2.3.1895.

第 7 款 如果博乐恩先生违背习俗，触犯禁令，或者证明没有能力从事其本职工作，那么他就将被我解雇，停发薪金（自解雇之日起）。如果他因为酗酒或懒惰而玩忽职守，初犯将受到减扣薪金的惩罚，再犯则以触犯禁令论处。①

袁世凯雷厉风行，说到做到，时刻不忘以解雇手段来惩罚违规者，他也因为博乐恩的私人纠纷、度假逾期未归等不当行为而立即将合同中的惩罚条文付诸实施。虽然在甲午战争之后、德国占领胶州湾之前，德国在对华政策方面已经步入帝国主义阶段，但天津领事馆对于这种完全符合西方惯例的行为方式表示充分理解。它也在相关司法诉讼中断然拒绝为博乐恩提供支持。② 袁世凯在其新建陆军中彻底废除了传统的聘用外国人的方法，除了支付较高的薪金（博乐恩的薪金是每月 200 两白银），他像对待其中国下属一样对待外国人。袁世凯也只利用那些他可在本地招聘并由他个人亲自指挥的人员。任何想要从外部把教官强加给他，并且这些教官也不以他为最高长官，不完全听命于他，包括德国外交官的试探都遭到了他的拒绝。③ 聘用合同被标准化了，教官的数量有明确限定：一位首席教官［主教官，挪威人蒙特（Munthe）］和各军种的

---

① BArch Berlin R 9208/498, 163 - 167 Vertrag zwischen von Broen und Yuan Shikai 30. 7. 1896.
② BArch Berlin R 9208/498, 161 - 162 Eiswaldt, Tianjin, an Heyking, Nr. 152, 20. 12. 1897.
③ BArch Berlin R 901/29064, 133 - 134 Zongli Yamen an Gesandtschaft 13. 12. 1896.

教官。① 借助这种策略，他创建了一支在当时中国仅有的最现代化、最守纪律的军队。他的军队后来作为北洋军第4师长时间发挥着重要作用，直至进入中华民国时期。②

授予供职于中国的外国职员双龙宝星勋章同样是一个被经常使用的奖掖优秀工作、鼓励外国人继续尽职尽责的方法。然而，在中国中央官僚机构内部，这种只授予外国人的勋章却是一个全新的发明，并且不为所有雇用外国人的封疆大吏（总督和巡抚）一致赞同。中国在1863年以前并不知勋章为何物，就是在欧洲，功勋奖章也只是到了18世纪才流行起来。清王朝原先对于军人的最高嘉奖是赏赐黄马褂，后来又发明了可插在帽子上的三眼、双眼和单眼花翎。除此之外，朝廷还颁授军阶和荣誉称号（例如"巴图鲁"，满语意为"英雄"）等。总督、巡抚和满人将军还可以自行向士兵和军官颁授3～5级的功牌，这是由银箔打造而成的长条板，可手持把玩而不能佩戴在身上。③ 清王朝后期，银质长条板经常被用硬纸片制作、书写着文字的证书——同样称作"功牌"，却长57～89厘米、宽49厘米——所取代。有时，连同功牌一起颁发的还有奖金，并且对于获得嘉奖者在军队中职务的升迁有着重要影响。④

---

① 《新建陆军兵略录存》，《中国兵书集成》（49），解放军出版社、辽沈书社，1993，第44～45页；刘凤翰：《新建陆军》，中研院近代史研究所，1967，第176～182页。

② Powell, *The Rise of Chinese Military Power*, pp. 57 – 83, 205 – 210 and passim.

③ Hagelstrom, Brunnert, *Present Day Political Organization of China*, pp. 497 – 498; Mayers, *The Chinese Government*, pp. 72 – 74.

④ 乾隆官修《清朝通典》，第2575～2577页。"牌"这个中文字标志着某项公告和纪念，在军事书信往来中也代表上级军官写给其下属的信函，参见 Mayers, *The Chinese Government*, p. 140.

双龙宝星勋章则是传统功牌与西式样板混杂融合的产物。它的形成与外国军官在中国军队中效力有密切关系。1863年5月，总理衙门对于如何表彰在镇压太平天国起义中做出贡献的外国领事和军官一事进行了商讨。他们考虑，外国人不会满足于仅仅获得一个中国的荣誉称号，因为在他们看来，那只是个空洞的名称，或许比较合适的办法是创造一种与西方人思想吻合的奖励形式。总理衙门最终决定采用时任三口通商大臣、坐镇天津的崇厚的建议，一方面按照传统模式授予建有军功者功牌；另一方面参照西方勋章，将功牌改造成由贵金属制成的宝星形状的勋章，上面铭刻"御赐"字样，并在背面雕饰两条龙。同年12月，时任江苏巡抚李鸿章上奏，请求为常胜军指挥官戈登颁发某种奖励，以表彰其在收复苏州战役中建立的功勋，让这位英国军官在战争结束、荣归故里时，也能够展现中华帝国对他的肯定。皇帝在诏书中指示李鸿章根据外国勋章的式样，为戈登制作一个头等功牌。由此开始，勋章便被授予供职于中国的外国人了。它依循功牌，细分为一、二、三等。① 1876年，李劢协在为李鸿章（此时是直隶总督）工作了3年后，获得了二等宝星。稍后，山东巡抚丁宝桢也为在其舰队中工作的教官瑞乃尔申请了三等宝星。② 但是勋章的颁发并不局

---

① 宝鋆等修《筹办夷务始末（同治朝）》(3)，文海出版社，1971，第1513~1515页；宝鋆等修《筹办夷务始末（同治朝）》(4)，第2250~2251页；向中银：《晚清外聘人才的奖赏制度》，《近代史研究》1995年第5期，第159页。关于勋章在中国的形成和发展，可参见 Elisabeth Kaske, Die chinesischen Orden der Qing-Dynastie (1644 – 1911), in: Jahrbuch des BDOS-Deutsche Gesellschaft für Ordenskunde e. V. (im Druck), 2002.

② 《致德使巴兰德》（光绪二年三月初四日），吴汝纶编《李文忠公（鸿章）全集》(5)，第109~110页；丁宝桢：《请奖德国兵官瑞乃而片》（光绪二年五月初七日），中国史学会主编《洋务运动》(3)，第507页。

限于供职中国的外国人,没过多久,中国内外所有做出过有益于中国事情的外国人都有可能获得勋章。例如,李鸿章不仅嘉奖教官李劢协,还表彰了德国的阿里阿德涅号军舰军官(李鸿章在1875年6月应新任德国公使巴兰德的邀请对该舰进行过参观);或者表彰关心照顾过被派往德国学习的中国学生的德国军官(巴兰德的亲戚)。①

1882年,已拥有"双龙宝星"之官方名称的勋章被标准化了,与此同时也更加接近欧洲勋章惯例了。但在中国,军事表彰原本,特别自抗击太平天国的战争以来主要是与被表彰者的贡献相联系的,于是,诸如刘铭传之流的农家子弟、私盐贩子和盗贼,也能够因为其打败太平军的功劳毫无争议地享有"巴鲁图"称号和黄马褂及一品军阶。② 而在西方,勋章是根据受勋者的社会地位颁发的,这就导致一些出身于较高社会等级的杰出人物可以在胸前挂满来自世界各地、各种各样的勋章。③

光绪七年十二月十九日(1882年2月7日),总理衙门公布了新的《奖给洋员宝星章程》。与之相伴,双龙宝星被细分为5等11级。最低级的五等宝星用银地绿光,授给外国商人和工人。四等宝星用法兰地银光,授给外国军士和士兵。三等宝星

---

① 《德国兵官请给宝星片》(光绪元年六月初六日)、《请给德罗它宝星片》(光绪三年十月初五日)、《请赏德国提督宝星片》(光绪五年八月初一日)、吴汝纶编《李文忠公(鸿章)全集》(2),第121、254、376页。
② 马昌华主编《淮系人物列传:李鸿章家族成员·武职》,第150~151页。
③ 李凤苞1878年底出任驻德国公使馆代办(他在后来也成为公使)之际,对德国的惯例做了报道:"写在名片上的头衔越多越好,挂在胸前的勋章也越多越好。有的人在其名片上罗列四五行头衔,或者在胸前佩戴四五十个勋章。"转引自 Hausotter, Li Fengbao, der zweite chinesische Gesandte in Berlin (1878 – 1884), S. 186

用法绿地金色（大都是镀金的银子），但再分三级：第三级授给陆军少校和上尉，以及外国领事馆的翻译官；第二级授给外国副领事官、海陆军中校等；第一级授给外国公使馆二三等参赞、领事官、海陆军少校和供职于中国的军事教官等。二等宝星用金地起麟龙上嵌小珊瑚、中嵌起花大珊瑚，也分三级：第三级授给外国公使馆头等参赞、总领事官、陆海军高级军官、供职于中国的首席军事教官；第二级授给外国公使馆三等公使、公使代办、海关总税务司等；第一级授给外国公使馆二等公使。头等宝星用赤金地法绿龙嵌珍珠，分三级：第三级授给外国世爵、宰相、部院大臣、头等公使；第二级授给外国君主世子并近支亲王；第一级只授给外国君主。① 与西方的大多数勋章不同，双龙宝星是悬挂在脖子上的。而较高等级勋章的正方形形状（三至五级勋章是圆的）令人回忆起旧时的功牌。总理衙门直到 1897 年才认定，让外国人悬挂沉重的正方形勋章是很不合适的，因此开始奏请制作可以挂在衣服上的胸章。②

　　章程中有关勋章授受对象的等级划分表明，供职于中国的教官被置于一个比较高的地位。不管他们原先在军队中或社会上处于什么地位，现在他们都可与公使馆二三等参赞、领事、

---

① 向中银：《晚清外聘人才的奖赏制度》，《近代史研究》1995 年第 5 期，第 160 页；张国刚：《晚清的宝星制及锡乐巴档案的宝星执照》，南开大学历史系、北京大学历史编《郑天挺先生百年诞辰纪念文集》，中华书局，2000，第 334～335 页。此文由张国刚教授亲赠予我，谨表谢忱。
② 刘锦藻撰《清朝续文献通考》，第 9297 页。但在实际上，自 1896 年李鸿章出访俄国和德国起，胸章就已经出现了，参见 G. A. Tamman, Sascha Zimmermann, „Anmerkungen zum kaiserlich-chinesischen Orden vom Doppelten Drachen", Orden und Ehrenzeichen 2. Jag., Nr. 7 (Juni 2000), S. 2 – 7. 感谢德意志历史博物馆克劳斯 - 彼得·梅尔塔先生提供此文和有关勋章学的重要资料。

陆海军上校相提并论了,而首席教官甚至被置于与公使馆头等参赞、总领事官以及海陆军高级军官并列的层次。因为从理论上讲,按照中国人对中国头衔与西方头衔两者之间的级别对应关系的看法,领事是与道台(正四品)属于同一级别的。① 这样一来,教官也就可被当作与道台地位对等来看待了,至少可在同一层面上交往。

然而,实际情况却是另外一番景象,并且各个封疆大吏对于授予外国人勋章以及教官和领事的地位看法大不相同。旧时的功牌取材简单,并且可由地方大员直接颁授;此时要颁授双龙宝星必须事先上奏朝廷,求得批准。勋章的制作也要由奏请颁授的地方大员负责,并且承担制作宝星所需的金银、宝石或珊瑚等材料的费用。从李鸿章的计算可以推测,制作一枚勋章的费用,根据等级的不同,需要15~20两白银(在1890年代白银贬值之前,相当于75~100马克)。勋章也大都是由天津和上海的手工业工匠打造的。勋章学家还发现,勋章甚至经常在俄国人开的工场制作,尤其是在1890年代。② 因为制造工艺复杂,所需费用高昂,而且是没有中国传统法律依据的新规制,所以在总督、巡抚等地方大员当中,勋章只得到了有限的接受。

但在李鸿章治下,奏请勋章恰恰成了惯常之举。李鸿章定期为一些外国人奏请勋章,其中既包括那些效力于他并且在履行义务方面让他感到满意的外国职员,也包括那些对他有所帮

---

① 有关津海关道职责的论述,参见光绪《畿辅通志》,商务印书馆1934年影印,第983页;梁元生《清末的海关道与天津道》,《中央研究院近代史研究集刊》第25期,1996年6月,第124页。
② 刘锦藻撰《清朝续文献通考》,第9297页;G. A. Tamman, Sascha Zimmermann, „Anmerkungen zum kaiserlich-chinesischen Orden vom Doppelten Drachen ", *Orden und Ehrenzeichen* 2. Jag., Nr. 7 (Juni 2000), S. 4.

助的外国官员和显贵。他从海防经费中划拨资金用于制作勋章，平均每年耗资 200 多两白银。① 与此同时，李鸿章又不想赋予勋章章程显示的级别以某种实际价值。虽然在津海关道的官方法规中明确规定，外国领事可与海关道商谈处理全部事务，只有在发生了重大事件或者出现了严重纠纷时才需总督本人亲自干预，② 但天津领事只要有可能就完全无视这一规定，直接与李鸿章交涉，而李鸿章也会接见。与此同时，李鸿章根本不想将教官置于同领事和道台对等的地位。虽然李宝少校和李喜脱上尉经常抱怨，学堂总办杨宗濂（官阶为道台）不把他们当作同等级别的联席主管看待，李鸿章也只是在他们提出强硬要求之后才同意接见他们。③

中国南方的许多总督完全拒绝接受新生的勋章。例如左宗棠就在 1864 年写道：

> 臣维功牌与宝星虽同为外国人所重，然宝星一项，事费工巨，必须外洋匠人制造方能合式，不如功牌本为中国名器，颁赏远人尤为群情所欣美。④

---

① 《海防经费报销折》（光绪十二年十一月初四日）、《海防用款立案折》（光绪十四年八月二十日）、《海防收支清册折》（光绪十五年正月二十一日）、《海防用款立案折》（光绪十六年十二月十一日），吴汝纶编《李文忠公（鸿章）全集》（3），第 134~140、280~285、317~330、452~458 页。
② 光绪《畿辅通志》，第 988 页；梁元生：《清末的海关道与天津道》，《中央研究院近代史研究集刊》第 25 期，1996 年 6 月，第 124 页。
③ BArch Berlin R 9208/493, 54 - 58 Pauli an von Brandt 21. 4. 1886; BArch Berlin R 9208/494, 49 Detring an von Brandt 16. 3. 1889; ebd., 53 - 58 Feindel, Tianjin, an von Brandt 11. 4. 1889.
④ 《酌拟颁赏洋将等功牌物件片》（同治三年二月初二日），《左宗棠全集 奏稿1》，岳麓书社，1987，第 367~368 页；向中银：《晚清外聘人才的奖赏制度》，《近代史研究》1995 年第 5 期，第 159 页。

第七章 "客籍劳工"：外国人在中国的从业活动 / 265

张之洞同样持坚决否定态度，他从未为其外国员工奏请哪怕是一枚双龙宝星。马驷因此长时间未获得任何勋章，尽管张之洞及其属下官员对其工作一直是非常满意的。但与在中国北方的教官不同，马驷被正式授予四品荣誉军衔，除此之外，还有几块传统的功牌。直到李瀚章上任后，马驷才最终获得了宝星。作为李鸿章的兄弟，李瀚章非常了解这种应付外国人的做法。张之洞的保守态度也表现在他对领事地位的强硬态度。他在一份长篇奏章中论证说，他不准备与广州领事直接交往，除非发生了真正紧迫之事。在张之洞看来，"各国公使方与中国大臣督抚敌体"。①

在李鸿章和张之洞那里，人们明显可见两种截然不同的与外国人打交道的方式。张之洞希望得到优秀人才，并且想把他们长时间留在中国，因此，他试图将他们进一步地整合到中国社会之中。这种做法并不总能获得成功，因为外国人并不真正愿意哪怕只是在形式上顺应一种陌生的并且在教官们看来还是相对落后的文化。就是马驷在接受召见时，也宁愿身穿其德国军服而不是与其所受级别相对应的中国官服。② 李鸿章只管聘用外国人，利用其专业技能，但未争取使之更加接近中国社会。只是那些想要更长时间供职于中国并且为其上司所接受者，可以获得中国的嘉奖和职衔。李鸿章自从接触到常胜军中的外国雇佣兵时起，就开始采用这一政策了。当时，李鸿章上奏朝廷说，在反对太平天国的战争中，华尔是最杰出的外国斗士。即使华尔始终没有按照清朝的习俗修剪其头发，他〔李

---

① 《陈明广东洋务情形并委蒋泽春兼办片》（光绪十二年三月二十四日），苑书义等主编《张之洞全集》第1册，第435~438页。

② Kretzschmar, Lebensgeschichte der Ernst Kretzschmar, S. 182.

图 7–1　马驷佩戴勋章照

说明：脖子上挂着双龙宝星。

鸿章〕也不想浪费时间，与之争论此类礼仪问题。① 而在效力于李鸿章的大量李凤苞"使团"教官中，只有军士艾德于 1891 年获得了守备军衔。② 李宝和式百龄曾经从李凤苞那里得到过授衔许诺，但实际上没有得到封授。

在中国人看来，虽然双龙宝星让教官处于比较高级的军衔，但更多的是对教官的一种礼貌，并不能够对他们相对于中

---

① Spence, *To Change China*, p. 67.
② 《学堂洋教习请奖片》（光绪十七年二月初一日），吴汝纶编《李文忠公（鸿章）全集》（3），第 471 页。

国官员的实际地位产生直接影响。双龙宝星也更多的是对西方需求的一种礼节上的顺应,并非对西方惯例的完全接受。在中国内部,无论是对于外国人还是对于中国人来说,都同先前一样,只有中国的军衔和嘉奖才具有实际意义。自1908年起,双龙宝星也被授予中国官员了,虽然主要授予驻在外国的中国外交官。外务部注意到,中国外交官不佩戴中国勋章是有损中国声望的。① 中国和西方对于勋章的不同态度也清楚地表现在1896年中国政府借由李鸿章参加俄国沙皇尼古拉二世加冕典礼的时机,授予沙皇双龙宝星(以表达对俄国、德国和法国联合抗议日本占领辽东半岛行动的感谢)一事上。正如在欧洲普遍流行的惯例那样,沙皇尼古拉二世从他那方面回报以一枚安德烈勋章。而当德璀琳劝说德皇威廉二世向中国派遣一个友好使团,并且采用委托爱德华·冯·利伯特(Eduard von Liebert)上校携带镶嵌金刚石的黑鹰勋章(Schwarzen Adlerorden in Brillianten)到中国颁授给光绪帝的方式来实施该计划时,许多外交官在获悉这一建议后立即提出了强烈抗议。根据德国驻圣彼得堡公使雨果·冯·拉多林(Hugo von Radolin)的报告,驻俄国和德国的中国公使许景澄注意到,在中国,人们将德国颁授勋章行为视为一种软弱的征兆。② 驻北京的德国公使海靖(Edmund von Heyking)从一份路透社电报获悉这一计划后,也提出了抗议。在他看来,在中国的文化

---

① Hagelstrom, Brunnert, *Present Day Political Organization of China*, p. 500;刘锦藻撰《清朝续文献通考》,第9297页。
② PAAA R 17970 St. Petersburg an Ausärtiges Amt 21. 11. 1885; Schmidt, Aufgabe und Einfluss der europäischen Berater in China, S. 79; Eduard von Liebert, Aus einem bewegten Leben. Erinnerungen. München: J. F. Lehmann, 1925, S. 155 – 156.

氛围中，勋章根本不是表达认可的合适手段。

无论是中国皇帝还是其他中国人都不佩戴或者拥有中国新近才开始向外国人颁授的勋章。这些按照著名的海关总税务司赫德阁下提供的图纸制作，并且只准备出口的嘉奖标志在中国国内很少为人所知。不久之前，恭亲王还曾询问一位以此类装饰物来炫耀自己的外交官，他在脖子上挂了一块什么东西。因此，依卑意，不应当为中国人颁授欧洲的勋章，直至较长时间的未来，因为他们并不懂得珍惜这一表彰，也不在任何场合佩戴这一装饰。在前天由李鸿章为招待各国外交官而举行的晚宴上，因为没有邀请我们的翻译参加，客人们只能私下相互交谈。李鸿章强打起精神走到餐桌旁，既没有佩戴其皇帝授予他的勋章，也没有佩戴他同样拥有的俄国、比利时、荷兰和大不列颠勋章，而杰拉德（Gérard）先生、帕夫洛（Pavlow）先生却以著名的中国颈玲来装饰自己。就是在这一事情上，中国与欧洲国家之间也不存在任何相互性。而多年来经常出现的一个重大错误便是，欧洲各国政府是如此看待和对待中国，好像在这个国家里有着某种可与我们的国家设施和我们的政治概念类比的东西，其实它根本不是这样一个国家。①

友好使团计划被放弃了，不走运的勋章却在后来颁授给了

---

① PAAA R 17973 Heyking an Hohenlohe-Schillingsfuerdt, A. 158, 4. 12. 1896; BArch Berlin R 9208/500, 41 Telegramm Heyking an Auswärtiges Amt 28. 11. 1896.

中国公使许景澄。马骃转运三艘由伏尔铿造船厂建造的巡洋舰到达中国，并且受命把一个装有珍贵物品的小盒子带到中国。但在那里，人们只是感到惶惑不安："李先生对于授予光绪帝勋章一事并未有任何欣喜若狂的反应，他请求我不要声张这一授勋事宜。"① 海靖让马骃慎重考虑一下此事，如果想避免不愉快的话，他最好还是不要转交勋章以及威廉二世写给光绪帝的信件。② 至于后来是怎么处理勋章的，马骃没有在其回忆录中做进一步的记述。

　　双龙宝星不是为了将在中国工作的外国人整合到中国社会而创设的。相反，它把他们与其中国同事分隔开来，也主要发挥了帮助外国人在结束了他们时间上受限的为中国工作的活动之后重新融入其家乡社会的功能。但这并不意味着在中国工作的外国人不怎么珍惜双龙宝星。马骃曾经非常正式地通过广州领事馆向本国政府提出了要求准许接受外国嘉奖的申请。③ 在《1913年德意志帝国手册》（Handbuch für das Deutsche Reich 1913）中，作为指挥官的格奥尔格·弗兰茨·冯·格拉塞努普（Georg Franz von Glasenapp，即那柏）少将除了其他16枚勋章，还拥有一枚中国的三等第一双龙宝星，这是他在1888年获授的。④ 而在海军少校式百龄1886年从中国海军离职时，

---

① Kretzschmar, Lebensgeschichte der Ernst Kretzschmar, S. 181.
② BArch Berlin R 9208/498, 237-238 Heyking an Stuebel 4.9.1898; auch: ebd., 239-240 Eiswaldt, Tianjin, an Heyking (priv.) 2.9.1898.
③ BArch Berlin R 9208/496, 15-16 Kretzschmar (aus Fuzhou) an von Brandt 15.1.1892.
④ Handbuch, Reichsamt des Innern. Handbuch für das Deutsche Reich 1913. Berlin: Carl Heymann, 1913, S. 374;《学堂洋员请奖片》（光绪十四年八月二十日），吴汝纶编《李文忠公（鸿章）全集》（3），第279页。

勋章也在解雇谈判中构成了一个主要议题。除了直至合同到期之际的全额薪金和归国旅费,式百龄还要求获授二等第二双龙宝星。李鸿章虽然认为在发生纠纷之后再对式百龄进行如此高规格的嘉奖是不适当的,在向居间调停的公使巴兰德解释时却说,皇帝诏书的德文翻译有误。皇帝的诏书实际上是这样写的:虽然曾经许诺式百龄一枚勋章,但不再授予了。经过长时间的反复交涉,李鸿章一度表示只愿意为式百龄申请一枚按照其级别(军阶)可以获得的三等第一双龙宝星(即为一般教官所设的勋章)。但到最后,他还是屈服于巴兰德的压力,答应为式百龄申请二等第二双龙宝星(即为首席教官设立的勋章)。与处理李宝事件不同,在处理式百龄事件上,巴兰德的立场态度与李鸿章基本相同,因此他在面对式百龄时,把他的这一交涉结果说成是一个重大胜利。实际上,李鸿章说谎了,因为皇帝在诏书中明确表示要授予式百龄高级勋章,以便激励他对抗法国人的战斗勇气。对于皇帝的这一旨意,李鸿章长时间秘而不宣。他虽然极不情愿地将勋章授予了式百龄,却再次设法对他进行了一番羞辱,这就是只给予勋章而没有附带证书。[①] 一枚中国勋章就是一种工作证书,可以在回家后帮助申请新的工作岗位。对于想要重返德国的教官来说,勋章是一个足以展现其勤奋努力的可见的和可佩戴在身上的标志,因此,它比在欧洲无法展示的中国军衔更为重要。

[①]《寄上海邵龚道》(光绪十年十月十四日戌刻),顾廷龙、叶亚廉主编《李鸿章全集》(1),电稿一,第339页;BArch Berlin R 9208/477, 139 – 140 Sebelin an Detring und Luo Fenglu 10. 6. 1886; BArch Berlin R 901/33640, 95 von Brandt an Sebelin 11. 7. 1886; ebd., 96 Übersetzung eines Edikts vom; BArch Berlin R 9208/493, 88 Sebelin an Li Hongzhang 29. 7. 1886.

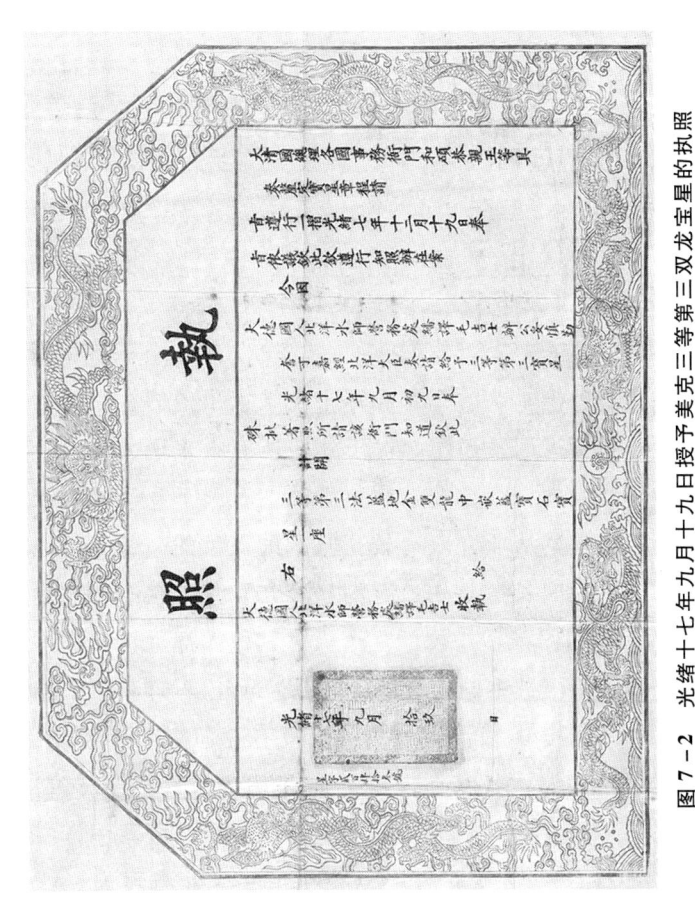

第七章 "客籍劳工":外国人在中国的从业活动 / 271

图 7-2 光绪十七年九月十九日授予麦克三等第三双龙宝星的执照

资料来源:德意志历史博物馆,藏品号:O.99/16 a,b,c。

第八章 远离中国：30位原教官的宿命

大多数普鲁士军队的军官和军士在结束了他们在中国的工作之后，重新返回了德国。对于他们所有人来说，中国只是他们生活当中的一个插曲、职业生涯中有利于升迁的一级台阶或者仅仅是其从业并获得较高收入的谋生的一部分。他们逗留中国的时间长短不一：有的只有几个月，有的则长达16年。但除了过早死于中国的几个人，其他人都重新回到了故乡，根本谈不上被中国社会同化问题。30位军官和军士当中，没有一个人娶中国女人为妻，也没有任何人剃发蓄辫，或者穿戴中国服装。托马斯·肯尼迪（Thomas Kennedy）在为史蒂文·莱博（Steven Leibo）著《日意格传》所写序言中断言的"中华文明强大的诱惑力"①并没有影响到这一群"文化传输步卒"。

---

① Thomas Kennedy, "Foreword," Leibo, *Transferring Technology to China*, p. vii.

一 归家者

一部分教官在为期一年的合同期满后离开了中国,其中包括博朗、爱弗谖、康葛克、哲宁、密次藩等人。密次蕃尽管受到荣誉法庭传讯,却成功地争取到了重返普鲁士军队的许可,并且升迁至第13师指挥官。① 哲宁为了处理与他妻子的离婚事宜匆忙赶回德国,后来成为柏林的一位军事作家,写作了两部关于要塞建筑和海岸防御问题的论著。② 屯士基中尉多待了一年,但在1886年被解雇,原因是为了节约经费。③

与式百龄一起来到中国的海军军官则在1886年底,连同那些在1885年伴随德国铁甲舰而来的教官一起被解雇,尽管德国公使巴兰德对此提出过强烈抗议。在巴兰德看来,此事与英国人搞的反德阴谋有很大关系。④ 就连驻旅顺的鱼雷教官施密士也随1886年底的解雇潮告别中国岗位,并被英国人罗觉司(Rogers)代替。⑤ 同一时间,旅顺船坞设施的建造工作也被德威尼名下的法国辛

---

① Wegmann, Formationsgeschichte und Stellenbesetzung der deutschen Streitkräfte 1815 – 1990, Bd. 1, S. 108, 241, 579; Bd. 2, S. 58.
② Albert Henning, Unsere Festungen. Berlin: A. Bath, 1890; Albert Henning, Die Küstenverteidigung. Berlin: A. Bath, 1892.
③ BArch Berlin R 9208/493, 110 – 111 von Kettler, Tianjin, an von Brandt 28. 9. 1887.
④ 《论京津铁路并进退德法人员》(光绪十二年十一月初八日),吴汝纶编《李文忠公(鸿章)全集》(5),第476页。关于金美和怀士,参见《寄柏林许使》(光绪十二年十月十五日午刻),顾廷龙、叶亚廉主编《李鸿章全集》(1),电稿一,第738页。
⑤ 《刘使来电》(光绪十二年十二月二十四日巳刻到),顾廷龙、叶亚廉主编《李鸿章全集》(1),电稿一,第766页;BArch Berlin R 9208/493, 100 von Brandt an Reichskanzler, A. 40, 10. 2. 1887.

迪加接管，这就导致了先前在旅顺口工作的大多数外国人被解雇。要求施密士退出中国工作岗位的理由并不直接与其工作表现相关。两年后，李鸿章曾上奏朝廷，请求补授施密士三等第三双龙宝星。① 舰船医生巴珥在 1885 年底利用机会，与遭到遣返的三艘铁甲舰水兵团队一起回到了家乡。② 回到德国后，这些人再次加入苦苦寻求工作机会的无业海员行列，而这些海员经常是为斯德丁的伏尔铿造船厂工作。当 1887 年又有两艘由伏尔铿造船厂建造的船舰要运往中国时，中国政府官员和北洋水师总查琅威理都愿意再次征用几位老海军教官，只要他们如海军衙门帮办曾纪泽所要求的那样，"有能力、听话、能容忍"就可。③ 在 1884 年"使团"的军官当中，只有式百龄成为永远得不到宽恕之人，因为他先前曾与中国指挥官有过争执，也因为琅威理不希望与他发生竞争。④ 相反，炮兵军官亨式尔却再次成了火炮教官。自从 1888 年返回德国后，他在威廉港（Wilhelmshaven）一直处于失业状态。⑤

　　李宝少校受到了控告。回到德国后，他一直在等待荣誉法庭对这一控告的审理。1891 年 1 月 14 日，荣誉法庭基于皇家内阁敕令做出的判决，他被判处损害等级荣誉罪，也被剥夺了

---

① 《洋教习请奖片》（光绪十四年十二月初十日），吴汝纶编《李文忠公（鸿章）全集》（3），第 306 页。
② BArch Berlin R 901/22589, 135 – 137 Mannschaft der „ Zhenyuan " an den Reichstagsabgeordneten Rickert 25. 1. 1886.
③ BArch Berlin R 901/22590, 86 – 88 von Brandt an Reichskanzler, A. 16. 17. 1 1887.
④ BArch Berlin R 901/22591, 9 Mühlberg an von Brandt 24. 5. 1887.
⑤ BArch Berlin R 901/22591, 12 Admiral Lang an „ Vulcan " 19. 5. 1887; BArch Berlin R 901/22591, 17 – 18 Haack an geheimrat 11. 6. 1887.

穿军服的权利。① 然而，这一判决并非如施丢克尔想象的那样，与李宝在天津武备学堂的工作有关。② 判决依据有两点：其一，李宝在外国"参与了一项与一个品行不端的人合伙经营的商业活动，而这个人被普遍认为是一个冒险家并且道德败坏"；其二，"因为他任由其他德国军官被凌辱欺负，没有采取必要的行动，以满足等级规范要求"。③ 第一项指控涉及弗兰岑巴赫丑闻，这一丑闻使李宝得到了"面包师将军"的绰号。第二件事发生在李宝1888年返回德国之前，无论伊尔提斯号（Iltis）炮艇的军官还是天津德国人社团成员都不愿意邀请李宝参加皇帝生日庆祝活动。对此，李宝没有按照军人行为准则行事，而是写信给包括副领事樊德礼和海军少校鲁道夫·冯·艾克斯泰特（Rudolf von Eickstedt）在内的庆祝活动委员会，以谴责他们不敬皇帝、蔑视司法审判的方式来威胁他们。那位德国指挥官冯·艾克斯泰特则以向荣誉法庭提起诉讼的方式进行自卫。④ 这一点也表明，李宝少校并没有与其中国雇主发生纠葛，而是主要与在天津的德国人有矛盾。

1891年底，李宝与其妻子格米娜·克拉拉·保利（Germina Clara Pauli）离婚了。李宝有义务每个月支付他的两个女儿每人50马克的生活费和教育费，直至她们年满20岁，还要为他在军校学习的儿子冈特尔（Guntherr）每月支付35马克的膳宿费。1893年7月，李宝离开柏林，但无明确的目标，也不

---

① BArch Berlin R 9208/495, 87 Auswärtiges Amt an von Brandt 24.2.1891.
② Stoecker, Deutschland und China im 19. Jh., S. 126.
③ BArch Berlin R 9208/495, 87 Auswärtiges Amt an von Brandt 24.2.1891.
④ BArch Berlin R 9208/494, 116-119 Feindel, Tianjin, an Reichskanzler, Nr. 39, 19.4.1889.

关心他的孩子们的生活。格米娜·克拉拉·保利找了一位律师打官司，① 但驻北京的德国公使馆没有获得任何有关李宝重返中国的消息。② 实际上，他去了南美洲，并在1893～1897年作为秘鲁政府军队的教官工作，其中有一年的时间（1894～1895）参加了秘鲁的内战。从1897年到1903年，他又在洪都拉斯总统波利卡波·博尼利亚（Policarpo Bonilla）的军队中担任同样的职务，并在为期不长的由唐·索托（Don Soto）领导的革命［占领科尔特斯港（Puerto Cortez）］中发挥了一定的作用。③ 回到德国后，李宝定居柏林，专事写作。他编纂了一部军事学手册、两部关于热带人们生活的著作。④ 在谈到个人先前的经历时，他总是极力张扬自己的成就。他曾经以军事教官身份在中国和拉丁美洲逗留多年，两下相比，他更愿意回到中国，并在一篇发表于1904年题为《在国外的德国军事教官》（Deutsche Militärinstrukteure im Auslande）的文章中写道：

① BArch Berlin R 9208/810, 89 – 90 Rechtsanwalt Wegner an Deutsches Konsulat Peking 4. 10. 1893.
② BArch Berlin R 9208/810, 91 Schenck zu Schweinsberg an Wegner 19. 11. 1893.
③ Carlos Pauli, Der heutige Infanterie-Angriff: Beitrag zur neuen Infanterie-Exerziervorschrift. Berlin: Riesels deutsche Zentrale für Militärwissenschaft, 1906, S. 2; Frederick M. Nunn, *Yesterday's Soldiers: European Military Professionalism in South America, 1890 – 1940.* Lincoln: University of Nebraska Press, 1983, p. 54; BArch Berlin R 901/29065, 17 Aktenverweis: Auswärtiges Amt an Kaiserliche Gesandtschaft in Guatemala, 6. 7. 1897; PAAA R 16813 Gesandtschaft an Hohenlohe, A. 10. 21. 5. 1897.
④ Pauli, Die modernen Militärwissenschaften zum Selbststudium als Vorbereitung für die Offiziers-und Aufnahmeprüfung der Kriegsakademie. Bd. 1; Carlos Pauli, Tropenvademecum: Über Ernährung, Gesundheitspflege, Bekleidung u. Ausrüstung von Truppen u. Reisenden in den Tropen. Berlin: Riesel, 1907; Carl Pauli, Der Kolonist der Tropen als Häuser-, Wege- und Brückenbauer. Berlin, 1904.

对于军事教官来说，外国人的民族特性也是不令人舒服的。根据多年的亲身经历，我们认为只可把中国人视为例外。中国人重视友情，信守口头和书面的承诺，如同热爱他们的父亲那样对待他们敬重的老师，从不与之作对，即使他们看上去有一些保守倾向。在其他民族那里，特殊的民族性格只会加重教官们的精神负担，即使并非不可承受。①

李宝还把一篇关于步兵进攻战的简短论文献给"湖广总督张之洞阁下，满怀倾慕和敬重之心感念正在奋发向上的中国"。② 该论文是他为了参与针对1906年新步兵章程展开的讨论而写作的，他本人却没有再去中国。而在李宝少校先前的学生当中，至少有一人后来名垂青史了，这个人就是段祺瑞。

二 从在华德国专家到德国的"中国通"

其他教官以这样或那样的方式依然与中国保持联系。一部分人继续留在中国并找到了工作，但都未被长期聘用，若非早逝，都必须密切关注新的就业机会。尤其是那些学过中文、能够比较好地与中国人"打交道"的人，在外交部门、设于中国通商口岸的德国贸易公司，或者后来在1897年被占领的青岛找到了工作。这样一来，他们就由在中国的德国专家转变为德国

---

① Pauli, „Die deutsche Militärinstrukteure im Auslande ", *Vossische Zeitung* Nr. 411（7.9.1904）.

② Pauli, Der heutige Infanterie-Angriff.

的中国专家，并由此成为两国文化的中介。

与李宝的行为相反，由李宝带到中国来的四位军士克勤克俭，十分低调，他们的工作总体来说是非常成功的，至少就其与中国雇主的关系而言如此。贝阿曾经在山海关主持过一所炮兵学校，虽然只干了一年就自愿放弃了为期三年的合同，但其上司叶志超将军对他十分满意。即使已经回到德国，李鸿章依然补授贝阿四等双龙宝星。① 叶志超本人一直十分关心这所学校。该校有96名学员，火炮实射训练所需一切用于购买材料和弹药的经费都得到了批准，而且贝阿还拥有一位名叫吴器堂的私人翻译，其月薪为40两白银。② 该校为天津武备学堂的分支，贝阿的德国上司李宝就在天津武备学堂授课。由此可见，李宝在1885年带领其学生到山海关实习，此事并非偶然。贝阿离职后，叶志超与吴器堂一起继续经营该校，直到1890年10月，削尔才承担了那里的教学任务。

削尔最初在大沽负责炮兵的培训。1886年，他被调到旅顺口接替汉纳根堂弟额德茂（Woldemar von Hanneken）在那里的工作，与瑞乃尔一起指导中国士兵演练重型海岸火炮。1889年，他被礼和洋行（Carlowitz & Co.）雇用，该公司是马格德堡 - 巴考格鲁森工厂等企业的代理。③ 1890~1894年，削尔重组了山

---

① 《洋教习请奖片》（光绪十四年十二月初十日），吴汝纶编《李文忠公（鸿章）全集》（3），第306页。
② 《海防经费报销折》（光绪十三年十一月二十六日），吴汝纶编《李文忠公（鸿章）全集》（3），第217~233页；《海防用款立案折》（光绪十四年八月二十日），吴汝纶编《李文忠公（鸿章）全集》（3），第280~285页；马昌华主编《淮系人物列传：李鸿章家族成员·武职》，第221~225页。
③ BArch Berlin R 901/29896 Frhr. Von Seckendorff an Reichskanzler, Nr. 73, 20.10.1890.

海关炮兵学校,并且担任首席教官。① 学校最初有46名学员,削尔想要用一个为期两年的课程将他们培养成教官。授课的内容包括火炮知识、中文、数学、炮兵学理论、德语和绘图。每个月举行三次小型考试,每三个月举行一次大型考试。削尔领导下的炮兵学校最著名的学生是王士珍。他来自驻扎于正定县的练军,1888年在天津武备学堂结业后被重新调回原部队任职。② 削尔与叶志超的关系也十分融洽。他曾就学校创办之事写信给司艮德说:

> 人们从最好的意愿出发,没有办法改善的其余事项无论在哪里都是一样的。但在我所认识的较高级别中国官员中,叶志超是唯一具备明智见解并且愿意学习的。他能在练兵场上足足站立三个小时,亲自监督、鼓励士兵操练,这样的提督在中国恐怕找不出第二位。③

削尔所说的"其余事项"指的是中国军队内部腐败的管理体系。正如削尔向天津武备学堂铁路科教师包尔所说的那样,连这位有着明智见解的将军也每年将5万~6万两白银装入自己的腰包,比如通过裁减兵员的办法。他得到的是每个营

---

① BArch Berlin R 9208/9, 23 – 24 Übersetzung der kurzen Notizen über die im Yamen des Generalgouverneur erledigten Angelegenheiten, Eintrag vom 22. 4. 1890; BArch Berlin R 901/29896 Frhr. von Seckendorff an Reichskanzler, Nr. 73, 20. 10. 1890.

② Howard Boormann, ed., *Bibliographical Dictionary of Republican China*, vol. 3. New York: Columbia University Press, 1979, pp. 393 – 395.

③ BArch Berlin R 901/29896 Auszug aus einem Schreiben des Instrukteurs Schaller vom 3. Oktober 1890 an den Kaiserlichen Konsul Freiherrn von Seckendorff.

编制500名士兵的拨款,但在最好的情况下,营里只有240人。通过减少骑兵部队的马匹配给量或者压缩士兵的粮食定量,他还能获得额外的收入。他的名义薪金是每年8000两白银(大约38000马克),但根本不能全额享有这笔钱,因为会被北京的户部挪用。对此,他只能听之任之,不敢流露出任何怨言,因为他不能不担心北京官员的激烈攻击。① 若不对这种状况漠然置之,是不可能在中国长期任职的。这些事项的结果直到甲午战争时期才清楚可见。1894年末,李鸿章派遣削尔到驻扎在朝鲜边界的中国军队担任侦察员。他看到正在行军的中国士兵根本不守纪律,也不服从上级指挥。被派遣到东北几个地方的中国军队与本地的军队不是勠力同心共抗外敌,而是相互为敌。临时拼凑起来的雇佣军也非常敌视外国人,以致削尔眼见自己性命难保,不得不半途而返。② 他回到了山海关,试图在那里指导为保卫直隶而从中国南方调拨来的士兵练习射击。这些士兵大部分是刚刚征募入伍的新兵,从未使用过毛瑟枪。但是刚愎自用、从未与外国人打过交道的华南军队指挥官拒绝了他的帮助。③ 1896年,削尔在开平和芦台培训聂士成将军经过改革的军队,该部队的士兵大部分出自原先周盛传的盛军。④ 1898年4月,因为俄国人就德国军官滞留中国北方一事

---

① Tagebuch Georg Baur, Bd. 3, Eintrag vom Mittwoch 16. Dezember 1891.
② BArch Berlin R 9208/146, 63 - 67 Speck von Sternburg an Schenck zu Schweinsberg 7. 10. 1894; ebd.: 71 Schenck zu Schweinsberg an Reichskanzler 9. 10. 1894.
③ BArch Berlin R 9208/99, 180 - 81 Schenck zu Schweinsberg an Reichskanzler Nr. 24 26. 1. 1895; ebd., 177 Hildebrand an Seckendorf 20. 1. 1895.
④ BArch Berlin R 9208/498, 134 - 137 von Broen an Heyking 2. 3. 1897; Powell, *The Rise of Chinese Military Power*, p. 83.

第八章　远离中国：30位原教官的宿命 / 281

提出抗议，削尔被从开平调往新建的山海关铁路学堂，以便在那里教授英语、数学、物理等课程。但在他到达学校后，刚刚就任监督的吴调卿对他极不友好。尽管对这一工作没有什么特别兴趣，削尔还是尽职尽责地履行了他直至1899年3月才到期的合同。后来他又在成立于威海卫、由英国人管理的中国人连队谋求到了一份教员兼翻译的差事，任期三年，并且条件十分优厚（据说自第二年起薪金高达600英镑）。削尔能讲一口流利的中国话，但不能阅读，更不会写中文。① 这个中国人连队在1900年八国联军镇压义和团的战斗中，参加了攻占天津东局子的行动。削尔本人没有随军，因为该军队中还有其他的英国教员。于是他试图在东亚远征军中谋得一个翻译职位。此事没有成功，因为他的英国雇主执意要他遵守合同规定，履行提前3个月提出辞呈的义务。② 虽然没有直接参加镇压义和团运动的行动，但此后在中国还是盛传他在义和团战争中参加了与中国军队交战行动的谣言。因此之故，削尔再也没有机会供职于中国了。③ 1904年，他在天津德国租界担任技术职员。1906年，他再次被德国礼和洋行雇用，该公司自这一年起成为克虏伯公司的代理。1906年，他以礼和洋行职员身份陪同由端方带队的考察西方国家宪政的中国代表团前往

---

① BArch Berlin R 9208/498, 347 - 348 Eiswaldt, Tianjin, an Heyking, Nr. 43, 7. 4. 1898; ebd., 368 - 370 Schaller an von Ketteler 30. 5. 1898; ebd., 364 von Ketteler an Reichskanzler, A. 66, 2. 4. 1899.

② BArch MA RM 38/53, 300 Schaller (aus Weihaiwei) an Lenz 13. 7. 1900; BArch MA RM 38/54, 346 - 347 Schaller an Lenz 25. 7. 1900.

③ BArch MA RM 2/1860, 113 - 114 Telegramm Wolffbüreau an Wilhelm II. 30. 6. 1900; BArch Berlin R 9208/501, 37 Baur an Legationsrat 24. 3. 1902; ebd., 114 - 115 F. Schaller an von der Goltz 24. 6. 1903.

欧洲。① 礼和洋行请求上海总领事向外交部推荐削尔。原为克虏伯公司在中国的技术和商务代理，此时变成基尔弗里德里希-克虏伯日耳曼尼亚造船厂股份公司（Fried. Krupp Germaniawerft Aktiengesellschaft）新任主管的包尔称他是"一位在与中国人交往方面特别娴熟、个人品行高尚的人"，② 并极力加以推荐。

出自马格德堡陆军部队炮兵军团第 4 部的第三位军士坤士在天津武备学堂当教员，直至 1887 年 10 月。后来他请求巴兰德出具一份推荐信，因为他拥有公务员证书，具备军事候选人资格。他想要返回德国，在那里继续过一种原普鲁士军士惯有的正常生活，先是做助理，通过考试后再出任官员。③

艾德是随李宝来华的第四位军士，他自 1887 年起在天津武备学堂为青少年班讲授火炮操作方法和德语。他在该学校工作了 13 年。④ 1890 年底，铁路科成立，他在那里附加讲授德语、地理和数学。⑤ 就是在德国政府看来，他也算得上"一位勤勉、谨慎的军士"，真正具备德国绅士期待他所属等级之人应有的品格。⑥ 而艾德从中国政府多次获得嘉奖，例如四等双龙宝星、中国守备军衔（相当于德国中尉）和三等第三双龙

---

① BArch Berlin R 9208/502, 115 - 119 Scholz (stellv. Generalkonsul Shanghai) an Bülow 1. 2. 1906; ebd., 120 - 122 Carlowitz & Co. an Scholz 31. 1. 1906.
② BArch Berlin R 9208/502, 115 - 119 Scholz (stellv. Generalkonsul Shanghai) an Bülow 1. 2. 1906.
③ BArch Berlin R 9208/493, 108 - 109 Kuntzsch an von Brandt 13. 9. 1887.
④ BArch Berlin R 9208/494, 53 - 58 Feindel an von Brandt 11. 4. 1889.
⑤ Tagebuch Georg Baur, Bd. 2, Eintrag vom 11. Januar 1891.
⑥ BArch Berlin R 9208/498, 121 Eiswaldt an Heyking 6. 3. 1897.

宝星。① 1900 年 6 月，天津武备学堂被远征中国的八国联军摧毁，艾德因此失业了。有人把他描写为一个"久病衰朽，精神不再正常的人"，② 因为他计划将天津武备学堂告上法庭，索取赔偿。1903 年，艾德移居日本长崎，但已经病入膏肓，大概不久就死在那里了。③

到 1887 年还待在中国继续从业的德国军人都被证明是能干之人，他们后来在德国或者更确切地说在中国得到了普遍认可。高恩士属于冯·德·戈尔茨（von der Goltz）贵族较远的一支，供职于土耳其的著名将领科尔马尔·冯·德·戈尔茨，即戈尔茨·帕沙（Goltz Pascha）就出自该家族。高恩士 1887 年成为德国驻华公使馆的翻译，并在外交部门稳步晋升。他在中国最终当上了公使馆参赞，并在 1902 年成为公使代办。后来他又到暹罗（今泰国）担任德国公使。他终生未婚，1917 年 4 月 22 日在德累斯顿的"白鹿"区寓所（Weissen Hirsch）去世。④

那珀早在 1887 年夏天就考虑离开中国，7 月提交了一份上呈德国最高当局的申请书要求重新回到普鲁士军队工作。德国

---

① 《学堂洋员请奖片》（光绪十四年八月二十日），吴汝纶编《李文忠公（鸿章）全集》（3），第 279 页；《学堂洋教习请奖片》（光绪十七年二月初一日），吴汝纶编《李文忠公（鸿章）全集》（3），第 471 页；《直隶总督王文韶片》（光绪二十二年二月十八日），中国第一历史档案馆编《光绪朝朱批奏折》第 112 辑，第 165 页。
② BArch Berlin R 901/29066, 36 Eiswaldt, Tianjin, an Auswärtiges Amt 21. 12. 1900.
③ BArch Berlin R 9208/501, 106 – 107 Erkardt, Tianjin, an Mumm, Nr. 128, 4. 6. 1903.
④ Goltz, Gerlach, Nachrichten über die Familie der Grafen und Freiherrn von der Goltz, S. 222；中国社会科学院近代史研究所翻译室编《近代来华外国人名辞典》，中国社会科学出版社，1981，第 172 页。

公使巴兰德为他写了一封推荐信。① 那珀的申请得到了批准，他重新开始了在步兵军团第 45 部担任中尉的军旅生涯。② 而作为一位有中国经历的人，他在德国占领胶州湾后被任命为山东铁路线专员。1900 年，他又被分配到保罗·冯·霍普夫纳（Paul von Hoepfner）少将东亚远征军参谋部。在此期间，他已经晋升为少校了。③ 后来，他成为驻扎在基尔的第一海军营的指挥官，曾在 1904 年率队与海军远征军一起前往德属西南非洲，参加镇压赫雷罗族人（Hereros）起义的军事行动，今公认为犯有种族灭绝的战争罪。1908 年 10 月，在担任了半年海军步兵部队督察之后，那珀升任帝国殖民署护卫队司令，并在这一岗位上任职到去世前的几天。④

巴恩士在天津武备学堂主要讲授永久性防御工事和野战工兵勤务课程。在 1887 年 11 月离职时，他从总办杨宗濂那里获得了一个对其在武备学堂所做工作的积极评价，以及准备授予他勋章的许诺。⑤ 但因天津的奢靡生活，每月 1000 马克的高额中国薪金也不能使他留有积蓄。基于通过领事馆上

① BArch Berlin R 901/33640, 124 Aktenverweis 8.7.1887; ebd., 157 – 163 von Ketteler, Tianjin, an von Brandt 10.10.1887.
② BArch Berlin R 9208/451, 41 – 45 Feindel, Tianjin, an Reichskanzler, Nr. 43, 6.5.1889.
③ BArch MA RM 2/1860, 28 Telegramm Hahnke an Wilhelm II. 20.6.1900; BArch MA RM 2/1860, 29 Hahnke an von Senden 20.6.1900.
④ Herrmann Christern (Hrsg.), Deutsches Biographisches Jahrbuch. Berlin: Deutsche Verlagsanstalt, 1914, S. 283 – 284; Rangliste, Rangliste, Rang-und Quartierliste der Königlich Preussischen Armee für 1905. Berlin: Mittler, 1905, S. 1144; Wegmann, Formationsgeschichte und Stellenbesetzung der deutschen Streitkräfte 1815 – 1990, Bd. 1, S. 379, 579.
⑤ BArch Berlin R 9208/493, 112 – 113 Hecht an von Ketteler 26.9.1887; ebd., 127 Verfügung Daotai Yang an Hecht 14.11.1887.

第八章　远离中国：30位原教官的宿命 / 285

呈的经费资助请求，克林德批拨了一笔额外月薪作为补偿金。① 巴恩士或许还从杨宗濂那里获得了一份写给台湾巡抚刘铭传的推荐信，因为后来有杨宗濂也曾为李宝少校写过此类信函的说法。② 巴恩士没有返回德国，而是在1888年4月到刘铭传那里任职了。刘铭传出自李鸿章的淮军。他作为铭营的创建者，是该军最重要的指挥官。中法战争期间，他在受到法国人封锁的台湾岛直接指挥作战，曾经重创企图登陆的进攻者。在1885年创办天津武备学堂时，李鸿章也要求他派遣学生到学堂就读。同年，台湾被升格为行省，他本人则被任命为该省巡抚。刘铭传也作为一位坚定的19世纪改革者闻名。他改善了税收制度，建立了煤矿企业，修建了一条铁路，建造了一个兵工厂，架设了数条电报线并创办了一所电报学校，以及位于台北的西式官医局和一所西式学校。除此之外，他还在台北修建了街道，安装了街道照明设备。③
自1888年起，他在岛上开始了修缮和扩建海岸防御工事工程。1888年4月，他雇用巴恩士少尉作为工程师军官，让他负责设计和建造10座新炮台，修缮3个旧要塞，这3个旧要塞分别位于台湾北部的澎湖、基隆和沪尾炮台、台湾南部安平和旗后（当时称作打狗，今高雄附近）。④ 作为防

---

① BArch Berlin R 9208/493, 124 – 126 Von Ketteler an von Brandt 21.11.1887.
② BArch Berlin R 9208/451, 70 – 75 Feindel, Tianjin, an Reichskanzler, Nr. 54, 13.6.1889.
③ 马昌华主编《淮系人物列传：李鸿章家族成员·武职》，第149~162页；陈圣士：《刘铭传与自强运动》，中研院近代史研究所编《清季自强运动研讨会论文集》下册，1988。
④ 刘铭传：《修造炮台并枪炮厂急需外机器物料片》（光绪十五年五月初七日），中国史学会主编《洋务运动》（2），第606页；陈圣士：《刘铭传与自强运动》，《清季自强运动研讨会论文集》下册，第416页。

御工事建筑师和军队教官,巴恩士与汉纳根同期在中国北方接受的任务相似。他的工作成效显著。克虏伯公司的技术代表福合尔上校曾在1890年参观过中国沿海所有防御工事,对位于基隆和淡水(大概是指沪尾)的炮台赞不绝口。他还称赞一座刚刚竣工的海岸炮台是"整个沿海一带建造得最好的炮台之一";① 与之相反,对于汉纳根在北方建造的工事,福合尔颇有微词。② 1891年,刘铭传卸任台湾巡抚,表面看是出于身体健康原因,但普遍认为他的离职当归咎于保守派势力作祟。对于这些人来说,他的改革过于激进了。③ 刘铭传离职后,布政使沈应奎以代理巡抚的名义上奏朝廷,为巴恩士申请三等第一双龙宝星,作为他在建造基隆炮台方面所做突出贡献的奖励。④ 1891年春,先前襄办台湾防务的邵友濂成为台湾新任巡抚。邵友濂1879~1881年曾出任驻俄公使,是少数几个拥有国外经历的中国高级官员之一。尽管如此,在台湾历史上他是这样一个人,即以节约为由,将刘铭传开始的许多庞大的现代化工程一一取消了,例如西式学校、医院、台北的电子照明设施等,原先由刘铭传招聘的外国人也都被解雇了。但在对外防御方面,他未敢掉以轻心。巴恩士留在台北为他效力,委托他继续从事淡水炮台的

---

① BArch Berlin R 9208/489, 11 – 16 Bericht Vogels für den Gouverneur von Fujian 12.2.1890.
② 汉纳根曾对福合尔干预其建造计划之事提出过抗议。BArch Berlin R 9208/471, 99 – 104 Hanneken an von Brandt 22.1.1891.
③ Arthur William Hummel, *Eminent Chinese of the Ch'ing Period*, vol. 1, Washington: U.S. Government Printing Office, 1943 – 1944, pp. 526 – 528.
④ 《护理福建台湾巡抚布政使沈应奎折》(光绪十七年八月二十六日),中国第一历史档案馆编《光绪朝朱批奏折》第112辑,第157页。

修缮工作。① 邵友濂甚至根据德国驻安平副领事的一份报告，任命巴恩士担任他的军事顾问。他指示全体军队指挥官在所有可能的问题上都要征求巴恩士的意见和建议。在结束修缮工程后，巴恩士留在淡水指导炮台驻军操作火炮，并且获得了可对其所培训的士兵实施奖惩的权力。这是一种极其敏感的事务处理方式，只在极少数的情况下授权给外国人。② 巴恩士的最后工作是在1892年初，培训来自基隆和台北的士兵操作6门口径53毫米带炮架的速射火炮；这些火炮还是由刘铭传从马格德堡格的鲁森公司（Firma Gruson）订购的。③ 与大陆的情形不同，德国火炮在台湾很少得到使用，因此，对许多人来说操作德国火炮是全新事务。台湾的火炮，特别是大口径海岸火炮全部是由英国公司阿姆斯特朗（Armstrong）制造的，该公司的代理商是怡和洋行。斯宾士（William Spence）在台湾非常积极地为该公司效力，他与刘铭传有着十分密切的私交，因此怡和洋行作为台湾所有现代化举措的唯一中介地位得到了有力保障，直至刘铭传最终受到保守派人士的排挤。④ 退役少尉巴恩士1892年11月在淡水去世，死在中国任上。⑤

　　李曼在天津自来火公司冒险受挫后，几经磨难，但还是成

---

① 马昌华断言巴恩士同样被邵友濂解雇了，这是不对的。马昌华也未意识到，鲍恩士和巴恩士是同一个人。马昌华主编《淮系人物列传：文职·北洋海军·洋员》，第432页。
② BArch Berlin R 9208/481, 17 Merz, Anping, an Reichskanzler, Nr. 23, 16.4.1892.
③ BArch Berlin R 9208/481, 18 Hecht: Bericht, Tamsui im März 1892.
④ Le Fevour, *Western Enterprise in Late Ch'ing China: A Selective Survey of Jardine, Matheson & Company's Operations*, pp. 87–88.
⑤ BArch Berlin R 901/29062, 44 Aktenverweis 23.11.1892.

功地重新站立起来了。在丧失中国工作岗位时，他已经36岁了，1887~1890年他一直处于失业状态，只能依靠他朋友满德的接济过活；后者是克虏伯公司的中国代理。李曼想要得到克虏伯公司的正式聘用，但未能如愿。1890年底，他终于在设于上海的瑞记洋行（Arnhold, Karberg & Co.）——一家在政府业务中颇具声望的德国公司——获得了一个职位。于是，他在上海与克虏伯的中国代理展开了竞争。到了1895年，他已经在其服务的洋行成为领导，并以这一地位与张之洞签订了一份高达100万英镑的贷款协议。①

财务候补官员美克在适应中国工作环境方面做得最好。他非常娴熟地掌握了中文，长期任职于海军衙门，担任水师营务处道员罗丰禄的私人秘书，以将中文文件翻译成外文和将外文文件翻译成中文为主要工作。② 1891年底，李鸿章上奏朝廷，为他申请三等第三双龙宝星。③ 1892年，美克将其家属接到中国，但其妻子和四个孩子当中的两个未过多久就因染上霍乱而

---

① Tagebuch Georg Baur, Bd. 1, Eintrag vom 18. Oktober 1890; BArch Berlin R 9208/495, 11 Verhandlungsprotokoll Lehmann mit Frhr. Von Seckendorff, 31.8.1889; BArch Berlin R 901/29895, von Ketteler an Reichskanzler, A. 225, 27.6.1889; BArch Berlin R 9208/4471, 125 - 126 [Krupp'sche Angentur Shanghai] an von Brandt 8.6.1891; BArch Berlin R 9208/145, 1 - 2 Eiswaldt, Tianjin, an Schenck zu Schweinsberg 30.7.1894; BArch Berlin R 9208/509, 433 - 436 Übersicht über abgeschlossene Anleihen 1875 - 1895; BArch MA RM 38/54, 245 - 248 Kommando „Gesion", Rollmann, an Kommando Kreuzergeschwader 30.7.1900.
② Tagebuch Georg Baur, Bd. 1, Eintrag vom 18. Dezember 1890; ebd., 24. Dezember 1890.
③ 《洋员请奖片》（光绪十七年九月初六日），吴汝纶编《李文忠公（鸿章）全集》（3），第524页。

亡。① 他本人大概继续在中国工作，直至 1897 年罗丰禄被调往英国担任中国公使为止。1899 年，美克仍侨居天津。② 他原先并不重视与天津德国人圈子的联系，尤其不屑加入德璀琳－汉纳根团伙，但在 1890 年代末，他与德国领事艾思文（Jur. R. Eiswaldt）和德国公使海靖关系良好，而后两人是持帝国主义立场、主张对中国采取强硬措施的代表，也是由诸如德璀琳和汉纳根体现出来的通商口岸精英商业利益的反对者。③ 义和团运动期间，美克重新回到德国，凭借中国通的资质出任东亚远征军的代办人（例如为运输物资征募苦力等），并在瓦德西（Grafen Waldersee）的参谋部担任翻译。他的第二任妻子（他第一任妻子的姐妹）早已带着孩子们返回德国了。不久之后，美克也回到了德国，与家人一起定居汉堡，大概在 1905 年去世。④

在华南使团的军官和军士当中，威勒西因为此前在一家香港公司工作过，后来他重新在香港找到了工作，并且干得风生水起，甚至成了军火商韦格纳·劳茨公司（Wegener Lauts & Co.）的合伙人。⑤ 郎概则被驻北京德国公使馆聘为翻译，签

---

① Tagebuch Georg Baur, Bd. 5, Eintrag vom 2. November 1892. 相关信息来自美克的外孙女伊迪莎·亨门女士。
② Folsom, *Friends, Guests, and Colleagues*, p. 140.
③ 1898~1899 年天津德国领事馆发给美克的邀请函，由伊迪莎·亨门女士收藏。包尔称美克是一头"猪"，但未详解其故。Tagebuch Georg Baur, Bd. 4, Eintrag vom 25. Januar 1892. 这一看法大概涉及美克与德璀琳之间的紧张关系，后者与克虏伯代理商满德关系密切。Schmidt, Aufgabe und Einfluss der europäischen Berater in China, S. 83-84.
④ BArch MA RM 38/70, 134-135 Weniger, Tianjin, an 2. Admiral 7. 9. 1900. 相关信息来自伊迪莎·亨门女士。
⑤ BArch Berlin R 9208/465, 158-161 Lang, Hongkong, an Reichskanzler 9. 8. 1900.

订了一份为期 10 年的工作合同。郎概能讲一口流利的中国话，有一位法兰克福新闻记者在 1898 年与他不期而遇，发现他竟能够用中国话讲笑话。后来，他官至德国驻山东济南领事，1904 年死于任上。①

唯一直到 20 世纪还在为中国工作的是马驷。马驷曾于 1896 年 3 月返回德国。② 他加入了泛德意志同盟（Alldeutschen Verband），并且是德意志帝国军舰政策的积极拥护者。尽管如此，他仍与中国长期保持联系。回到德国后，他很快就登门拜访柏林的中国公使馆。公使许景澄早已接到两广总督谭钟麟的推荐信，于是便非常友好地接待了他，并且聘用他为向中国转运三艘在伏尔铿造船厂订购的带有鱼雷设备的巡洋舰事宜的顾问。③ 在李鸿章访问德国期间，马驷曾陪同他参观斯德丁、科隆和埃森。但克虏伯公司在埃森赫格尔别墅（Villa Hügel）举行招待会时，并没有邀请他。④ 1898 年 5 月，马驷登上了海筹号，带领海容号、海琛号、海筹号三艘巡洋舰前往中国（这三艘军舰一直服役至 1937 年）。⑤ 1898 年 9 月 16 日，马驷与设在天津的海军衙门签了一份新的、为期 6 个月的工作合同，出任"北洋水师战舰首席鱼雷官和电器师"，而其任务则被确定为，"应听从海军部门主管的派遣，到舰队各船监督鱼

---

① BArch Berlin R 9208/668, 187 von Brandt an Reichskanzler, B. 175, 2.11.1887; ebd., 189 Verpflichtungserklärung 2.11.1887; Goldmann, Ein Sommer in China, Bd. 1, S. 123, 127;《近代来华外国人名辞典》，第 165 页。
② 以下段落，如无专门注释，均以 Kretzschmar, Lebensgeschichte der Ernst Kretzschmar, S. 170 – 231 为依据。
③ BArch Berlin R 9208/490, 138 – 141 Baur an Heyking 25.12.1896.
④ HA Krupp FAH 3 C 44, 81 Liste der Delegation ［Besuch am 29.6.1896］.
⑤ 姜鸣编著《中国近代海军史事日志（1860—1911）》，第 285 页。

雷武器和电子照明设备的养护；他还应在理论和实践两方面指导中国海军军官和士兵处理一切与鱼雷和电子设施相关的事务"。① 因为中国的军港旅顺口和威海卫此时都被外国人占据着，北洋舰队只能在南京附近过冬，马驷不得不在那里监管船舰的鱼雷设备。1899 年 4 月，时任两广总督的李鸿章请求马驷留下来继续工作。5 月，他接到命令前往颐和园，任务是将 8 年前由他购买的电子照明设备安装起来，此外还要建造一套可用于消除火灾的输水管系统。② 1899 年 11 月，义和团运动爆发前的几个月，马驷再次返回德国。他在颐和园的工作使他赢得了第二枚中国勋章——三等第一双龙宝星。③ 作为对他"在一定程度上推动了目前正在进行的有利于海军建设规划运动"的认可，威廉二世根据帝国海军部的建议，在 1900 年擢升他为预备役海军上尉。④ 马驷对德国帝国主义海军建设计划的爱国主义支持和他对昔日雇主中国的忠诚，这两者在今天看来似乎是相互矛盾的，但在当时并没有使他陷入无法解决的良心上的冲突。1902 年，马驷甚至成为中国公司义信洋行（Bielfeld & Sun）的德国代理。这个贸易公司是由利奥波德·

---

① BArch MA N 522/2, 45-47 Vertrag zwischen E. Kretzschmar und Naval Secretariat Tianjin 5. 10. 1898（gültig ab 16. 9. 1898）.

② Kretzschmar, Lebensgeschichte der Ernst Kretzschmar, S. 185-190. 马驷在其自传中没有提到他早年购买电子照明设备一事，反而说所有电子部件都是他此时新买的。从上面已经援引过的史料来看，情形完全不同。

③ BArch MA N 522/2, 63-64. 三等第一双龙宝星证书，光绪二十八年三月十一日（1902 年 4 月 18 日），批准日期是光绪二十七年十二月二十二日（1902 年 1 月 31 日）。

④ Kretzschmar, Lebensgeschichte der Ernst Kretzschmar, S. 195；BArch MA N 522/2, 51 Staatssekretär des Reichsmarineamts Scheer an Kretzschmar 25. 6. 1900.

比尔费尔德（Leopold Bielfeld）信义洋行的两个前员工与孙仲英（信义洋行的前买办）1901年在天津成立的，主要在中国的"政府业务"领域活动，也就是说主要从事军火、机械工业原材料的买卖。它在中国与克虏伯公司——威廉德国的标志之一——展开了激烈竞争。① 孙仲英是该企业的真正灵魂，他由此摆脱了买办的阴影，较早地建立了中国的对外贸易公司。根据马驷的回忆，孙仲英投入的资本占公司总资本的70%以上。但为了不丧失领事的法律保护，该公司向德国领事馆宣称，信义洋行持股在50%以上，而德国领事馆对于克虏伯的竞争者并不特别支持，但也没有查出该公司虚报占股比例。② 马驷参与了该公司直至1910年在德国的所有种类的采购业务，包括工厂设施、机器、武器和其他军事物资等。1910年，马驷将工作转交给了他的合作者，以年满55岁为由退休。他在其出生城市吕本度过了晚年，是颇受尊重的市民、泛德意志同盟成员和当地共济会分会委员（Freimaurerloge），1936年去世。

三　德国教官的中国观

除了马驷的自传，只有少量文献可以使人获取与这批德国教官中国观的信息。根据现有的言论来判断，首先是在旅居天津的教官当中，失望和厌恶占主导地位。对于19世纪的中欧人来说，中国是一个落后、令人不快的国家。如果想

---

① PAAA R 17895 Militärbericht, Nr. 15, 8. 3. 1905.
② PAAA R 17900 Knipping an Bürow, Nr. 8. 7. 1. 1907; Kretzschmar, Lebensgeschichte der Ernst Kretzschmar, S. 198 – 200.

要找地方休养，他们宁愿去日本，也不去中国避暑胜地。中国文化、中国文学和哲学优美的一面还没有向外国人展现出来。

1892年，莱比锡有家出版社出版了一本名为《中国，由中国军队的一位前任教官所写》(China, von einem früheren Instrukteur in der chinesischen Armee) 的小册子。该书充满了老生常谈的陈词滥调。有关中国的政府、特点、习俗、文化、军队、宗教、教育、语言、音乐、戏剧等的许多短论，即使是从未到过中国的人也能写得出，因为许多内容抄自他书。但是有关军队的段落表达了许多前教官的见解。相较于现代军队，中国军队呈现出一幅落后和腐败的景象。

中国的防御工事——堡垒，在今天还都是非常可笑的：大四边形或多边形，没有壕沟的陡峭泥土墙的数道长线，有的还没有侧翼和桁架，偶尔有经常是随意选取的并行排列和前后排列的几个点位，其上的胸墙大都只有1/3米至1米厚，而在实际上距离地面和外堤7米高时，城墙需要有不超过45度的倾斜。为了蠢上加蠢，在假胸墙后面架设口径15厘米的克房伯火炮……士兵的给养和装备由督抚和统领按一定的额度以现金形式拨发给将军和兵营指挥官。但军官大多只能得到应得钱款的2/3甚或1/4。对此，高级官员们心知肚明，他们要与军官分享利益。经常有整个兵营及附属设施被或短或长时间撤除，但在账面上予以保留。士兵的军饷大都极少，经常不足以维持生计，必须干些私活才行。长期服役或因公致残的抚恤金根本无从谈起。能够招募来的大部分是贱民、恶棍而不是士兵。在战争中，只有较高数额的军饷和抢劫掠夺前景能鼓励一下士气。如同昔日的欧洲，掠夺和奖赏在亚洲是提高军队战斗力的主要手段。士兵要承担站岗放哨任务。但在兵营中，这一勤务经常被忽视，甚至根本没有岗哨。将军和兵营指挥官大都不亲自训练军队，而是把这一差事交由教练来承担。①

至于通过欧洲教官来改革这种状况的前景，作者的看法非常悲观。他们并不给教官必要的权力，也不存在实行真正改革的意愿。

外国教官大都无法施展引进一种适用战争需要的军事训练和组织办法。人们只让外国教官担任教师和教练。没有任何外国军官拥有指挥权或者一般参谋或副官的权限……毛奇元帅曾在其关于1818～1829年俄土战争的著作中写道："如果说君士坦丁堡的当政者并不懂得欧洲战术的精神，某些外在事物和细节与可能会阻止战争胜利的神奇宣誓仪式是完全一样的，这样说并不为过。外国教官一直是个被低估的团体。军队的领导权始终掌握在土耳其人手中，而他们在战术方面只知道操练章程……骑兵们学习组合骑乘和按节拍运动的速度，却忘记了野蛮奔跑的激情，在学会了新近获得的耐心的同时，丧失了古老的狂热精神。"按照欧洲模式来训练中国军队的情形与之类似。在

---

① China, von einem früheren Instrukteur in der chinesischen Armee. Leipzig: Verlag Otto Wigand, 1892, S. 42–43.

操练的外在事物和细节，中国人与土耳其人一样，只看到为赢得胜利而举行的宣誓仪式，也就是说一些对于战争无关紧要或者毫无用处的东西。训练科目主要是正步走（作为练习也有慢步走、齐步走、列队行进）、吹哨、击鼓、大声发布命令。实战训练极其罕见。多兵种、多部门参加的实战演习几乎从未举行。实弹射击也很少，因为购买弹药要损耗军官和官员的钱财，而且大部分也需从国外进口，这也使其储存和补充越发困难。在实弹射击训练中，中国人打得很准。他们有非常好的视力，并且很沉稳……现在，若干团队中的大部分人是临时租用的普通苦力，为期几个月，甚或只是一两周、三四天。在这样的团队中开展培训自然是毫无意义的。低级军官的情况大体一样。有些较高级的军官根本不懂得军事勤务，他们只把管理兵营或兵营所属设施当作一项挣钱的营生。有些能写会算者和较高级军官的年轻参谋被送入几年前在天津创办的武备学堂学习，而其中的大多数人从没有做过真正的军事勤务，甚至也不抱长期从事这一行业的想法。①

作为结论，作者断言：占领北京和中国北方港口，2万士兵就足够了。② 那么，这本小册子的作者是谁？对于这一问题，本该很难做出回答。但鉴于写作背景，李宝少校有可能隐身其后。此书出版之际，李宝正住在德国，并且除了写作，没有其他工作可做。爱弗谞同样有可能是其作者。这位"原天

---

① China, von einem früheren Instrukteur in der chinesischen Armee, S. 44–45.
② China, von einem früheren Instrukteur in der chinesischen Armee, S. 51.

津第一教导军官"回到德国后,也积极从事新闻报道的写作。在 15 年后的 1900 年义和团运动期间,他成了备受追捧的"中国专家",并且在这年的下半年一直忙于为几乎每天都在《德国瞭望》(Deutsche Warte)日报上出现的"根据最新电报编写"的"中国动乱"专栏撰文。在一篇发表于 1900 年 11 月 16 日名为《中国的战争外债借款》(Die Aufbringung der Kriegsschuld Chinas)的文章中,他严词谴责主张赦免中国战争赔款的"中国人律师"和"恶劣的祖国朋友"。中国的贫穷"完全是因历经四千年不善经营而形成的腐朽状况,尤其是其官员不可救药的欺诈行为"导致的。因为"金牛崇拜"在中国比在世界上其他各地都盛行,所以只有把手伸进其钱袋子,才能让中国人感到切肤之痛。①

对于中国现状深感绝望是在原教官当中最流行的一种倾向。这种绝望和极其悲观的态度深深刻在他们的意识中,以致他们在许多年后都不能想象中国社会还有发生改变的可能。常年从事中国军队培训工作的汉纳根曾在 1900 年 6 月与德国东亚舰队指挥官费利克斯·冯·本德曼(Felix von Bendemann)相会于天津俱乐部,并且对他说,西摩远征军的 2000 名士兵足以"把中国的所有废物都扔到垃圾堆上"。他的这一言论当然是非常荒谬的。② 当德国政府在 1902 年考虑重新向中国派遣教官是否合适时,德国驻华公使馆新任武官亚历山大·冯·

---

① Theodor von Scheve, vormals erste Instruktionsoffizier zu Tianjin, „Die Aufbringung der Kriegsschuld Chinas", Deutsche Warte Nr. 315 B (16. 11. 1900).

② Marginalie Bendemann zu: BArch MA RM 38/57, 85 Chef des Admiralstabes der Marine Winkler an Bendemann 2. 11. 1900;关于西摩远征军的惨败,见 Fleming 1893: 74 – 90.

克莱尔（Alexander von Claer）极表赞同。原教官，此时为皇家公使代办的高恩士却坚决反对，认为这样做纯属冒险，即使认真挑选军官也不能保证能取得成功。创建一支能作战的中国军队的可能性受到许多知情人的怀疑，高恩士也是如此。据说，军官将被投入一项从一开始就被视为毫无希望的事情。

然而在毫无同情心、风俗和习惯方面根本不同的民众当中，恐怕只有具备一种坚强的贯彻于实际生活的自我克制品格的人才有可能维持工作，而这样的人是极少数的。大多数人，正如其前任曾经做过的那样，不是通过解除其合同关系来尽快结束这种难以忍受的状况，就是只管领取薪金而让事情放任自流。①

在此期间，日本教官训练出了一支组织结构全新的中国陆军，士兵在社会上的地位也有了根本改善。② 但是削尔在1910年，亦即军队接管了中国国家政权的辛亥革命前夕，还表现出极其悲观的情绪。

在前一年，军队毫无进步，即使人们想要建立禁卫军这类无用之物。而就目前的情况来看，禁卫军是由第一、四、六师的旧人组成的。尽管如此，他们还没有配备火枪

---

① BArch Berlin R 9208/501, 89 - 94 von der Goltz an Reichskanzler, A. 199, 29.7.1902; Befürwortung durch von Claer; ebd., 168 - 171 Militärattaché von Claer an Preussisches Kriegsministerium, Nr. 47, 27.12.1903.
② 熊志勇：《从边缘走向中心：晚清社会变迁中的军人集团》，天津人民出版社，1998。

和火炮，但已有将近200万两白银被挥霍掉了。这些经费出自陆军部，但禁卫军并不隶属于陆军部。因此，铁良（陆军部尚书）长年称病修养，他不再有任何兴趣了，其接任者却又一直难以找到。根据报纸报道，荫昌或许会接任，如果此事属实，那就只好说再见了（adieu）！诸如荫昌之流懒散懦弱的胆小鬼只适合做公子哥。面对欧洲人，他会扮演一个真正的柏林大人物，但他绝对不会被自己国人接受，他在各方面都软如绒毛，毫无见地，根本不能提振其同胞的战斗意志，如果真的成为接任者，他也没有勇气挑起大梁。……那个在江北清江府被称为"洋提督"的人或许更愿意留在柏林，因为他在那里不会做有害的事，可用其源语言的幽默继续迷惑人。但对于里里外外一团糟的中国军队来说，他的胸怀和度量委实太小了。①

在所有教官当中，马驷可谓最乐观和对中国最友好者。他在其回忆录中对一些令人不快的敏感事情可以保持沉默，但就是此人，也时不时流露出某种厌倦中国的情绪。② 然而，与李宝少校一样，他是极少数在某些方面认可中国的人之一。如他所说："对于作为帮助者和教师在中国人当中工作的白种人来说，只要他们从事本职工作，不多管闲事、招惹是非，中国人还是很有兴致，尽力友好款待的，对此，本编年史的著者就是一个活生生的见证人。我最终享有了就连我本人也深感惊讶的

---

① HA Krupp FAH 4 E 329 Schaller an Baur, Nanjing, 10.2.1910. Zu Yinchang siehe Kapitel 6.
② Kretzschmar, Lebensgeschichte der Ernst Kretzschmar, S. 206.

高度信任。"①

根据以上对在中国的一个德国人团体的详细考察，至少有一点是值得怀疑的，这就是在中国的外国人是否真的如历史学者在1995年5月曼海姆（Mannheim）研讨会上对在华外国顾问的跨文化经历而阐述的见解那样，在各种各样的忠诚和不同的道德体系中形成了一种双重身份认同？② 在认同养成方面，个人的自由实际有多大空间，外部因素又是在何种程度上发挥了一种决定性作用？

本书论述的教官身处直接的经济依赖关系。他们在最主要的收入来源方面依赖于他们的中国雇主。与此同时，在中国的工作又与许多无法预料的事情相联系。不仅仅是工作能力差或者与中国雇主闹矛盾导致了解雇。节省经费措施或一些政治原因同样可以导致辞退欧洲职员的后果，设法"另寻出路"是绝对必要的。大多数教官在开始其工作之后不久，就特别留意新的就业机会了。他们试图与驻中国的德意志帝国外交机构或者是设在通商口岸的德国或其他欧洲公司建立良好关系。"双重忠诚"（Doppelte Loyalität）实际是一种唯物的生存策略。教官们对在中国原本不重要的双龙宝星勋章表现出的极大兴趣，便是这种双重策略的标志。谁在这方面失败了，其结局就势必是悲剧性的。无论是式百龄还是艾德，他们都没有及时做好准备，没有把在中国的工作与之后的工作有机衔接起来。

这些压力对于身份认同产生了哪些影响？毫无疑问，与

---

① Kretzschmar, Lebensgeschichte der Ernst Kretzschmar, S. 191.
② Cheng Feng „Vorwort", *Comparativ* 9, 1999. Jg., Heft 4, S. 7 – 9.

一种陌生文化的遭遇会导致对个人的原有身份提出质疑。但是这样的文化冲击并不必然导致双重认同的形成或者对原有身份的放弃。现代作者经常是在跨文化研究的框架内探讨被派往国外的公司员工，即所谓的"外籍人士"（Expatriates）的行为模式和认同问题。在这里，他们的兴趣仅限于纯粹的实践层面，尤其是在优化公司业绩意义上的提高其外籍人士工作效率问题。可能导致产生误解和无法实现公司目标的文化干扰因素应当被排除，或者至少应当被减少。① 对于这里论述的军事教官，文化认同作为内在的认知定位系统也必须从其功效方面，亦即从它对个体本身生存的意义方面加以评估。

由此看来，把个人的"自适应轴"（adaptive Achse）无限远地推移到中国人的世界观和价值观上是没有用处的。② 除了可以在中国维持一种较高级的欧洲生活风格的高额薪金，中国对于德国教官几乎是毫无吸引力的。此外，与海关官员不同，教官们缺少在中国过安稳日子，必要时安度晚年的长远发展前景。当胡美利从海关工作岗位转到为两广总督效力时，他曾经

---

① Karoline Sader, Deutsche Mitarbeiter in China: Eine Analyse und Bewertung verschiedener Akkulturationsmuster. Berlin: Mensch und Buch, 1999.
② 文化心理学家用"自适应轴"概念来识别作为个体的人据以采取某种顺应策略的调整行为方式的文化定向坐标，当"自适应轴"自动朝另一种文化移动时，卡洛琳·赛德（Karoline Sader）便称其为"适应"（Akkomodation）。但此概念与罗梅君和余凯思使用的概念不完全相同，后两者称这种情况为"本土化"（Indigenisierung）。Sader, Deutsche Mitarbeiter in China, S. 53; Mechthild Leutner, Klaus Mühlhahn, "Interlulturelle Handlungsmuster: Deutsche Wirtschaft und Mission in China in der Spätphase des Imperialismus", in: Dies. (Hrsg.). Deutsch-chinesische Beziehungen im 19. Jahrhundert: Mission und Wirtschaft in interkultureller Perspektive. Münster: Lit, 2001, S. 37.

为其享受海关养恤金的权利进行过激烈斗争。① 如同在其他问题上，这一案例也证明，德国当局曾为其国家属员提供过比较有效的保护。没有人愿意放弃这种保护。为了避免中国的酷刑等惩罚，使自己如此严重地疏远家乡，以致放弃国家属性这一身份认同的物质基础，此类情况纯属例外。就是穆麟德也在他与巴兰德的争执得以平息而他本人又在中国海关中获得了一个稳定职位之后，立即收回了他曾经提出的退出德意志帝国国籍的申请。领事裁判权是阻止供职于中国的德国职员"本土化"入中国社会的一个重要因素。它与生存无关。

最后，这里所论述的所有人物都以这种或那种方式重新回归至少与他们比较接近的欧洲文化。削尔、李曼、穆麟德等人踏入了英语主导的通商口岸社会，而这个社会所代表的是完全独特、主要是商业性的利益。对于一个与家乡社会疏远了的人来说，这个社会具有显著优势。开放口岸相对自由的社会与等级分明的普鲁士大不相同，军士们恰恰可以在这里摆脱使他们当中某些思想不安分的人深感压抑的社会强制。另外，军官们一旦使自己适应了新的现实，也就经历了一个世俗化和民主化的进程。倾向于社会民主的《法兰克福报》通讯员保罗·戈德曼曾在1898年游历中国，他兴高采烈地评价了来华普鲁士军官的革新前景。

> 在主导着世界贸易重镇的那些伟大的和自由的关系中，军官惯常按照普鲁士传统带有低看平民，特别是商人

---

① BArch Berlin R 9208/496, 17-18 Hummel an von Brandt 27.4.1892; ebd., 61-62 Hummel an von Brandt 25.3.1893.

的那种优越感很快就消失殆尽了。上海远离波茨坦。有些军官在国外发展成为如此毫无偏见、如此自由、如此市民化（bürgerlich）思考的人，以致我渴望使之变成现实的那个理想油然而生，这就是把东亚完全当作针对某些普鲁士军官的教育机构来加以利用。①

如果说原先的教官成功地在这个社会中为自己谋取了一笔财富，那么，这就是他们在普鲁士的狭隘性与中国的不稳定性之间拥有了一条宝贵的中间道路。在这里所论及的所有人（不仅仅是李凤苞"使团"中人）当中，穆麟德是唯一获得了可以深入研究中国文学能力的人。也只是在他这里，人们可以凭良心说，他发展了一种双重文化认同。②

其他原教官有的留在中国为德国政府工作，有的彻底返回了德国。如果说在前面所征引的言论中无论继续留在中国者（但不再为中国工作）还是回老家的人，都对中国持消极看法。那么人们应当考虑，他们是为德国读者而这样写的，后者分享了他们对中国的偏见。这些言论是生存策略的一部分。论中国小册子的匿名作者肯定早已精确地瞄准了一个特定的读者群体，正如在义和团运动期间致力于描写中国的爱弗谔那样。在费利克斯·冯·本德曼面前，汉纳根必须恶言诋毁中国，为的是在危机时刻不表现出对中国友好的倾向。③ 削尔的任务是

---

① Goldmann, Ein Sommer in China, Bd. 1, S. 225.
② Vor allem seine Identifizierung mit den Interessen Koreas ist oft behandelt worden, zuletzt in: Kim Jang-Soo, „ Die Taetigkeit P. G. von Möllendorfs in Korea ", *Comparativ* 9（1999）. Jg., Heft 5, S. 36 – 45.
③ 事实上，他的确受到过此类指控。BArch MA RM 38/52, 351 – 360 Lenz an Bendemann 7. 7. 1900（privat）.

出售克虏伯火炮。如果不玩点小聪明，使其委托人（包尔此时也是其委托人之一）怀有较低的期待，他的生存就没有保障，因为生意并不好。

特别是在像1900年这样的德中关系危机时期，不仅那些仍在为中国工作的人，而且为中国工作过的德国军事教官也必须做出明确表态。美克和削尔两人都在中国工作了很长时间，此时参加了东亚远征军，充当翻译。连梓博士当时是驻芝罘（烟台）的领事，他在为削尔写的推荐信中这样写道："我自1886年起就认识削尔，他现在仍是一位好德国人，我可以向阁下大力推荐他。"① 那珀很早就到山东工作了，此时被指派到远征军参谋部。敖耳和裴克孙汉则在德国参加了军事远征。②

马驷是一个显著的例外，他即使回到德国后仍在为中国工作，也总是充满理解和感激之情来谈论他的中国雇主，但其文化认同完全是德国的，他没有学过一个中文字。在1910年重新回到家乡吕本后，他用下列箴言装饰新房子的墙面："谁不热爱家乡，不敬重家乡，谁就是一个坏蛋，不配在家乡过幸福生活！""德国人永远是德国的！"③

---

① BArch MA RM 38/52, 100 Ebd., 299 Lenz an Bendemann 20.7.1900.
② BArch MA RM 2/1860, 203 – 232 Stellenbesetzung für das Ostasiatische Expeditionskorps v. 9. Juli 1900；BArch MA RM 2/1861, 76 – 81 Stellenbesetzung der Verstärkung des Ostasiatischen Expeditionskorps 18.8.1900.
③ Kretzschmar, Lebensgeschichte der Ernst Kretzschmar, S. 210.

结论：永久的痕迹

在前面章节中，我们讨论了1884年由李凤苞为中国征召的"军事使团"的许多问题和结果。① 最后还有一个疑问，这就是在"俾斯麦的使团"这一不复存在的团体之外，还有什么剩余东西可寻，它没有为中国带来任何积极结果吗？

总的来看，这些"文化传输步卒"的影响是极小的。在中国（北方和南方）军队中，他们只留下了些微痕迹。1884年"军事使团"最持久的成果是天津武备学堂的创办。尽管起步踉跄踽踽，到1900年又为炮火摧毁，但在这里，有一大批军官得到了培养，他们直至中华民国时期都主导着中国的军事和政治格局。为了挽救这些官方征召的教官的名誉，还必须提及杨宗濂离职后学校的情况大有改观。到了1890年，巴兰德甚至报告说：李鸿章对于这所学校深感满意。② 在此期间，德国方面授予李喜脱少校军衔，他在中国的工作合同被延长了，原初合同的条文也相应地有所改动。李喜脱被冠以"总

---

① 尤其是在本书第六章第一节和第七章第三节。
② BArch Berlin R 9208/495, 28 von Brandt an Reichskanzler, A. 37, 7. 2. 1890.

教习"的名头，其他教员都位于其下，由他管辖。李喜脱的薪金每年也增加了大约 2500 马克，根据新协议月薪为 400 两白银。① 敖耳一直工作到 1891 年春合同终止之时。② 在为了替补敖耳而重新选聘人员时，中国方面接受了李喜脱的建议。据此，军士们足以承担现有的任务。③ 1891 年夏，一级弹药技术员魏贝尔（Johann David Weber，月薪 200 墨西哥银元，大约 660 马克）、东普鲁士步兵第一军团第 1 部二级中士斯米脱（Ernst Hugo Schmidt，月薪 180 墨西哥银元，大约 600 马克）和波莫瑞陆军炮兵军团第 2 部军士（工兵军士）祁开芬（Max Kieckhäfer，月薪 160 墨西哥银元，大约 530 马克）来到了天津。④ 1892 年，46 岁的李喜脱少校娶了克虏伯驻天津代理商比尔费尔德信义洋行职员刚刚年满 20 岁的妹妹为妻，并且作为天津武备学堂教员一直工作到 1894 年 9 月。⑤ 该校连同各种各样的德国教员一起继续存在到 1900 年 6 月 17 日，是日它被海军上尉屈内（Kühne）领导下的受命保卫天津的德国水兵分遣队攻陷，并被烧成灰烬。⑥ 无论创办还是毁灭，该学校都与德国军队密切相关，这是一个多么大的历史讽刺。

---

① BArch Berlin R 9208/495, 69 Auswärtiges Amt an Brandt, 5. 9. 1890; BArch Berlin R 901/29896 Frhr. Von Seckendorff an Reichskanzler, Nr. 85, 28. 11. 1890.
② Tagebuch Georg Baur, Bd. 2, Eintrag vom 2. März 1891.
③ BArch Berlin R 901/29896 Vorschlag des Major Richter über den Dienstbetrieb an der Kaiserlichen Militärschule zu Tianjin 31. 10. 1890.
④ BArch Berlin R 9208/496, 5 Frhr. von Seckendorff, Tianjin, an von Brandt 3. 7. 1891.
⑤ Tagebuch Georg Baur, Bd. 4, Eintrag vom 23. Juni 1892; BArch Berlin R 9208/496, 89 Richter an Schenck zu Schweinsberg, Peking, 2. 9. 1894.
⑥ BArch MA RM 38/58, 124 – 133 Kühne, Tianjin, an 2. Admiral, Tongku 25. 6. 1900.

天津武备学堂的历史意义现已广为人知。① 特别是在1895年之后，它的一些毕业生在军队中，例如在袁世凯的新建陆军中获得了重要岗位，并且逐步上升，直至最高级职位。特别是该校第一期毕业生段祺瑞、王士珍、冯国璋等人，他们对1895年以后的军事改革和成立于1912年的中华民国政治发挥了决定性作用。在创建第一支真正按照西方样板塑造的新建陆军方面，他们是袁世凯三个最得力的助手。王士珍为袁世凯的人事行政参谋（督操营务处会办）；段祺瑞为炮兵指挥官（左翼炮队第三营统带）和炮兵学校校长（行营武备学堂炮队兵官学堂监督）；冯国璋则是教导主任（督操营务处总办）。在袁世凯被任命为直隶总督后，他们又在袁的军政司（成立于1902年）和1903年底成立的练兵处担任重要职务。他们也由此承担了重新塑造中国全部军队，特别是创建北洋六镇（陆军六个师）的重任，而北洋六镇对直至1920年代的中国历史都产生了巨大影响。冯国璋甚至在1912年以后成为中华民国代理总统（1917～1918），段祺瑞和王士珍两人则先后出任过总理和陆军总长。②

就德国与中国的关系而言，天津武备学堂也具有一定的重要性。当德国政府1903年讨论派遣德国军事教官到中国的意义时，德国公使馆武官冯·克莱尔对天津武备学堂毁灭3年之后的情况做了如下解说：

> 尽管如此，［德国军事教官］的影响还是非常持久

---

① Powell, *The Rise of Chinese Military Power*, p. 75.
② Boormann, ed., *Bibliographical Dictionary of Republican China*, vol. 2, pp. 24 - 28; vol. 3, pp. 330 - 335, 394 - 395; Powell, *The Rise of Chinese Military Power*, pp. 131 - 320.

的，这一点突出表现在人们可在中国军队当中看到对德国军队的理解，有时也表现在对德语语言知识的掌握。我多次听说，原天津武备学堂的学生满怀敬意地谈论他们的德国教师，并且运用流畅的德语。①

有关德国在军队组织方面是居于领先地位国家的观念已经深深印在中国民众的头脑里，以至于到了1904年中国的军队改革已经主要由日本教官来推行的时候，《京话日报》这一面向大众、主要刊登白话文文章的报纸在向孩子们讲解"德国"（Deutschland）一词时，还附加这样的解释：这是一个拥有最好陆军的国家。②

设在广州的黄埔水鱼雷局学堂是产生于1884年"军事使团"的第二个重要机构。这个存在时间很短的黄埔军事学校的影响几乎微不足道，在众多论述由孙中山在1924年创办的著名的黄埔军校的著作中，没有一本哪怕是只用一句话提及这个老军校，③但是附设鱼雷部的广东黄埔水师学堂获得了新生。在胡美利离开后，新上任的改革派广东巡抚岑春煊1904年对这所学校进行了彻底更新。他看到所有设备和设施都陈旧不堪了。自20年前由马驷主持购买了3艘较大的和9艘较小的鱼

---

① BArch Berlin R 9208/501, 168 – 171 Militärattaché von Clear an Preussisches Kriegsministerium, Nr. 47, 27. 12. 1903.
② 《儿童解字》，《京话日报》1904年11月28日。
③ Richard Brian Landis, Institutional Trends at the Whampoa Military School, 1924 – 1926. Ann Arbor: UMI, 1977, pp. 88 – 105; Thomas Williamsen, Political Training and Work at the Whampoa Military Academy Prior to the Northern Expedition. Ann Arbor: UMI, 1975, pp. 10 – 18; Richard Eugne Gillespie, Whampoa and the Nanking Decade, 1924 – 1936. Ann Arbor: UMI, 1971, pp. 1 – 21.

雷艇以来，再无添加新的鱼雷装备。因为常年放在野外，舰艇和弹壳都锈迹斑斑了。就是楼房、仓库和工场车间也年久失修，残破不堪。出于节省经费的原因，绝大部分员工被解雇了，剩余的人也只是在收入微薄的情况下勉强工作。岑春煊下令进行必要的修缮，招聘新人，并为防守周边河流的出入口而将可服役的鱼雷艇重新投入使用。1912 年，学校被更名为黄埔海军学校，并且一直办到 1939 年。①

然而，这两所学校在文化和知识传输方面却没有发挥多大作用。它们最大的缺点在于没有印刷出版任何文字材料。讲课完全是口头进行的。翻译出版原本是在中国传播军事知识的一个重要手段，但在这里毫无踪迹可寻。尽管如其后来的著述活动所证明的那样，李宝等人完全有能力编写教科书。人们没有督促他这样做。这样一来，就在中国传播西方知识而言，天津武备学堂从没有达到与传教士傅兰雅领导下的江南制造局翻译馆同等的地位。只是到了后来，张之洞大概在天津武备学堂中文教师何熙年的影响下汲取了这一教训，并在由他创办的设于南京（1896）和武昌（1897）的军事学校中进行了广泛的翻译活动。

这两所学校，特别是天津武备学堂在中国历史上的影响更多的是个人的和间接的。适应西方式现代化进程的行动在中国进展十分缓慢，改革所能达到的仅仅是中国社会容许的程度。现代学校是改变这个社会的催化剂。它们为来自贫穷家庭的子

---

① 陈景芗：《记广东水陆师学堂》，高时良编《洋务运动时期教育》，第 463～464 页；广东海防兼善后局：《造报光绪二十九年分水鱼雷局学堂营船雷艇支过各项经费银数总册（节录）》（光绪三十一年二月），高时良编《洋务运动时期教育》，第 487～488 页。

弟开启了新的受教育和就业升迁机会。它们提高了人们的意识，使之看到，对于一个现代社会来说，普及读写能力是多么重要，宣告了从文言文转变到白话文进程的开始。它们引进了新的计时方法和系统的按照钟点分配教学内容的方法。它们设置了诸如地理、绘图、数学等新的课程，也教授外国语言。在这些学校中，后来注定要成为学术精英和政治精英的才俊受到很好的培育。这些学校的毕业生比他们的父辈和教师更了解外国。他们成了文化间的真正中介。

征引文献

档案资料和未出版资料

柏林利希特菲尔德联邦档案（Bundesarchiv Berlin Lichterfelde, BArch Berlin），库存：外交部（R 901），驻北京德国公使馆（R 9208）

R 901/29893 Eintritt deutscher Militärpersonen in chinesische Dienste, Bd. 1: Dez. 1886 – Okt. 1888.

R 901/29894 Eintritt deutscher Militärpersonen in chinesische Dienste, Bd. 2: Nov. 1888 – 10. Juli 1889.

R 901/29895 Eintritt deutscher Militärpersonen in chinesische Dienste, Bd. 3: Juli – Dez. 1889.

R 901/29896 Eintritt deutscher Militärpersonen in chinesische Dienste, Bd. 4: Jan. 1890 – Juli 1892.

R 901/29897 Eintritt deutscher Militärpersonen in chinesische Dienste, Bd. 5: Aug. 1892 – Feb. 1897.

R 901/12934 Entsendung deutscher Eisenbahntechniker nach China, Bd. 3: 1889 – 1890.

R 901/12938 Entsendung deutscher Eisenbahntechniker nach

China, Bd. 7: Mai 1892 – 15. Dez. 1892.

R 901/22588 Bau fremder Kriegsschiffe auf deutschen Werften, Bd. 1: Feb. 1881-Sept. 1886.

R 901/22589 Bau fremder Kriegsschiffe auf deutschen Werften, Bd. 2: Okt. 1884-April 1886.

R 901/22590 Bau fremder Kriegsschiffe auf deutschen Werften, Bd. 3: Mai 1886-April 1887.

R 901/22591 Bau fremder Kriegsschiffe auf deutschen Werften, Bd. 4: Mai 1887-Juli 1888.

R 901/29061 Deutsche Militärinstrukteure in China, Bd. 1: 27. 10. 1882-Dez. 1884.

R 901/29062 Deutsche Militärinstrukteure in China, Bd. 2: Jan. 1883-Nov. 1895.

R 901/29063 Deutsche Militärinstrukteure in China, Bd. 3: Dez. 1895-Aug. 1896.

R 901/29064 Deutsche Militärinstrukteure in China, Bd. 4: Aug. 1896-März 1897.

R 901/29065 Deutsche Militärinstrukteure in China, Bd. 5: März-Dez. 1897.

R 901/29066 Deutsche Militärinstrukteure in China, Bd. 6: 1898 – 1911.

R 901/31765 Staatsangehörigkeit der im Ausland lebenden Deutschen, Bd. 1: Sept. 1863-Juni 1912.

R 901/33637 Haltungder Neutralen im chinisisch-französischen Kriege, Bd. 1: Aug. 1883-März 1885.

R 901/33638 Haltungder Neutralen im chinisisch-französischen

Kriege, Bd. 2: März 1885-Apr. 1885.

R 901/33639 Haltungder Neutralen im chinsisch-französischen Kriege, Bd. 3: Apr. -Sept. 1885.

R 901/33640 Haltungder Neutralen im chinsisch-französischen Kriege, Bd. 4: Okt. 1885-Aug. 1888.

R 9208/9 Politische Angelegenheiten, darin: Personalien chinesischer Würdenträger, Bd. 9: Jan. 1890-Nov. 1893.

R 9208/99 chinesisch-Japanischer Krieg, Bd. 4: Jan. 1895.

R 9208/101 chinesisch-Japanischer Krieg, Bd. 6: März 1895.

R 9208/133 Korea, Bd. 4: Juli 1887-Mai 1888.

R 9208/134 Korea, Bd. 5: Juli 1888-Dez. 1888.

R 9208/145 Korea, Bd. 18: Aug. 1894-Sept. 1894.

R 9208/146 Korea, Bd. 19: Okt. 1894-Dez. 1894.

R 9208/357 Rebellionen, Ruhestörungen, geheime Gesellschaften, antifremde Bewegungen, Bd. 1: Sept. 1862-Apr. 1884.

R 9208/449 Das chinesische Kriegswesen, Landarmee und Landbefestigungen, Bd. 2: Jan. 1882-Dez. 1886.

R 9208/450 Das chinesische Kriegswesen, Landarmee und Landbefestigungen, Bd. 3: Jan. 1887-Mai 1888.

R 9208/451 Das chinesische Kriegswesen, Landarmee und Landbefestigungen, Bd. 4: Jan. 1889-Mai 1900.

R 9208/465 Einfur von Waffen nach China, Bd. 1: Juli 1897-Juli 1906.

R 9208/471 Die Firma Krupp in China: Kontrakte, Konkurrenz mit Armstrong, DeBange, Schießversuche, Bd. 1: Okt. 1886-Okt. 1891.

R 9208/472 Die Firma Krupp in China: Kontrakte, Konkurrenz mit

Armstrong, DeBange, Schießversuche, Bd. 2, Okt. 1895-Dez. 1896.

R 9208/477 Chinesische Marine, Küstenbefestigungen, Kriegshäfen, Bd. 1: Jan. 1884-Juli 1886.

R 9208/479 Chinesische Marine, Küstenbefestigungen, Kriegshäfen, Bd. 3: Nov. 1887-Dez. 1889.

R 9208/481 Chinesische Marine, Küstenbefestigungen, Kriegshäfen, Bd. 5: Apr. 1892-März 1894.

R 9208/489 Chinesische Marine, mit Listen der Kriegsschiffe. Berichte des Oberst Vogel, militärisch-technischer Vertreter der Firma Fried. Krupp, über chinesische Kriegshäfen, Bd. 4: März 1890-März 1891.

R 9208/490 Chinesische Kriegsmarine, Häfen und Küstenbe festigungen. Bestellungen bei Volcanwerft (Stettin), Schichau-Werft (Danzig), Howaldt-Werft, Kiel, Bd. 5: Juli 1895-Jan. 1898.

R 9208/493 Fremde Militärinstrukteure in chinesischen Diensten, Bd. 1: Juni 1880-Nov. 1888.

R 9208/494 Fremde Militärinstrukteure in chinesischen Diensten, Bd. 2: Jan. 1889-Mai 1889.

R 9208/495 Fremde Militärinstrukteure in chinesischen Diensten, Bd. 3: Aug. 1889-Apr. 1891.

R 9208/496 Fremde Militärinstrukteure in chinesischen Diensten, Bd. 4: Mai 1891-Nov. 1894.

R 9208/497 Fremde Militärinstrukteure in chinesischen Diensten, Bd. 5: Jan. 1895-Mai 1896.

R 9208/498 Fremde Militärinstrukteure in chinesischen Diensten, Bd. 6: März 1896-Mai 1901.

R 9208/500 Fremde Militärinstrukteure in chinesischen Diensten, Bd. 6/2: Apr. 1896-Aug. 1898.

R 9208/501 Fremde Militärinstrukteure in chinesischen Diensten, Bd. 7: Jan. 1902-Nov. 1904.

R 9208/502 Fremde Militärinstrukteure in chinesischen Diensten, Bd. 8: Jan. 1905-Dez. 1907.

R 9208/503 Abkommandierung des Capitain-Lieutenants Hasenclever als Instrukteur für das Fischtorpedowesen in China Feb. 1883-Sept. 1887.

R 9208/505 Kriegswesen Port Arthur, Bd. 2: April 1888-Nov. 1903.

R 9208/509 Chinesische Regierungsanleihen, Finanzverhältnisse Chinas, Bankwesen 1895.

R 9208/668 Personalien von Konsulatssekretären, Amtsdienern und Dolmetschern, Bd. 2: Jan. 1882-Dez. 1887.

R 9208/810 Requisitionen und Aufträge, Forderungs- und Nachlass-Sachen, Nachforschung nach Vermissten, Auslieferungen, Bd. 2: Jan. 1885-Nov. 1899.

德国联邦档案馆弗莱堡军事档案室
(**Bundesarchiv Militärarchiv Freiburg, BArch MA**)

N 522/2 Nachlass Ernst Kretzschmar: Parente, Urkunden, Schreiben von Behörden etc.

N 522/8 Nachlass Ernst Kretzschmar: Originaldokumente.

RM 1/2183 Chinesische Marine, Bd. 5: Jan. 1887-März 1895.

RM 2/1861 Kriegerische Aktionen im Auslande (China), Bd. 2: Aug. 1900-Okt. 1900.

RM 2/1860 Kriegerische Aktionen im Auslande (China), Bd. 1: Jun. 1900-Juli 1900.

RM 5/5625 Torpedowesen der chinesischen Marine, Juli 1881-Aug. 1906.

RM 38/52 Vorgänge in Taku-Tientsin-Peking, 25. 6. 1900 – 10. 7. 1900.

RM 38/53 Vorgänge in Taku-Tientsin-Peking, 11. 7. 1900 – 27. 7. 1900.

RM 38/54 Vorgänge in Taku-Tientsin-Peking, 28. 7. 1900 – 14. 8. 1900.

RM 38/57 Vorgänge in Taku-Tientsin-Peking, 23. 11. 1900-Jan. 1901.

RM 38/58 Vorgänge in Taku-Tientsin-Peking, 11. 6. 1900 – 21. 9. 1901.

RM 38/70 Landung in Taku, Bd. 3: Aug-Sept. 1900.

克虏伯历史档案馆 (Historisches Archiv Krupp, HA Krupp)

FAH 2 B 363 a-b Vertretung China-Japan; Peil 1871 – 1878.

FAH 2 B 363 d Beziehungen zu China (z. T. auch Japan) 1869 – 1878.

FAH 2 B 364 Vertretung China; Lehmeyer 1876 – 1880.

FAH 3 C 44 Li Hung Chang, Vizekönig von China, 1889 – 1906.

FAH 4 E 329 Briefwechsel mit Georg Baur 1907 – 1939.

S 3 WT 1/3 Verzeichnis der von der Gußstahlfabrik von 1847 bis 1912 gefertigten Kanonen.

S 3 WT 3/10 Preisberechnung für eine Ausgerüstete 7, 5 cm Batterie. Essen: Buchdruckerei des Fried. Krup'schen Etablissements, Juli 1876.

S 3 WT 3/5 Krupp's 4pfünder Feld-Kanone 1870.

WA 3/37 Korrespondenzmappe Fried. Krup-Essen an Haahs-Paris (1.4 – 31.12.1877).

WA 9 a 159 Auszug und Abschriften aus dem Aktenstück der Centr. Registratur A I a 5 betr. Vertretung in China durch Th. Schnell 1876 – 1897.

外交部政治档案
(Politisches Archiv des Auswärtigen Amtes, PAAA)

R 16813 Honduras 1: Innere Zustände und Verhältnisse von Honduras Bd. 1: Nov. 1879 – 31. Dez. 1898.

R 17882 China 5, Bd. 3: 19. Feb. 1889 – 31.12.1891.

R 17889 China 5, Bd. 10: 1. Jan. 1901 – 30. Juni 1902.

R 17895 China 5, Bd. 16: 1. Jan. 1905 – 31. Juli 1905.

R 17896 China 5, Bd. 17: 1. Aug. 1905 – 31.12.1905.

R 17897 China 5, Bd. 18: 1. Jan. 1906 – 31. Mai 1906.

R 17899 China 5, Bd. 20: 1. Nov. 1906 – 6. März 1907.

R 17900 China 5, Bd. 21: 1. März 1907 – 10. Juni 1907.

R 17901 China 5, Bd. 22: 11. Juni. 1907 – 30. Nov. 1907.

R 17904 China 5, Bd. 25: 1. Apr. 1909 – 31.10.1909.

R 17905 China 5, Bd. 26: 1. Nov. 1909 – 31. Mai 1910.

R 17973 China 7, Das Verhältnis Chinas zu Deutschland, Bd. 2: 1. Aug. 1896 – 31. Okt. 1897.

R 18560 China 27a, Fremde in chinesischen Diensten: Beamte, Bd. 1: 1. Jan. 1901 – 31. Dez. 1910.

R 18562 China 27a Fremde in chinesischen Diensten: Beamte,

Bd. 3: 1. Jan. 1913 – 6. Sept. 1913.

中国第一历史档案馆
《军机处录副奏折》胶片 673。

中国社会科学院近代史研究所档案馆
《北洋武备学堂学规》，未注明日期。
《光绪十二年六月北洋大臣李批准续定章程五条》。

其他
Tagebuch Georg Baur, sechs Bände, 29. 8. 1890 – 7. 12. 1893.

已出版资料

《钦定户部海防郑工新例章程》，成文出版社 1968 年影印本。
宝鋆等修《筹办夷务始末（同治朝）》，文海出版社，1971。
丁进军：《清末部分八旗都统履历》，《历史档案》1989 年第 4 期。
丁振铎编辑《项城袁氏家集》（6），文海出版社，1966。
高时良编《洋务运动时期教育》，上海教育出版社，1992。
顾廷龙、叶亚廉主编《李鸿章全集》电稿，上海人民出版社，1985。
光绪《重修天津府志》，台湾学生书局 1968 年影印。
光绪《畿辅通志》，商务印书馆 1934 年影印。
何熙年：《上张香帅言武备学堂事宜书》，《时务报》第 27 号，1897 年 5 月 22 日。
何熙年：《上张香帅言武备学堂事宜书》，《时务报》第 31 号，

1897年6月30日。

刘锦藻撰《清朝续文献通考》，浙江古籍出版社，2000。

卢云昆编选《社会剧变与规范重建：严复文选》，上海远东出版社，1996。

乾隆官修《清朝通典》，浙江古籍出版社，2000。

斯拉弗司撰、金楷理口译、赵元益笔述《临阵管见》，江南制造局，1873。

孙毓棠编《中国近代工业史资料》第一辑（1840—1895年），科学出版社，1957。

吴汝纶编《李文忠公（鸿章）全集》，文海出版社，1967。

苑书义等主编《张之洞全集》，河北人民出版社，1998。

张宗良口译、王韬辑撰《普法战纪》，中华印务总局，1873。

《中国兵书集成》，解放军出版社、辽沈书社，1993。

中国第一历史档案馆编《光绪朝朱批奏折》，中华书局，1995~1996。

中国史学会主编《洋务运动》，上海人民出版社，1961。

周馥：《秋浦周尚书（玉山）全集》，文海出版社，1967。

周家驹编《周武壮公（盛传）遗书》，文海出版社，1969。

《左宗棠全集 奏稿》，岳麓书社，1987。

Adalbert Korff, Der direkte deutsch-chinesische Schiffahrtsverkehr von seiner Entstehung bis zum Ausbruch des Weltkrieges. Kiel: Univ. Diss., 1923.

Albert Henning, Unsere Festungen. Berlin: A. Bath, 1890.

Albert Henning, Die Küstenverteidigung. Berlin: A. Bath, 1892.

Albert von Boguslawski, Taktische Folgerugen aus dem Kriege von 1870–1871. Berlin: Mittler, 1872.

Anton Korzen, Rudolf Kühn, Waffenlehre: Gebiergsgeschütze. Wien: Seidel, 1904.

Arthur William Hummel, *Eminent Chinese of the Ch'ing-Period*. Washington: U. S. Government Printing Office, 1943 - 1944.

Bernhard Menne, Krupp: Deutschlands Kanonenkönige. Zürich: Europa Verlag, 1937.

Carl Pauli, Der Kolonist der Tropen als Häuser-, Wege-und Brückenbauer. Berlin, 1904.

Carlos Pauli, Der heutige Infanterie-Angriff: Beitrag zur neuen Infanterie-Exerziervorschrift. Berlin: Riesels deutsche Zentrale für Militärwissenschaft, 1906.

Carlos Pauli, Die modernen Militärwissenschaften zum Selbststudium als Vorbereitung für die Offiziers-und Aufnahmeprüfung der Kriegsakademie. Bd. 1. Berlin: Zuchschwerdte & Co., 1908.

Carlos Pauli, Tropenvademecum: Über Ernährung, Gesundheitspflege, Bekleidung u. Ausrüstung von Truppen u. Reisenden in den Tropen. Berlin: Riesel, 1907.

China, von einem früheren Instrukteur in der chinesischen Armee. Leipzig: Verlag Otto Wigand, 1892.

Demetrius Boulger, *The Life of Sir Halliday Macarthey*. London: Lane, 1908.

Eduard von Liebert, Aus einem bewegten Leben. Erinnerungen. München: J. F. Lehmann, 1925.

Edward Kann, *The Currencies of China*. Shanghai: Kelly & Walsh, 1927.

Ernst Kretzschmar, Lebensgeschichte der Ernst Kretzschmar. Lübben: Eigenverlag, 1932.

Ernst von Reichmann, Die wachsende Feuerkraft und ihr Einfluss auf Taktik, Heerwesen und nationale Erziehung. Berlin, 1904.

Gustav Kreitner, Im fernen Osten: Reisen des Grafen Bela Széchenyi in Indien, Japan, China, Tibet und Birma in den Jahren 1877 - 1880. Wien: Hölder, 1881.

Handbuch, Reichsamt des Innern. Handbuch für das Deutsche Reich 1890. Berlin: Carl Heymann, 1890.

Handbuch, Reichsamt des Innern. Handbuch für das Deutsche Reich 1913. Berlin: Carl Heymann, 1913.

Hermann Gruson, Stammtafel der Familie Gruson. Magdeburg: Ochs, 1897.

Hermann von Hanneken, Der Krieg um Metz. Berlin, 1871.

Hermann von Hanneken, Militaerische Gedanken über den deutsch-französischen Krieg. Mainz, 1871.

Hermann von Hanneken, Marschall Bazaine und die Kapitulation von Metz. Darmstadt, 1872.

Hermann von Hanneken, Zum inneren Frieden im Reiche. Mainz, 1872.

Hermann von Hanneken, Die allgemeine Wehrpflicht. Gotha, 1873.

Hermann von Hanneken, Vorstudien für einen englisch-russischen Krieg. Berlin, 1878.

John King Fairbank, et al., eds., *The I. G. in Peking: Letters of Robert Hart, Chinese Maritime Customs, 1868 - 1907*. Cambridge, MA: Belknap Press of Harvard University Press, 1975.

K. Baedeker (Hrsg.), West-und Mittelrussland: Handbuch für Reisende. Leipzig: Baedeker, 1883.

Karl Schuemacher, Europäische Seezollbeamte in China und ihr Einfluss auf die Förderung unseres Aussenhandels. Karlsruhe: J. J. Reiff, 1901.

Ku Hung-ming, *Papers from a Viceroy's Yamen*. Shanghai: The Shanghai Mercury, Ltd. , 1901.

Lewis Charles Arlington, *Through the Dragon's Eyes: Fifty Years' Experience of a Foreigner in the Chinese Government Service*. London: Constable & Co. , 1931.

Max von Brandt, Dreunddreissig Jahre in Ost-Asien: Erinnerungen eines Diplomaten. Leipzig: Wiegand, 1901.

Paul Koch, Albrecht von Stosch als Chef der Admiralität, Berlin, 1903.

Paul Goldmann, Ein Sommer in China. Frankfurt: Rütten und Loening, 1899.

R. Roerdansz, Das gezogene vierpfuendige Feldgeschütz. Berlin: Mittler, 1862.

Rangliste, Rang-und Quartierliste der Königlich Preussischen Armee für 1885. Berlin: Mittler, 1885.

Rangliste, Rangliste, Rang-und Quartierliste der Königlich Preussischen Armee für 1905. Berlin: Mittler, 1905.

Reinhold Wagner, Zwei Denkschriften über Befestigungen für China. Berlin (Militär-Wochenblatt, Beih. 6), 1898.

Richard von Wille, Über das Einheitsgeschütz der Feldartillerie. Berlin: Mittler, 1870.

Rosalie von Möllendorff, P. G. von Möllendorff: Ein Lebensbild. Leipzig: Harrassowitz, 1930.

V. V. Hagelstrom, H. S. Brunnert, *Present Day Political Organization of*

China. Taibei: Chengwen, 1971.

Verordnung über das Heiraten der Militärpersonen des Preussischen Heeres und der Preussischen Landgendarmerie (Heirats-Verordnung). Berlin, 1902.

Viktor von Scheliha, *A Treatise on Coast-defence: based on the experience gained by officers of the Corps of Engineers of the Army of the Confederate States*. London: E. & F. N. Spon, 1868.

William Frederick Mayers, *The Chinese Government*. Taipei: Chengwen, 1970.

报刊

《点石斋画报》
《京话日报》
《申报》
Berliner Tageblatt
Der Ostasiatische Lloyd
Deutsche Warte
Nationalzeitung
Norddeutsche Allgemeine Zeitung
North-China Herald
The Chinese Times
The Peking & Tientsin Times
The Times
Vossische Zeitung

论著

包遵彭等编纂《自强运动》,正中书局,1959。

陈圣士:《刘铭传与自强运动》,中研院近代史研究所编《清季自强运动研讨会论文集》下册,1988。

丁名楠:《帝国主义侵华史》,人民出版社,1958。

姜鸣编著《中国近代海军史事日志(1860—1911)》,三联书店,1994。

梁元生:《清末的海关道与天津道》,《中央研究院近代史研究集刊》第 25 期,1996 年 6 月。

廖和永:《晚清自强运动军备问题之研究》,文史哲出版社,1987。

林庆元:《洋务派聘用的洋员及其分布》,《海交史研究》1995 年第 2 期。

刘凤翰:《新建陆军》,中研院近代史研究所,1967。

刘凤翰:《清季自强运动与军事初期改革(1861~1895)》,中研院近代史研究所编《清季自强运动研讨会论文集》上册,1988。

罗澍伟主编《近代天津城市史》,中国社会科学出版社,1993。

罗肇前:《李鸿章是怎样开始购买铁甲船的》,《福建论坛》1993 年第 10 期。

马军:《近代中国有关西方军衔名称的翻译》,Vortrag gehalten auf der Konferenz „Translation Western into Late Imperial China", 6. -9. Dzember, 1999, Göttingen.

牟安世:《洋务运动》,上海人民出版社,1956。

乔纳森・斯潘塞:《改变中国》,曹德骏、周定国等译,三联书店,1990。

尚作湖：《德璀琳在天津》，《天津史志》1990 年第 2 期。

施丢克尔：《十九世纪的德国与中国》，乔松译，三联书店，1963。

施渡桥：《中国近代军事思想史》，国防大学出版社，2000。

孙克复、关捷编《甲午中日战争人物传》，黑龙江人民出版社，1984。

王尔敏：《清季兵工业的兴起》，中研院近代史研究所，1963。

王尔敏：《淮军志》，中华书局，1987。

王家俭：《北洋武备学堂的创设及其影响》，《台湾师范大学历史学报》1976 年第 4 期。

王家俭：《"借将练兵"惹来的麻烦：从李鸿章向英借琅威理（William M. Lang）说起》，《历史月刊》第 71 期，1994 年 4 月。

王文兵：《西方顾问与晚清中国的近代化》，硕士学位论文，南开大学，1999。

吴家诗主编《黄埔港史（古、近代部分）》，人民交通出版社，1989。

向中银：《晚清外聘人才的奖赏制度》，《近代史研究》1995 年第 5 期。

向中银：《晚清时期外聘洋员生活待遇初探》，《近代史研究》1998 年第 5 期。

熊月之：《西学东渐与晚清社会》，上海人民出版社，1994。

熊志勇：《从边缘走向中心：晚清社会变迁中的军人集团》，天津人民出版社，1998。

游战洪：《德国军事技术对北洋海军的影响》，《中国科技史料》1998 年第 4 期。

张国刚：《晚清的宝星制及锡乐巴档案的宝星执照》，南开大学历史系、北京大学历史系编《郑天挺先生百年诞辰纪念文集》，中华书局，2000。

赵春晨：《张之洞与广东的近代化》，河北省炎黄文化研究会、河北省社会科学院编《张之洞与中国近代化》，中华书局，1999。

周文彬：《周馥与天津武备学堂》，《天津史志》1988 年第 3 期。

Adrian Arthur Bennett, *John Fryer: The Introduction of Western Science and Technology into Nineteenth-Century China*. Cambridge, MA: Harvard University Press, 1967.

Alfred Louis Kroeber, Clyde Kluckhohn, *Culture: a critical review of concepts and definitions*. Cambridge, MA: Harvard University Press, 1952.

Bernd Martin (Hrsg.), Die deutsche Beraterschaft in China 1927 – 1938: Militär, Wirtschaft, Aussenpolitik. Düsseldorf: Droste, 1981.

Cheng Feng „ Vorwort ", *Comparativ* 9, 1999. Jg., Heft 4, S. 7 – 9.

Cheng Feng „ China am Ende der Qing-Dynasty als interkultureller Raum: Zur kulturellen Identitaet der Europaeer im China des 19. Jahrhunderts ", *Comparativ* 9, 1999. Jg., Heft 4, S. 17 – 18.

Clive Trebilcock, *The Industrialization of the Continental Powers, 1780 – 1914*. N. Y.: Longman, 1981.

David J. Jeremy, *Transatlantic Industrial Revolution: the diffusion of textile technologies between Britain and America, 1790 – 1830s*. Cambridge, MA: MIT Press, 1981.

Edgar Graf von Matuschka, Wolfgang Petter „ Organisationsgeschichte der Streitkräfte ", in: Gerhard Papke und Wolfgang Petter (Hrsg.). Handbuch zur deutschen Militärgeschichte 1648 – 1939. München: Bernard & Gräfe, Bd. 2, 1979, S. 302 – 358.

Edward Le Fevour, *Western Enterprise in Late Ch'ing China: A Selective Survey of Jardine, Matheson & Company's Operations, 1842 – 1895*. Cambridge, MA: Harvard University Press, 1968.

Elisabeth Kaske, "Teachers, drillmasters or arms dealers? German military instructors in 19th century China," (Vortrag gehalten auf der 2nd International Convention of Asia Scholars, 9 – 12, August Berlin), *Berliner China-Hefte* Nr. 23 (Oktober, 2002), im Druck.

Elisabeth Kaske, Die chinesischen Orden der Qing-Dynastie (1644 – 1911), in: Jahrbuch des BDOS-Deutsche Gesellschaft für Ordenskunde e. V. (im Druck), 2002.

Ernst L. Presseisen, *Before Aggression: Europeans Prepare the Japanese Army*. Tuscon: Universiy of Arizona Press, 1965.

Eva Hausotter, Li Fengbao, der zweite chinesische Gesandte in Berlin (1878 – 1884): Eine Darstellung seiner Karriere und eine kommentierte Übersetzung seines Tagebuches. Berlin: Univ. Diss., 1968.

Fred E. Schrader, „Kulturtransfer zwischen sich überschneidenden Zivilisationen: Europa und Ostasien", *Comparativ* 9. Jg., Heft 4, 1999, S. 101 – 106.

Frederick M. Nunn, *Yesterday's Soldiers: European Military Professionalism in South America, 1890 – 1940*. Lincoln: University of Nebraska Press, 1983.

Friedrich Goltz, Hans Gerlach, Nachrichten über die Familie der Grafen und Freiherrn von der Goltz, 1885 – 1960. Neustadt a. d. Aisch: Degener, 1960.

G. A. Tammn, Sascha Zimmermann, „Anmerkungen zum kaiserlich-chinesischen Orden vom Doppelten Drachen ", *Orden und Ehrenzeichen* 2. Jag., Nr. 7 (Juni 2000), S. 2 -7.

Geert Hofstede, *Cultures and Organzizations: Software of the Mind*. London: McGraw Hill, 1991.

Günter Wegmann, Formationsgeschichte und Stellenbesetzung der deutschen Streitkräfte 1815 - 1990. Teil 1: Stellenbesetzung der deutschen Heere 1815 - 1939. Osnabrück: Biblio-Verlag, 4 Bde, 1992.

Heinz Beutler, Hundert Jahre Carlowitz & Co. : Hamburg und China. Hamburg, Univ. Diss., 1948.

Helmuth Stoecker, Deutshland und China im 19. Jh. : Das Eindringen des deutschen Kapiyalismus. Berlin: Rütten & Loening, 1958.

Immanuel Hsu, "The great policy debate in China 1874: maritime defense vs frontier defense," *Harvard Journal of Asiatic Studies*, vol. XXV (1964 -65), pp. 212 -228.

James L. Hevia, *Cherishing Men from Afar: Qing Guest Ritual and the Macartney Embassy of 1793*. Durham: Duke University Press, 1995.

Jehuda Wallach, Anatomie einer Militärhilfe: die preussisch-deutschen Militärmissionen in der Türkei 1835 - 1919. Düsseldorf: Droste, 1976.

John Rawlinson, *China's Struggle for Naval Development, 1839 - 1895*. Cambridge, MA: Harvard University Press, 1967.

Jonathan D. Spence, *To Change China: Western Advisers in China, 1620 - 1960*. Boston: Little, Brown and Company, 1969.

Jonathan Spence, *The China Helpers: Western Advisers in China, 1620 - 1960*. London: Bodley, 1969.

Joseph Needham, *Science and Civilization in China*, *Vol. 5, Part 7: Military Technology: The Gunpowder Epic*. Cambridge: Cambridge University Press, 1986.

Karoline Sader, Deutsche Mitarbeiter in China: Eine Analyse und Bewertung verschiedener Akkulturationsmuster. Berlin: Mensch und Buch, 1999.

Kenneth Folsom, *Friends, Guests, and Colleagues: The Mu-fu System in the Late Ch'ing Period*. Berkeley: University of California Press, 1969.

Kenneth Pomeranz, *The Great Divergence: China, Europe and the Making of the Modern World Economy*. Princeton: Princeton University Press, 2000.

Kim Jang-Soo, „ Die Taetigkeit P. G. von Möllendorfs in Korea ", *Comparativ* 9 (1999) . Jg. , Heft 4, S. 36 – 45.

Knight Biggerstaff, *The Earliest Modern Government Schools in China*. Ithaca, NY: Cornell University Press, 1961.

Lee Kuo-chi, Die chinesische Politik zum Einspruch von Shimonoseki und gegen die Erwerbung der Kiautschou-Bucht: Studien zu den chinesisch-deutschen Beziehungen von 1895 bis 1898. Münster: Univ. Diss. , 1966.

Lee Yur-bok, *West Goes East: Paul Georg von Möllendorff and Great Power Imperialism in Late Yi Korea*. Honolulu: University of Hawaii Press, 1988.

Lloyd E. Eastman, *Throne and Mandarins: China's Search for a Policy during the Sino-French Controversy, 1880 – 1885*. Cambridge, MA: Harvard University Press, 1967.

Manfred Messerschmidt „ Die Preussische Armee ", in: Gerhard Papke und Wolfgang Petter (Hrsg.) . Handbuch zur deutschen Militärgeschichte 1648 – 1939. Frankfurt a. M. : Bernard u. Graefe, Bd. 2, 1979.

Marc Schalenberg, „ Einleitung: Historische Fluchtlinien von Kultur " in: Marc Schalenberg (Hrsg.) . Kulturtransfer im 19. Jahrhundert. Berlin: Centre Marc Block, 1998, S. 7 – 12.

Mechthild Leutner, Klaus Mühlhahn, „ Interlulturelle Handlungsmuster: Deutsche Wirtschaft und Mission in China in der Spätphase des Imperialismus ", in: Dies. (Hrsg.) . Deutsch-chinesische Beziehungen im 19. Jahrhundert: Mission und Wirtschaft in interkultureller Perspektive. Münster: Lit, 2001, S. 9 – 42.

Michael Werner, „ Nachwort, " in: Marc Schalenberg (Hrsg.). Kulturtransfer im 19. Jahrhundert. Berlin: Centre Marc Block, 1998, S. 173 – 180.

Otto Franke, Erinnerungen zn zwei Welten. Berlin: de Gruyter, 1954.

Paul Pedersen, *The Five Stages of Culture Shock: Critical Incidents Around the World.* Westport: Greenwood Press, 1995.

Peter Fleming, *The Siege at Peking.* Hong Kong: Oxford University Press, 1983.

Peter Hugill, D. Bruce Dickson, eds. , *The Transfer and Transformation of Ideas and Material Culture.* College Station: Texas ATM University, 1988.

Peter Marschalck, Deutsche Überseewanderung im 19. Jahrhundert: ein Beitrag zur soziologischen Theorie der Bevölkerung. Stuttgart:

Klett, 1973.

Rainer Flkenberg (Hrsg.), Constantin von Hanneken: Briefe aus China 1879 – 1886, als deutscher Offizier im Reich der mitte. Köln: Böhlau, 1998.

Ralph L. Powell, *The Rise of Chinese Military Power, 1895 – 1912*. Princeton: Princeton University Press, 1955.

Richard Brian Landis, Institutional Trends at the Whampoa Military School, 1924 – 1926. Ann Arbor: UMI, 1977.

Richard Eugne Gillespie, Whampoa and the Nanking Decade, 1924 – 1936. Ann Arbor: UMI, 1971.

Richard J. Smith, *Mercenaries and Mandarins: The Ever-Victotrious Army in Nineteenth Century China*. Millwood, NY: KTO Press, 1978.

Richard J. Smith, "Li Hung-chang's Use of Foreign Military Talent: The Formative Period, 1862 – 1878," in Samuel Chu & Kwang-Ching Liu, eds., *Li Hung-chang and China's Early Modernization*. New York: Sharpe, 1994.

Richard J. Smith, "Mapping China's World: Cultural Cartography in Late Imperial Times," in Yeh Wen-hsin, ed., *Landscape, Culture and Power in Chinese Society*. Berkeley: University of California Press, 1998.

Richard J. Smith, „ Ausländische Spezialisten in Asien 1860 – 1920: einige methologische Überlegungen ", *Comparativ* 9. Jg., Heft 4, 1999, S. 10 – 15.

Richard J. Smith, „ Die Karriere eines Aussenseiters: H. B. Morse in China 1874 – 1900 ", *Comparativ* 9. Jg., Heft 4, 1999,

S. 46 – 64.

Robert Swartout, *Mandarins, Gunboats and Power Politics*: Owen Nickerson Denny and the International Rivalries in Korea. Hawaii: University Presse of Hawaii, 1980.

Stanley Spector, *Li Hung-chang and the Huai Army*: A Study in Nineteeth-Century Chinese Regionalism. Seattle: University of Washington Press, 1964.

Stanley Wright, *Hart and the Chinese Customs*. Belfast: Mullan, 1950.

Steven Leibo, *Transferring Technology to China*: Prosper Giquel and the Self-strengthening Movement. Berkeley: University of California Press, 1985.

Thomas Larew Kennedy, *The Establishment and Development of the Kiangnan Arsenal 1860 to 1895*. Ann Arbor: UMI, 1968.

Thomas Williamsen, *Political Training and Work at the Whampoa Military Academy Prior to the Northern Expedition*. Ann Arbor: UMI, 1975.

Udo Ratenhof, *Die Chinapolitik des Deutschen Reiches 1871 bis 1945*: Wirtschaft-Rüstung-Militär. Boppard am Rhein: Hrald Bodt Verlag, 1987.

Vera Schmidt, *Aufgabe und Einfluss der europäischen Berater in China*: Gistav Detring (1842 – 1913) im Dienste Li Hung-changs. Wiesbaden: Harrassowitz, 1984.

Walter Leifer, *Paul Georg von Möllendorff*: ein deutscher Staatsmann in Korea. Saarbrücken: Homo et Religio, 1988.

Wilhelm Muehlon, *Ein Fremder im eigenen Land*: Erinnerungen eines Krupp-Direktors 1908 – 1914. Bremen: Donat, 1989.

William Ayers, *Chang Chih-tung and Educational Reform in China*. Cambridge, MA: Harvard University Press, 1971.

William Hardy McNeill, *The Pursuit of Power: Technology, armed force and society since A. D. 1000*. Oxford: Blackwell, 1983.

William Hardy McNeill, "Diffusion in History," in Peter Hugill, D. Bruce Dickson, eds., *The Transfer and Transformation of Ideas and Material Culture*. College Station: Texas ATM University, 1988.

William H. McNeill, Ruth S. Adams, eds., *Human Migration: pattern and policies*. Bloomington, IN: Indiana University Press, 1978.

William Manchester, Krupp: Chronik einer Familie. München: Heyne, 1978.

Ying Sun, Aus dem Reich der Mitte in die Welt hinaus: Die chinesischen Gesandtschaftsberichte unter besonderer Berücksichtigung Deutschlands von 1866 bis 1906. Frankfurt am Main: Peter Lang, 1997.

Yue Wen-tang, Die deutsch-chinesischen Beziehungen von 1860 – 1880. Bochum: Brockmeyer, 1981.

工具书

刘申宁:《中国兵书总目》,国防大学出版社,1990。

马昌华主编《淮系人物列传:文职·北洋海军·洋员》,黄山书社,1995。

马昌华主编《淮系人物列传:李鸿章家族成员·武职》,黄山书社,1995。

中国社会科学院近代史研究所翻译室编《近代来华外国人名辞典》，中国社会科学出版社，1981。

山田辰雄編『近代中国人名辞典』霞山会、1959。

Herrmann Christern (Hrsg.), *Deutsches Biographisches Jahrbuch*. Berlin: Deutsche Verlagsanstalt, 1914.

Howard Boormann, ed., *Bibliographical Dictionary of Republican China*. New York: Columbia University Press, 1979.

图书在版编目(CIP)数据

"俾斯麦的使团":德国军事教官在中国:1884~1890/(德)白莎(Elisabeth Kaske)著;孙立新,顾年茂译. -- 北京:社会科学文献出版社,2021.7
ISBN 978-7-5201-8355-0

Ⅰ.①俾… Ⅱ.①白… ②孙… ③顾… Ⅲ.①中法战争-史料-1884-1890 Ⅳ.①K256.206

中国版本图书馆CIP数据核字(2021)第093418号

"俾斯麦的使团":德国军事教官在中国(1884~1890)

著　者 / [德]白莎(Elisabeth Kaske)
译　者 / 孙立新　顾年茂

出 版 人 / 王利民
责任编辑 / 李期耀

出　　版 / 社会科学文献出版社·历史学分社(010)59367256
　　　　　 地址:北京市北三环中路甲29号院华龙大厦　邮编:100029
　　　　　 网址:www.ssap.com.cn
发　　行 / 市场营销中心(010)59367081　59367083
印　　装 / 北京盛通印刷股份有限公司

规　　格 / 开　本:889mm×1194mm　1/32
　　　　　 印　张:10.75　字　数:251千字
版　　次 / 2021年7月第1版　2021年7月第1次印刷
书　　号 / ISBN 978-7-5201-8355-0
著作权合同
登 记 号 / 图字01-2020-3335号
定　　价 / 79.00元

本书如有印装质量问题,请与读者服务中心(010-59367028)联系

▲ 版权所有 翻印必究